中国农村改革四十年研究丛书
编 委 会

主 任

龚 云（中国社会科学院）

委 员（排名不分先后）

李 明（中国农业大学）

仝志辉（中国人民大学）

王双印（深圳大学）

苏保忠（中国农业大学）

吕文林（中国农业大学）

周 进（中国社会科学院）

黄艳红（中国社会科学院）

彭海红（中国社会科学院）

李 霞（中国社会科学院）

湖北省学术著作出版专项资金资助项目

中国农村改革四十年研究丛书

全国高校出版社主题出版
2018年湖北省重点主题出版项目

中国农村改革与发展研究

Research on Rural Reform and Development in China

周进 龚云◎著

华中科技大学出版社
http://www.hustp.com
中国·武汉

作者简介 About the Authors

周 进

1977年9月生，历史学博士。现任职于中国社会科学院当代中国研究所，主要从事中共党史、当代中国经济史和社会史研究。曾任中共北京市委党史研究室一处处长、中关村互联网金融中心副主任，兼任北京史研究会理事。

主持编写《中国共产党北京历史（第一卷修订版）》《中共北方区委历史》《北京市抗日战争时期人口伤亡和财产损失》《北平抗战简史》等著作10余部，主编《新闻奥运——中国媒体眼中的百年奥运》《卢沟桥纪事》，编译马尔萨斯《人口论》，在《中共党史研究》《党的文献》《中国党政干部论坛》《红旗文稿》等报刊发表论文40余篇。

多部著作和论文获得北京市哲学社会科学优秀成果一、二等奖和全国党史部门优秀成果著作类、论文类一等奖。

龚 云

1971年9月生，历史学博士。中国社会科学院习近平新时代中国特色社会主义思想研究中心执行副主任、中国特色社会主义理论体系研究中心和世界社会主义研究中心副主任，研究员。兼任中华人民共和国国史学会理事、中国无神论学会副理事长、中国太平天国研究会副秘书长、中央马克思主义理论研究与建设工程重大课题首席专家。

长期研究中国特色社会主义理论与实践，独立出版6本著作，在《光明日报》《中国社会科学报》《求是》《党建研究》《马克思主义研究》《中国高校社会科学》《红旗文稿》《思想理论教育导刊》等报刊发表学术论文近百篇。

合著的《改革开放30年思想史》获中国社会科学院优秀科研成果三等奖，合著的《中国道路》入选2013年国家"三个一百原创图书工程"。获中组部重大课题调研成果二等奖，中国社科院信息对策特等奖2次、一等奖3次、二等奖3次和三等奖5次。

多次承担中办、中宣部、中组部、中纪委、国务院新闻办、财政部等中央部门交办课题。撰写的内部报告4次获习近平总书记批示，4次获中央政治局常委批示，1次获国务委员批示。

内容提要

本书以习近平新时代中国特色社会主义思想为指导，站在中国特色社会主义事业发展和改革开放全局的视角，紧紧围绕探索中国特色社会主义农村发展道路的主题主线、主流本质，运用大量一手资料，从农村民主政治发展与乡村治理体系建设、农业现代化与经济发展、农村社会建设与民生保障、农村社会主义精神建设与文化发展、农村环境治理保护与美丽乡村建设等方面，全面梳理、研究、呈现改革开放40年来中国农村、农业、农民改革与发展的历程和路径、重点和亮点、经验和启示，展现中国乡村40年发生的翻天覆地变化，深刻总结中国农村改革与发展40年的成就与经验，揭示中国农村改革与发展的规律与趋势，为决胜全面建成小康社会、建成社会主义现代化强国和实现中华民族伟大复兴的中国梦发挥借鉴作用。

改革是农村发展的根本动力

农业强不强、农村美不美、农民富不富,决定着亿万农民的获得感和幸福感,决定着我国全面小康社会的成色和社会主义现代化的质量。

1978年中共十一届三中全会以来,农村率先开始了一系列旨在解放和发展生产力、实现共同富裕的重大改革。农村改革拉开了中国改革开放的序幕,被称为"启动历史的变革"。

中国农村改革自1978年安徽小岗村实行家庭联产承包责任制开始,历经40年,敢闯敢试,波澜壮阔,影响深远,大致经历了以下五个阶段。

1978年至1984年是中国农村改革的启动阶段。农村改革从改变基本经营制度开始,推行"包产到户"和"包干到户"等责任制,逐步形成了家庭联产承包责任制,农民成为自主经营的生产者,农户成为相对独立的市场经营主体,极大地调动了农民的积极性。

1985年至1991年是农村以市场化为导向的改革探索阶段。随着农村基本经营制度的逐步确立,农村改革进入探索市场化改革阶段,改革重点主要在改革农产品流通体制、培育农产品市场、调整农村产业结构和促进非农产业发展等方面。

1992年至2001年是农村改革全面向社会主义市场经济体制过渡阶段。1992年初邓小平发表的南方谈话和10月中共十四大的召开,确立了社会主义市场经济体制的改革目标,农村改革由此进入了全面向社会主义市场经济体制过渡的时期,初步建立了农产品市场体系,市场机制在调节农产品供求和资源配置等方面逐步发挥着基础性作用。

2002年至2011年是中国农村全面综合改革阶段。这一阶段农村改革的突出特征在于把农业、农村、农民问题放在国民经济整体格局下,聚焦农业、农村、农民发展的深层次矛盾和问题,以农村综合改革和社会主义新农村建设为主要抓手,实行"以工促农、以城带乡",加强城乡统筹,促进农村全面发展。

2012年中共十八大以来,中国农村改革进入全面深化阶段。2015年11月,中共中央、国务院发布《深化农村改革综合性实施方案》,明确了深化农村改革的指导思想、目标任务、基本原则、关键领域、重大举措和实现路径,是十八大以来农村改革重要的指导性、纲领性文件,对深化农村改革发挥了重大的推动作用。2017年十九大以后,启动乡村振兴战略。中国农村改革进入向纵深推进阶段。全面深化农村改革的关键性领域是农村集体产权制度、农业经营制度、农业支持保护制度、城乡发展一体化体制机制和农村社会治理体系。这五大领域的改革,对健全符合社会主义市场经济要求的农村制度体系,具有"四梁八柱"的作用。

改革开放40年来,中国农村发生了翻天覆地的变化。习近平总书记指出:"改革开放以来农村改革的伟大实践,推动我国农业生产、农民生活、农村面貌发生了巨大变化,为我国改革开放和社会主义现代化建设作出了重大贡献。这些巨大变化,使广大农民看到了走向富裕的光明前景,坚定了跟着我们党走中国特色社会主义道路的信心。对农村改革的成功实践和经验,要长期坚持、不断完善。"农业农村发展取得的成就主要体现在以下两个方面。

农民的物质生活水平有了显著提高,向全面小康社会迈进。农村改革在促进增产增收、解决吃饭问题和贫困问题等方面的效果极为明显。1978年至2017年,农村居民年人均纯收入由134元增加到13400多元。1978年,我国农村贫困人口(当时的贫困线标准为100元/(人·年))为2.5亿人,贫困发生率为30.7%;到2020年,农村贫困人口全部脱贫。

农民的精神面貌发生了显著变化。农民成为相对独立的经营主体,农民的公民权利得到实现,农民的主动性、积极性、创造性得到极大调动,农民的精神生活日益丰富。

农村改革发展40年,经验很多,主要有下面五条:一是坚持马克思主义的一切从实际出发、解放思想、实事求是、与时俱进的思想路线;二是正确处理国家与农民关系,保障农民经济利益,尊重农民民主权利,满足农民的精神需要;三是尊重客观规律,尊重自然规律、农业规律、经济规律;四是始终坚持农村土地集体所有制这个社会主义农村基本经济制度;五是始终把解决好"三农"问题这个关系国计民生的根本性问题作为全党工作的重中之重。

中国特色社会主义进入新时代,习近平总书记多次强调:"小康不小康,关键看老乡。一定要看到,农业还是'四化同步'的短腿,农村还是全面建成小康社会的短板。""我国农业农村发展面临的难题和挑战还很多,任何时候都不能忽视和放松'三农'工作。"2018年3月8日,习近平总书记在参加十三届全国人大一次会议山东代表团审议时明确指出:"实施乡村振兴战略,是党的十九大作出的重大决策部署,是决胜全面建成小康社会、全面建设社会主义现代化国家的重大历史任务,是新时代做好'三农'工作的总抓手。"

我国改革是有方向、有立场、有原则的。2013年12月23日,习近平总书记在中央农村工作会议上的讲话中指出:不管怎么改,都不能把农村土地集体所有制改垮了,不能把耕地改少了,不能把粮食生产能力改弱了,不能把农民利益损害了。实现乡村振兴,需要高度重视下面几个问题。

巩固和完善农村基本经营制度。习近平总书记指出,农村基本经营制度是党的农村政策的基石。坚持党的农村政策,首要的就是坚持农村基本经营制度。

第一,坚持农村土地农民集体所有。这是坚持农村基本经营制度的"魂"。农村土地属于农民集体所有,这是农村最大的制度。农村基本经营制度是农村土地集体所有制的实现形式,农村土地集体所有权是土地承包经营权的基础和本位。坚持农村基本经营制度,就要坚持土地集体所有。

第二,坚持家庭承包经营的基础性地位,在动态中稳定农民的家庭承包经营权益。

第三,坚持稳定土地承包关系。党的十九大报告明确了农村第二轮土地承包到期后再延长30年。

深化农村集体产权制度改革。发展壮大村级集体经济是强农业、美农村、富农民的重要举措,是实现乡村振兴的必由之路。习近平总书记指出:"集体经济是农村社会主义经济的重要支柱,只能加强,不能削弱。"农村集体产权制度改革是巩固社会主义公有制、完善农村基本经营制度的必然要求,不断深化农村集体产权制度改革,探索农村集体所有制的有效实现形式,盘活农村集体资产,构建集体经济治理体系,形成既体现集体优越性又调动个人积极性的农村集体经济运行新机制,对于坚持中国特色社会主义道路、完善农村基本经营制度、增强集体经济发展活力、引领农民逐步实现共同富裕具有深远历史意义。要按照分类有序的原则推进改革,逐步构建归属清晰、权能完整、流转顺畅、保护严格的中国特色社会主义农村集体产权制度,保护和发展农民作为农村集体经济组织成员的合法权益,以推进集体经营性资产改革为重点任务,以发展股份合作等多种形式的合作与联合为导向,坚持农村土地集体所有,探索集体经济新的实现形式和运行机制,不断解放和发展农村社会生产力,促进农业发展、农民富裕、农村繁荣,为推进城乡协调发展、巩固党在农村的执政基础提供重要支撑和保障。

实现小农户和现代农业发展有机衔接。我国的农业经营目前主要以小农形式存在,这是由我国国情决定的。习近平总书记2016年4月25日在安徽省小岗村关于深化农村改革的讲话中明确指出:一方面,我们要看到,规模经营是现代农业发展的重要基础,分散的、粗放的农业经营方式难以建成现代农业;另一方面,我们也要看到,改变分散的、粗放的农业经营方式是一个较长的历史过程,需要时间和条件,不可操之过急,很多问题要放在历史大进程中审视,一时看不清的不要急着去动。他多次强调,农村土地承包关系要保持稳定,农民的土地不要随便动。农民失去土地,如果在城镇待不住,就容易引发大问题。这在历史上是有过深刻教训的。这是大历史,不是一时一刻可以看明白的。在这个问题上,我们要有足够的历史耐心。习近平总书记还强调：创新农业经营体系，不能忽视了普通农户。经营家庭承包耕地的普通农户仍占大多数，这个情况在长时期内无法根本改变。由于小农户将长期存在，在新时代农村改革发展实践中需要探索如何实现小农户与现代农业发展有机衔接的问题，准确把握土地经营权流转、集中、规模经营的度，与城镇化进程和农村劳动力转移规模相适应，与农业科技进步和生产手段改进程度相适应，与农业社会化服务水平相适应。

中国农村改革经过40年发展，站在新的历史起点上。新时代的农村改革仍将是全面深化改革的重要领域，农村发展水平决定着全面建成小康社会和社会主义现代化强国的整体水平。我们任何时候都不要忘了农村改革的初心，巩固和完善社会主义制度，最终实现全体农民共同富裕！

中国社会科学院习近平新时代中国特色社会主义思想研究中心执行副主任
中国社会科学院中国特色社会主义理论体系研究中心副主任
中国社会科学院世界社会主义研究中心副主任

2018年9月

目　　录

第一章　中国农村改革与发展历程、成就与经验　1

第一节　中国农村改革与发展的历程　2
一、1978—1984年：农村改革启动　2
二、1985—1991年：市场化改革探索　6
三、1992—2001年：全面向市场经济过渡　9
四、2002—2011年：全面综合改革　13
五、2012年至今：全面深化改革　15

第二节　中国农村改革与发展的主要成就　20
一、确立并不断完善以家庭承包经营为基础、"三权分置"、统分结合的农村双层经营体制　21
二、构建了结构多元的中国特色社会主义农村市场经济体系　25
三、形成了多种所有制经济共同发展的农村基本经济制度　27
四、初步塑造了城乡经济社会一体化发展格局　28
五、对"三农"实现了由"取"到"予"的重大转折　30
六、不断探索农村治理体系和治理方式现代化　31
七、基本构建了中国特色农村社会保障体系　33
八、日益重视农村自然资源保护和生态文明建设　35

第三节　中国农村改革与发展的基本经验　36
一、坚持党的领导是农村改革取得成功的根本保证　36
二、坚持解放思想、实事求是的思想路线，将顶层设计与试点探索相结合，是农村改革取得成功的重要法宝　38
三、坚持以农民为主体，把农业农村农民放在优先位置，加大对农业农村的支持和保护力度，是农村改革取得成功的重要基础　40

四、坚持市场化改革，注重发挥市场机制在资源配置中的
决定性作用，是农村改革取得成功的正确方向　　42

五、坚持城乡统筹协调，促进城乡一体化发展，是农村改革
取得成功的重要路径　　43

六、坚持农村法治建设，强化农业基础地位和农村民主法治
建设，是农村改革取得成功的重要保障　　45

第二章　坚持社会主义市场经济改革方向　探索中国特色农业现代化发展道路　　47

第一节　建立和完善农村基本经营制度　　48

一、从家庭联产承包责任制到家庭承包经营制　　48

二、形成并不断完善统分结合的农村双层经营体制　　51

三、农村统分结合双层经营体制的主要成就　　53

第二节　改革和完善农村土地制度　　55

一、农村土地制度的争论与改革试验　　55

二、农村土地制度改革的政策嬗变　　59

三、农村土地制度的法律法规体系　　63

第三节　农村集体经济与乡镇企业的异军突起　　65

一、探索农村集体经济的有效实现形式　　65

二、乡镇企业的崛起与高速发展　　70

三、农村社区合作经济组织的改革与发展　　78

四、农村专业合作经济组织的产生与发展　　82

五、以土地入股为主要内容的股份合作制　　85

第四节　处理好农业与市场的关系，建立和完善农村市场　　88

一、粮食安全与粮食购销体制改革　　88

二、完善农产品市场体系　　92

三、农业结构调整与农业产业化经营　　98

第三章 推进城乡统筹发展 探索中国特色农村发展道路　107

第一节 优先发展农业农村与农村财政税收制度改革　108
一、农业投入与农村财政制度改革　109
二、农村税费制度改革　116
三、全面推进县乡财政管理体制改革　122

第二节 城镇化建设与农村劳动力市场改革　126
一、发展多种经营与优化农村劳动力内部就业结构　126
二、城镇化建设与农村富余劳动力就地转移　131
三、统筹城乡关系与农村富余劳动力异地转移　140

第三节 农村基础设施建设日益完善　152
一、农业生产基础设施建设　153
二、农村发展基础设施建设　154
三、农村生态环境建设　159

第四节 农村金融体制改革不断推进　161
一、农村金融体系的恢复与改革　161
二、农村金融供给与信贷约束　167
三、民间金融活动的有效补充与风险　169

第四章 健全乡村治理体系 建设管理民主的社会主义新农村　173

第一节 创立发展"乡政村治"体制　174
一、人民公社解体　174
二、"乡政村治"体制确立　178
三、撤乡并镇并村与乡镇机构改革　182

第二节 完善农村民主管理制度　184
一、加强党的农村基层组织建设　185

二、实行村民自治制度　　191
三、推进农业农村法治建设　　194

第三节　新时期乡村治理的现实困境与创新　　201
一、"乡政村治"模式下乡村治理的现实困境　　201
二、国家治理现代化视域下乡村治理创新的路径　　205

第五章　坚持绿色发展理念　建设美丽宜居乡村　　209

第一节　我国农村环境治理政策演进　　210
一、1978—1980年：农村环境问题萌发，政策关注滞后　　211
二、1981—1989年：乡镇企业污染现象突出，政策关注渐显　　211
三、1990—1999年：三大污染叠加，治理政策出台频度加大　　214
四、2000年至今：农业面源污染严重，以奖促治，政策不断创新　　215

第二节　农村环境污染成因分析　　218
一、粗放的生产方式造成农业生产的污染严重　　219
二、较差的基础设施导致生活污染问题突出　　220
三、落后的技术设备导致乡镇企业污染加剧　　222
四、二元的城乡结构导致污染矛盾转嫁　　223
五、不够完善的法治体系导致环境治理监管不力　　224

第三节　打造生态宜居美丽乡村的路径选择　　225
一、增强农村生态保护的责任主体意识是核心　　225
二、改善乡村人居环境建设是基础　　226
三、以文化建设促进生态环境治理是重要手段　　228
四、完善法治监督管理体系是保障　　229
五、统筹利用好政策、资金、技术、人才资源是重要支撑　　230

第六章　坚持共享发展理念　完善农村社会保障体系　233

第一节　城乡一体化发展与农村教育改革　234
一、农村学校布局调整与农村基础教育发展　234
二、农村职业技术教育发展与新型职业农民培养　241

第二节　农村社会事业改革与发展　245
一、农村社会保障制度改革　245
二、农村医疗卫生服务与医疗保障制度改革　262
三、农村公共文化服务的建设与发展　266

第三节　农村扶贫工作的发展与创新　275
一、改革开放初期农村基本经济制度改革与农村减贫　275
二、扶贫制度创新与农村扶贫开发　277
三、精准扶贫与农村脱真贫、真脱贫　282

第七章　经济全球化与中国农业对外开放　289

第一节　加入世贸组织与中国农业发展　290
一、农业对外开放格局基本形成　292
二、中国农业国内市场与世界市场的关联度、依存度日益增大　294
三、农业产业化综合生产能力不断提高　295
四、农业海外投资增长迅猛　297
五、中国农业国际影响力进一步提升　299

第二节　中国农业对外开放的困境与挑战　299
一、经济全球化对中国农业发展的挑战　300
二、资本全球化与中国农业产业化　302
三、逆全球化与中国农业海外投资　303
四、中美贸易战与中国农业产业发展　304

第三节　新时代中国农业深化对外开放的战略路径　306

一、抓紧制定扩大农业对外开放的总体规划,深化农业管理体制改革　306

二、积极参与国际农产品贸易规则、农业标准的制定,促进建立更加公平合理的国际贸易规则　307

三、积极发展农业产业化,构建农业产业安全保护体系　308

四、重点实施农业"走出去"战略,加快建设持续、稳定、安全的农产品全球供应链　309

结语　**实施乡村振兴战略　决胜全面建成小康社会**　311

一、高举旗帜,以习近平新时代中国特色社会主义思想为指导　312

二、谋划顶层设计,深化改革和政策制度精准供给　313

三、激发农业农村发展新动能,实现农业现代化　315

四、健全乡村治理体系,全力推进乡村治理现代化　316

五、推动乡风文明和生态文明建设,全面建成美丽和谐宜居乡村　317

六、深化农业国际融合增长,发展更高水平中国特色开放型农业　318

中国农村改革与发展大事记　321

参考文献　343

后记　349

第一章

**中国农村改革与发展
历程、成就与经验**

中共十一届三中全会以来,农村率先开始了一系列旨在解放和发展生产力的重大改革。农村改革拉开了中国改革开放的序幕,标志着改革开放和社会主义现代化建设新时期的开始,因而被称之为"启动历史的变革"。40年来,农村经济和社会发生了翻天覆地的变化。以习近平新时代中国特色社会主义思想为指导,中国农村的改革发展已站在新的历史起点上,新时代的农村改革仍将是整个改革的重要领域,农村发展水平决定着全面建成小康社会的整体水平。

第一节 中国农村改革与发展的历程

中国农村改革自1978年安徽小岗村实行联产承包责任制开始,历经40年,敢闯敢试,波澜壮阔,涉及领域广泛,影响深远。按照改革的任务和难度划分,主要可以分为以下五个阶段。

一、1978—1984年:农村改革启动

1978年至1984年是中国农村改革的启动阶段。这一阶段,农村改革从改变基本经营制度开始,推行"包产到户"和"包干到户"等责任制,逐步形成了家庭联产承包责任制,重塑了农村经济,农民成为自负盈亏的生产者、经营者,农户成为相对独立的市场经营主体,极大地调动了农民的积极性。

1978年召开的十一届三中全会不仅明确提出了全党工作的重点"转移到社会主义现代化建设上来",还深入讨论了农业问题,"同意将《中共中央关于加快农业发展若干问题的决定(草案)》和《农村人民公社工作条例(试行草案)》发到各省、市、自治区讨论和试行。"①《中共中央关于加快农业发展若干问题的决定(草案)》虽然仍然强调"不许分田单干","不许包产到户",但提出了尊重生产队的自主权,恢复按劳分配制度,要求实行责任制,对"包工到作业组,联系产量计算劳动报酬"②的责任制进行了肯定,这是历史性的进步。到1978年底,安徽、四川、贵州、甘肃、内蒙古等地农村以隐蔽或半公开的形式突破了"不许包产到户"的限制。如安徽有1200个生产队实行"包产到户""包干到户"。③

在实践的推动下,中央政策不断松动。1979年9月,中共十一届四中全会正式通过了《中共中央关于加快农业发展若干问题的决定》,规定"除某些副业生产的特殊需要和边远山区、交通不便的单家独户外,也不要包产到户",对"包产到户"从硬性制止的"不许"转变为劝告性的"不要"。④1980年9月,中共中央印发《〈关于进一步加强和完善农业生产责任制的几个问题〉的通知》,指出,"包产到户,是联系群众,发展生产,解决温饱问题的一种必要的措施","不会脱离社会主义轨道的,没有什么复辟资本主义的危险"。⑤ 这一政策的转变客观上支持了"包产到户""包干到户"的发展,以党的文件的形式奠定了"包产到户"的合法地位。受到长达20多年反复批判的"包产到户"第一次名正言顺地存在和发展了。1982年1月1日,中共中央批转《全国农村工作会议纪要》,第一次明确了"包产到户""包干到户""是社会主义农业经济的组成部分","都是社会主义集体经济

---

① 《三中全会以来重要文献选编(上)》,人民出版社1982年版,第1、7页。
② 这是中央文件中关于"联系产量"最早的提法,一般视为家庭联产承包制中"联产"一词的由来。《三中全会以来重要文献选编(上)》,人民出版社1982年版,第185页。
③ 陈锡文:《中国农村改革:回顾与展望》,天津人民出版社1993年版,第67页。
④ 《三中全会以来重要文献选编(上)》,人民出版社1982年版,第185页。
⑤ 《三中全会以来重要文献选编(上)》,人民出版社1982年版,第547页。

的生产责任制"。① 这说明中央对大包干的性质有了明确的肯定,以大包干为主要形式的农业生产责任制得以迅速推广。

1983年1月2日,中共中央下发的《当前农村经济政策的若干问题》指出:"联产承包制采取了统一经营与分散经营相结合的原则,使集体优越性和个人积极性同时得到发挥。这一制度的进一步完善和发展,必将使农业社会主义合作化的具体道路更加符合我国的实际。这是在党的领导下我国农民的伟大创造,是马克思主义农业合作化理论在我国实践中的新发展。"②这一评价标志着中共中央从理论与实践相结合的高度肯定了这一经营体制是在党的领导下中国农民的伟大创造,明确了改革的基本动力和取向,明确了农村改革追求的制度目标,是社会主义集体经济自我完善的有效实现方式,指明了这一经营体制是对马克思主义合作制理论的丰富和发展,这也预示着农业合作制的理论和实践在中国将会有新的突破。1984年1月1日,中共中央下发《关于一九八四年农村工作的通知》,将土地承包期由原定的3年有所延长,规定"一般应在十五年以上。生产周期长的和开发性的项目,如果树、林木、荒山、荒地等,承包期应当更长一些",并本着"大稳定、小调整"的原则限制频繁调整,以提高农民对土地的预期。③ 至此,家庭联产承包责任制开始成为我国农业的主要经营形式。

这一阶段农村管理体制也发生了重大变化,人民公社体制逐步转变为乡镇体制。1983年10月12日,中共中央、国务院发布《关于实行政社分开建立乡政府的通知》,要求"政社分开、建立乡政府的工作要与选举乡人民代表大会代表的工作结合进行,大体上在一九八四年底以前完成"。④ 这标志着运行20多年的人民公社体制就此终结。

---

① 《三中全会以来重要文献选编(下)》,人民出版社1982年版,第1063~1064页。
② 《十二大以来重要文献选编(上)》,人民出版社1986年版,第253页。
③ 《中共中央国务院关于"三农"工作的一号文件汇编(1982—2014)》,人民出版社2014年版,第40页。
④ 《新时期农业和农村工作重要文献选编》,中央文献出版社1992年版,第220页。

乡镇企业在这一阶段应运而生。1984年中共中央一号文件《关于一九八四年农村工作的通知》做出了"现有社队企业是农村经济的重要支柱,有些是城市大工业不可缺少的助手"的判断,提出"当前农村兴起的饲料工业、食品工业、建筑建材业和小能源工业,是最为社会所急需而又能较快发展的几个产业部门,应有计划地优先发展"。① 3月,《中共中央国务院转发农牧渔业部和部党组〈关于开创社队企业新局面的报告〉的通知》,同意将社队企业改称乡镇企业,包括"社(乡)队(村)举办的企业、部分社员联营的合作企业、其他形式的合作工业和个体企业",认为乡镇企业"是多种经营的重要组成部分,是农业生产的重要支柱,是广大农民群众走向共同富裕的重要途径,是国家财政收入新的重要来源"。②

这一阶段的改革激发了农民的积极性,农业生产取得了突飞猛进的发展。据统计,1978年中国农林牧渔总产值为1397亿元,到1984年已经增长到3214.13亿元,年均增长14.9%。③ 家庭联产承包制度作为中国农民的伟大创举,不仅迎来了中国农业的高速增长,而且在较短的时间内解决了上亿人的温饱问题。农村贫困人口的绝对数量从2.5亿人下降到1.3亿人,贫困发生率从30.7%下降到15.1%,成为人类消除贫困历史上的一项奇迹。表1-1所示为1978年、1984年主要农业产品产量对比表。

表1-1　1978年、1984年主要农业产品产量对比表　　（单位:万吨）

产品名称	1978年	1984年	增长率
粮　食	30477	40731	133.7%
棉　花	217	625.8	288.4%
油　料	522	1191	228.2%
糖　料	2382	4780	200.7%

---

① 《中共中央国务院关于"三农"工作的一号文件汇编(1982—2014)》,人民出版社2014年版,第49~50页。
② 《新时期农业和农村工作重要文献选编》,中央文献出版社1992年版,第263页。
③ 国家统计局农村社会经济调查司:《中国农业统计资料汇编 1949—2004》,中国统计出版社2006年版,第28页。

续表

产品名称	1978年	1984年	增长率
水　果	657	984.5	149.8%
猪牛羊肉	865	1540.6	178%

资料来源：国家统计局农村社会经济调查司：《中国农业统计资料汇编 1949—2004》，中国统计出版社2006年版。

二、1985—1991年：市场化改革探索

1985年至1991年是农村以市场化为导向的改革探索阶段。随着农村基本经营制度的逐步确立，农村改革进入探索市场化改革阶段，改革重点主要在改革农产品流通体制、培育农产品市场、调整农村产业结构和促进非农企业发展等方面。

1982年开始出现的"卖粮难"，暴露了农产品流通体制严重滞后于农业生产的问题，突显了城乡体制的不协调性。1985年1月1日，中共中央、国务院发布《关于进一步活跃农村经济的十项政策》，其核心内容就是改革主要农产品的统购派购制度，实现"双轨制"，取消了粮食、棉花的统购，将其改为合同定购，"定购以外的粮食可以自由上市"。[①] 执行了长达30多年的统购派购制度被取消。但是，因当年粮食大幅减产，国家又无力提高粮食合同定购价格，许多地方不得不采用行政手段来落实定购合同。同年底，政府不得不重新赋予合同定购"国家任务"的性质。1990年，中央正式改"合同定购"为"国家定购"，明确规定完成合同定购是农民应尽的义务。可见，农产品流通体制改革并未取得预期效果。关于棉花的合同定购制度，同样由于减产自1986年开始进一步严格了计划管理，规定在全国棉花合同定购任务完成前，不开放棉花市场。不过，蔬菜、禽蛋和

---

① 《中共中央国务院关于"三农"工作的一号文件汇编(1982—2014)》，人民出版社2014年版，第56页。

水产品等其他农产品市场自1985年起完全放开了。同时,国家对农业生产资料的价格和市场管理也逐步松动。在改革农产品购销体制的同时,1990年10月,中央在郑州建立小麦批发市场。随后,9个区域性批发市场和一批各种类型的较为规范的农贸市场在全国各地得到长足发展。这为最终取代计划调拨主要农产品创造了物质基础和制度条件。

这一阶段还进行了农业生产结构的调整,积极发展多种经营。进行结构调整,就要加强对农民的技术服务。1986年的中央一号文件明确指出,"出现了一批按产品或行业建立的服务组织",应"按照农民的要求,提供良种、技术、加工、贮运、销售等系列化服务"。[①] 1990年12月,中共中央、国务院发布《关于一九九一年农业和农村工作的通知》提出了要"建立健全农业社会化服务体系",并明确了新时期农业社会化服务体系的基本内容,"包括合作经济组织内部的服务,国家经济技术部门和其他各种服务性经济实体为农业提供的服务"。[②] 1991年10月,国务院发布《关于加强农业社会化服务体系建设的通知》,进一步明确了农业社会服务体系建设的方向、原则和具体要求。[③] 这些政策和措施推动了农村经济从传统的农业单一结构转向多样化的综合发展。在农业总产值构成中,1991年比1978年,种植业比重下降了16.9个百分点,林业、牧业和渔业分别上升了1.1、11.5、4.3个百分点。[④] 在农村社会总产值中,1991年比1978年,农业比重下降了27个百分点,工业比重上升了25个百分点。这一阶段农业生产结构和农村产业结构的变动都明显快于上一阶段。

乡镇企业在这一阶段因政策利好而异军突起。结合乡镇企业发展过程中出现的新情况、新问题,1985年、1986年两个中央一号文件都提出了具体的要求和措施,尤其是1986年的一号文件放宽了乡镇企业的贷款条

---

① 《中共中央国务院关于"三农"工作的一号文件汇编(1982—2014)》,人民出版社2014年版,第73页。
② 《新时期农业和农村工作重要文献选编》,中央文献出版社1992年版,第634页。
③ 《新时期农业和农村工作重要文献选编》,中央文献出版社1992年版,第743~750页。
④ 国家统计局农村社会经济调查司:《中国农业统计资料汇编 1949—2004》,中国统计出版社2006年版,第29页。

件,进一步促进了乡镇企业的发展。1987年,中央书记处农村政策研究室、国务院农村发展研究中心下属的中国农村改革试验区在安徽阜阳、山东周村和浙江温州分别设立了乡镇企业改革和发展试验区,进一步推动了乡镇企业的飞速发展。从1984年到1988年,乡镇企业的总产值从1709.89亿元增加到6495.66亿元,年均增幅为39.9%;乡镇企业数量从606.52万个增加到1881.16万个,年均增加318.66万个。1988年乡镇企业向国家缴纳税金占当年国家财政收入的13.2%。但是,接下来三年的整顿治理又使乡镇企业的总产值迅速下滑,1989—1991年,乡镇企业总产值分别为8041.82亿元、9581.11亿元、11621.69亿元,年均增长20.21%。1991年,乡镇企业的总产值首次突破1万亿元大关。①

这一阶段,市场机制逐渐被引入农业和农村经济中,并发挥了越来越重要的作用,为农业和农村经济全面向市场经济过渡奠定了基础。但是,改革也遇到了一些复杂情况,并引起了种种不协调的现象:价格放开后农产品市场价格出现剧烈波动,引发了生产者和消费者的普遍不安,导致粮食产量一度下滑,粮食购销体制又从合同定购退回到实际上的统购,未达到预期目标;乡镇企业迅猛发展的同时,也出现了与工业争原料、争能源和争产品等问题;等等。

1991年11月29日,十三届八中全会通过《中共中央关于进一步加强农业和农村工作的决定》,对20世纪80年代农村改革的经验进行了总结,提出了20世纪90年代农业和农村工作的任务,主要是"实行以家庭联产承包为主的责任制,建立统分结合的双层经营体制的政策",并且指出这一政策要"作为我国乡村集体经济组织的一项基本制度长期稳定下来,并不断充实完善"。② 这为下一阶段一系列政策和立法工作的完善奠定了基础。

---

① 《中国乡镇企业年鉴 1993》,中国农业出版社1993年版,第142~144页。
② 《十三大以来重要文献选编(下)》,人民出版社1993年版,第1758~1762页。

三、1992—2001 年：全面向市场经济过渡

1992 年至 2001 年是农村改革全面向市场经济过渡阶段。1992 年初邓小平发表的南方谈话和 10 月中共十四大的召开确立了社会主义市场经济体制的改革目标，农村改革由此进入了全面向社会主义市场经济体制过渡的时期，初步建立了农产品市场体系，市场机制全面取代了计划手段，并在调节农产品供求和资源配置等方面发挥着基础性作用。

这一阶段农业农村工作的一项重要任务，就是改革以粮食为主的农产品流通体制，尝试建立与社会主义市场经济体制相适应的农产品流通体制。1992 年 9 月，国务院发布了《关于发展高产优质高效农业的决定》，明确提出要以市场为导向，继续调整农业产业结构，加快高产优质高效农业的发展。① 此后，1993 年 11 月发布的《中共中央关于建立社会主义市场经济体制若干问题的决定》、1995 年 3 月发布的《中共中央国务院关于做好 1995 年农业和农村工作的意见》等文件使用贸工农一体化的概念，其农业产业化的内涵基本一致。1996 年 1 月，中共中央、国务院发布《关于"九五"时期和今年农村工作的主要任务和政策措施》，强调"大力发展贸工农一体化经营，加速农村经济向商品化、产业化、现代化的转变"，并再次提出落实国家宏观调控下的粮食地区平衡和"米袋子"省长负责制。② 1998 年 10 月，中共十五届五中全会通过《中共中央关于农业和农村工作若干重大问题的决定》，总结了农村改革 20 年来的基本经验，提出了跨世纪发展的目标和方针。其总结的第一条经验就是"必须承认并充分保障农民的自主权，把调动广大农民的积极性作为制定农村政策的首要出发点"，并且提出要"在家庭承包经营基础上，积极探索实现农业现代化的具

---

① 《十三大以来重要文献选编（下）》，人民出版社 1993 年版，第 2204 页。
② 《十四大以来重要文献选编（中）》，人民出版社 1997 年版，第 1653、1655 页。

体途径"。① 这次会议的重要贡献就在于充分肯定了十一届三中全会以来广大农民的伟大探索和首创经验,为新世纪改革提供了理论和实践基础。实践充分证明,农业产业化经营既符合世界农业发展的一般规律,也适应了市场经济对农业发展的内在要求。它之所以与传统的农业经营方式存在本质区别,就在于把农业视作一个完整的产业系统,以农产品的规模生产为基础,通过以"统"与"联"为基本特征的一体化经营,弥补了传统农业"分"与"散"的弱点,使生产经营由"小"而"弱"转变为"大"而"强",提高了农业的比较效益,增加了农民收入。

这一阶段改革的一大亮点是加强农业立法。在宪法方面,1993年3月29日,八届全国人大第一次会议通过的《中华人民共和国宪法修正案》,把"家庭联产承包责任制"和"双层经营体制"写入宪法。在行业专门法方面,1993年7月2日,八届全国人大第二次会议通过了《中华人民共和国农业法》,强调国家实行农村土地承包经营制度,依法保障农村土地承包关系的长期稳定,保护农民对承包土地的使用权,并用法律的形式确立了农业产业化经营的主导地位,即国家采取措施发展多种形式的农业产业化经营,鼓励和支持农民和农业生产经营组织发展生产、收购、加工、批发、销售一体化的经营;②1998年8月29日,九届全国人大第四次会议修订的《中华人民共和国土地管理法》规定在2/3以上成员或2/3以上村民代表同意,乡人民政府批准的前提下,农民集体所有的土地可以由集体经济组织以外的单位和个人承包经营。③ 在行业政策方面,1993年11月,中共中央、国务院发布《关于当前农业和农村经济发展的若干政策措施》,要求"稳定、完善以家庭联产承包为主的责任制和统分结合的双层经营体制",并把土地承包期"再延长三十年不变"。④ 1995年3月28日,国

---

① 《十五大以来重要文献选编(上)》,人民出版社2000年版,第556、562页。
② 《中华人民共和国法律汇编 1990—1994(下)》,人民出版社1996年版,第773、778页。
③ 《中华人民共和国法律汇编1998》,人民出版社1999年版,第78页。
④ 《十四大以来重要文献选编(上)》,人民出版社1996年版,第481页。

务院批转农业部①《关于稳定和完善土地承包关系意见的通知》,强调"以家庭联产承包为主的责任制和统分结合的双层经营体制,是党在农村的一项基本政策和我国农村经济的一项基本制度,必须保持长期稳定,任何时候都不能动摇。要通过强化农业承包合同管理等一系列措施,使农村的土地承包关系真正得到稳定和完善"。② 但是,有些地方在土地使用权流转中也出现了违背农民意愿、随意改变土地承包关系、损害农民利益等问题。为此,2001年12月30日,中共中央发出《关于做好农户承包地使用权流转工作的通知》,提出了搞好农户承包地使用权流转工作的一系列方针政策,为在家庭承包经营制的基础上推行规模经营提供了制度保障。③

乡镇企业通过加快产权改革、调整产业结构和产品结构、加快技术进步、改善内部管理等改革,获得了空前发展。1992年3月18日,国务院转发了农业部《关于促进乡镇企业持续健康发展报告》,要求继续坚持"积极扶持,合理规划,正确引导,加强管理"的方针。1996年10月29日,八届全国人大常委会第二十二次会议通过了《中华人民共和国乡镇企业法》,明确了乡镇企业的概念、职能和政府指导责任,是乡镇企业发展史上的里程碑。1996年12月30日,中共中央、国务院发布《关于切实做好减轻农民负担工作的决定》,提出要减轻乡镇企业的负担,并实施了乡镇企业东西合作计划,推动了西部地区乡镇企业的发展。乡镇企业出现了第二个高速增长时期。1992—1996年,乡镇企业总产值从17659.7亿元增加到68343亿元,年均增长率为41.86%;利润总额从1079亿元增加到4351

---

① 农业部,成立于1949年10月。1970年6月撤销,设农林部。1979年2月,撤销农林部,分设农业部和林业部。1982年,国务院机构改革将农业部、农垦部、国家水产总局合并设立农牧渔业部。1988年,撤销农牧渔业部,成立农业部。2018年3月,国务院机构改革中将农业部的职责以及国家发展和改革委员会、财政部、国土资源部、水利部的有关农业投资项目管理职责整合,组建农业农村部,作为国务院组成部门,将农业部的渔船检验和监督管理职责划入交通运输部,不再保留农业部。文中除2018年3月之后称为农业农村部外,其他时期统称农业部。
② 邱艳:《中国房地产法律规则研究》,人民出版社2011年版,第245页。
③ 《十五大以来重要文献选编(下)》,人民出版社2003年版,第2159~2160页。

亿元,年均增长率为43.62%;税金总额从605亿元增加到2366亿元,年均增长率为43.62%;1996年乡镇企业从业人员达到1.35亿人,是1991年的1.4倍。① 但1997年后受亚洲金融风暴的影响,乡镇企业发展出现了回落态势。20世纪90年代中期以后,整体上看,乡镇企业资金密集程度日益提高,对农村剩余劳动力的吸纳能力也越来越弱。

由于经济高速增长和城乡差距拉大,农村劳动力第一次大规模向城市流动或跨地区流动,形成了"民工潮"。为有序引导农村劳动力流动,国家通过采取就业证和改革中小城镇户籍管理制度等措施,加强了对农村流动劳动力的管理。但是,受乡镇企业就地吸纳劳动力能力减弱、20世纪90年代中后期城镇就业形势严峻等因素影响,农村劳动力在转移数量保持上升的同时,转移速度有所下降。

农民收入在90年代前期保持了快速增长的势头,从1990年的2%上升到1996年的9%,达到90年代的最高点。② 究其原因,主要是1994年和1996年两次粮食提价82%、非农就业比例有所上升。但是,90年代后期,随着农产品价格一路下跌和非农就业转移速度的放缓,农民收入一直处于缓慢增长时期。

农业综合生产能力在多种因素的作用下有了全面稳定的提高。农产品供给实现了从长期短缺向供求基本平衡、丰年有余的历史性转变。粮食产量1996年首次超过了5000万吨,其他农产品产量也都不同程度地大幅上升。农产品品种增多,品质改善,质量安全水平提高,均衡供给能力进一步增强。农村经济的增长方式也发生了明显的变化,农业和农村经济发展不仅受到资源条件的约束,而且还越来越受到市场需求的约束,中国农业和农村经济步入了新的发展阶段。

---

① 参考《中国乡镇企业年鉴1993》《中国乡镇企业年鉴1997》。
② 宋洪远:《中国农村改革三十年历程和主要成就》,载《中国经济时报》2008年4月24日。

四、2002—2011年：全面综合改革

2002年至2011年是中国农村全面综合改革阶段。这一阶段农村改革的突出特征在于把农业和农村发展放在国民经济整体格局下，聚焦农业和农村发展的深层次矛盾和问题，考虑在工业化的中期阶段与农业和农村外部环境变化的大背景，以农村综合改革和社会主义新农村建设为主要内容，实行"以工促农、以城带乡"，加强城乡统筹、促进农村全面发展和推进农村社会事业建设。

这一阶段农业和农村的最大变化就是取消农业税，并逐步加大对农民的各种补贴。在20世纪90年代全面清理农民负担项目和2000年在安徽省试点、2001年在江苏省试点的基础上，2004年，温家宝在十届全国人大第二次会议上做政府工作报告时宣布：除烟叶外，取消农业特产税，此项改革可使农民减轻负担48亿元。① 同年4月，财政部、农业部、国家税务总局联合发布《关于2004年降低农业税税率和在部分粮食主产省先行免征农业税改革试点有关问题的通知》，决定在吉林、黑龙江两个粮食主产区先行免征农业税改革试点。② 2005年12月29日，十届全国人大常委会第十九次会议通过决议，依法废止了新中国实施了近50年的《农业税条例》，在全国范围内全面取消农业税，终结了中国延绵了2600多年的耕种土地交"皇粮国税"的历史。③ 仅减免税一项，国家每年减轻农民负担超过1000亿元，农民人均减负120元。为了确保明显减轻农民负担且不反弹，确保乡镇机构和村级组织正常运转，以及确保农村义务教育经费

---

① 《温家宝总理在十届全国人大二次会议上的政府工作报告（摘登）》，载《人民日报》2004年3月6日。
② 实际上，上海、北京、天津、浙江、福建等省（市）已全年免征农业税，加上西藏，2004年上半年共有8个省、市、自治区免征了农业税。
③ 李丽辉：《农业税走进了历史》，载《人民日报》2005年12月31日。

正常需要,中央财政共安排1830亿元农村税费改革转移支付资金。

新农村建设全面启动。2005年底,中共中央、国务院发布了《关于推进社会主义新农村建设的若干意见》,明确提出了"实行工业反哺农业、城市支持农村和'多予少取放活'的方针",按照"生产发展、生活宽裕、乡风文明、村容整洁、管理民主"的要求,推进社会主义新农村建设。①在财政支农中,1996年财政支农资金总量为774亿元,到2006年增加到3397亿元。10年增加了3.39倍。除了"两减免"和"三项补贴"政策外,国家也快速提高农村的公共服务水平,大幅度增加农村义务教育和农村卫生事业发展投入,使得农村义务教育成为真正意义上的免费教育,新型农村合作医疗制度在农村范围内全覆盖。在加强农村基础设施建设和改善农村生产生活条件方面进展明显。

粮食流通体制改革取得突破性进展。国家全面放开粮食收购和销售市场,实行购销多渠道经营,清理和修改不利于粮食自由流通的政策法规,清理和剥离国有粮食企业财务挂账,推进国有粮食购销企业改革,使农民真正成为市场主体。这项改革意味着我国农产品流通体制改革的"最后一公里"被打通,农产品市场的改革宣告结束。

农业国际化是这一时期改革的一项重要内容。按照加入世界贸易组织协议的要求,我国在有关农产品贸易的国内市场准入、国内支持和出口补贴等方面进行改革,降低了农产品进口关税,取消了出口补贴,对大宗农产品采取配额制度,并逐步向关税化过渡。"中国的非农产品关税从1992年的42%降低至2007年的8.9%,降幅超过80%,农产品关税由入世前的54%下降到目前的15.3%,而目前世界农产品关税的平均水平是62%。"②通过这些改革措施,我国农业对外开放程度显著提升,农业利用外资额度大幅度增长,农业和农村发展进入全球化融合发展时代。

---

① 《中共中央国务院关于"三农"工作的一号文件汇编(1982—2014)》,人民出版社2014年版,第116页。

② 《我国入世后农产品关税下降近四成》,载《人民日报》2007年6月20日。

五、2012 年至今：全面深化改革

中共十八大以来中国农村改革进入全面深化阶段。2015 年 11 月，中共中央、国务院发布《深化农村改革综合性实施方案》，明确了深化农村改革的指导思想、目标任务、基本原则、关键领域、重大举措和实现路径，是十八大以来农村改革重要的指导性、纲领性文件，对深化农村改革发挥了重大的推动作用。深化农村改革的关键性领域是：农村集体产权制度、农业经营制度、农业支持保护制度、城乡发展一体化体制机制和农村社会治理制度。这五大领域的改革，对健全符合社会主义市场经济要求的农村制度体系，具有"四梁八柱"的作用。①

全面深化农村改革的一项基础性工作就是以"三权分置"为主要内容的土地制度改革。处理好农民与土地的关系，是农村改革的重要领域。在总结改革开放以来全国各地农村改革实践经验的基础上，2016 年，中共中央办公厅、国务院办公厅印发《关于完善农村土地所有权承包权经营权分置办法的意见》，确立了农村承包地坚持集体所有权、稳定农户承包权、放活土地经营权的"三权分置"。② 这是继家庭联产承包责任制后我国农村改革的又一大创新举措，为推动农村土地产权制度改革奠定了坚实的基础。在坚持集体所有制的前提下，一方面稳定承包权，保障农民的基本权益，注重公平。习近平在中共十九大上宣布"保持土地承包关系稳定并长久不变，第二轮土地承包到期后再延长三十年"③。另一方面放活经营权，突出效率，提高土地要素配置效率。稳定农户的承包权，首要的是

---

① 《做好农村改革的整体谋划和顶层设计》，载《人民日报》2015 年 11 月 3 日。
② 《中共中央办公厅、国务院办公厅印发〈关于完善农村土地所有权承包权经营权分置办法的意见〉》，载《人民日报》2016 年 10 月 31 日。
③ 习近平：《决胜全面建成小康社会 夺取新时代中国特色社会主义伟大胜利——在中国共产党第十九次全国代表大会上的报告（2017 年 10 月 18 日）》，载《人民日报》2017 年 10 月 28 日。

做好确权颁证工作。截至 2017 年底,全国已完成确权面积 10.8 亿亩,占二轮家庭承包耕地面积的 80%。①

我国农业现代化的一项重大战略就是在坚持家庭承包经营的基础上,培育从事农业生产和服务的新型农业经营主体、开展经营体系改革。其中,培育新型农业经营主体以及培养规模化服务主体和市场化经营环境最为重要。农业部先后制定了促进和规范家庭农场、农民合作社、龙头企业等发展的意见。与此同时,我国在多个省份开展了农业生产全程社会化服务试点,截至 2017 年,我国已有各类农业社会化服务组织超过 115 万个。2015—2016 年,农业部选择 26 个省(市、区)的 62 个县,以统防统治、农机作业、粮食烘干、集中育秧等普惠性服务为重点,开展政府购买农业公益性服务机制创新试点,实现了政府、社会、农户三者的良性互动,创新了农业社会化服务的供给机制,激发了农业生产性服务业的市场活力。2017 年,农业部、财政部联合出台指导意见,对以农业生产托管为重点的社会化服务提供财政支持。2017 年 5 月,中共中央办公厅、国务院办公厅印发了《关于加快构建政策体系培育新型农业经营主体的意见》。截至 2017 年 5 月底,"全国农户家庭农场已超过 87 万家,依法登记的农民合作社 188.8 万家,农业产业化经营组织 38.6 万个(其中龙头企业 12.9 万家),农业社会化服务组织超过 115 万个,呈现良好发展态势。"②这些举措为发展土地适度规模经营、推动农业现代化奠定了坚实的经营体系基础。

全面深化农村改革的重要方向就是集体产权制度改革。中共十八大以来,全国农村集体经济组织账面资产总额由 2012 年的 2.18 万亿元增长到 2016 年的 3.1 万亿元,年均增长 9.2%。然而,这些数量庞大的农村集体资产长期面临权属不清、权责不明、流转不畅、保护不严等问题,而且随着工业化、城镇化的快速发展还面临流失的风险。中共十八大及十八

---

① 李克强:《政府工作报告——二〇一八年三月五日在第十三届全国人民代表大会第一次会议上》,载《人民日报》2018 年 3 月 23 日。
② 《首次明确政策框架 扶持新型经营主体(政策解读)》,载《人民日报》2017 年 6 月 1 日。

届三中、五中全会和近年来多个中央一号文件,都高度重视农村集体产权制度改革。2016 年 12 月,中共中央、国务院发布《关于稳步推进农村集体产权制度改革的意见》,在明晰农村集体产权、引导农民发展股份合作的同时,也注重完善集体产权权能,赋予农民对农村集体资产股份占有、收益、有偿退出及抵押、担保、继承等相关权能。① 这是向全国逐步推开农村集体产权制度改革的重大标志性事件。截至 2016 年底,全国已有 6.7 万个村和 6 万个村民小组完成这项改革。其中,北京、上海、浙江完成改革的村占到 95% 以上,完成改革的村组累计向农民股金分红 2840 亿元,2016 年当年分红 434.1 亿元,改革的作用清晰可见。

全面深化农村改革探索、先行先试的重要方法是确立农村改革试验区。在中央农村工作领导小组的领导下,农业部会同农村改革试验区工作联席会议成员单位加强支持和指导,确立 58 个农村改革的"国家实验室",即农村改革试验区,围绕中央部署的农村改革试点试验事项开展改革探索、先行先试。在农村改革试验区中,涌现出一批各具特色的改革典型,如广西田东县金融改革推进扶贫开发,安徽宿州市构建现代农业产业化联合体,甘肃金昌市金川区开展"以井定田"互换并地,四川成都市探索推广土地流转履约保证保险,重庆市永川区开展财政补助资金农民持股,贵州毕节市探索涉农建设性资金"多个渠道引水、一个龙头放水",江苏淮安市洪泽区建立农田水利设施"五位一体"管护机制,湖北秭归县村民自治重心下沉推进"微自治",等等。这些做法不仅改善了民生,造福了一方百姓,更催化了更大范围的改革探索,"样板扩散效应"正在逐步增强。2016 年 4 月,农业部修订了《农村改革试验区工作运行管理办法》,建立起部际联席会议制度、各部门分工协作机制、向中央改革领导机构报告报备制度、第三方评估机制以及试验区退出机制等②,提高了农村改革试验区

---

① 《中共中央国务院关于稳步推进农村集体产权制度改革的意见》,载《人民日报》2016 年 12 月 30 日。
② 《农业部关于印发〈农村改革试验区工作运行管理办法〉的通知》,中华人民共和国农业部网,http://jiuban.moa.gov.cn/zwllm/zcfg/nybgz/201604/t20160418_5097980.htm。

运行的规范性和效能。现行农村改革试验区已有涉及 40 项试验内容、61 项试验成果在 54 个省部级以上政策文件制定中得以转化，另有 30 项试验成果供有关部门制定政策时研究参考，推出了 60 个改革典型案例，在更广阔的范围内发挥了示范引领作用。①

全面深化农业改革的一个重点领域是加强农业供给侧结构性改革，实施"藏粮于地、藏粮于技"战略，调整优化产品结构、产业结构和品质结构。全面划定粮食生产功能区和重要农产品生产保护区，支持率先划定四川都江堰灌区、黑龙江三江平原等主产区。统筹推进高标准农田建设，深入开展保护与提升耕地质量行动，整建制推进绿色高产高效创建工作。粮食生产在高起点上再上新台阶，自 2013 年首次突破 1.2 万亿斤大关之后，已连续 5 年稳定在这一水平。不仅粮食连年丰收，其他重要农产品也供应充足。肉、蛋、菜、果、鱼等产量稳居世界第一，人均占有量均超过世界平均水平。同时，以市场需求为导向，统筹推进非优势区玉米结构调整、北方农牧交错带生态农业建设、渔业转方式调结构和南方水网地区生猪布局优化等工作，开展特色农产品优势区创建，籽粒玉米累计调减种植面积近 5000 万亩，生猪养殖进一步向玉米主产区和环境容量大的区域转移，渔业减量提质增效取得明显进展。积极发展农产品加工业，大力发展农产品电子商务、休闲农业和乡村旅游等新产业新业态，农村一、二、三产业深度融合，产业结构更为优化。

贯彻绿色发展理念，农村资源环境保护和美丽乡村建设取得新进展。贯彻"绿水青山就是金山银山"的理念，打响农业面源污染治理攻坚战，启动实施畜禽粪污治理、果菜茶有机肥替代化肥、东北地区秸秆处理、以长江为重点的水生生物保护、农膜回收等农业绿色发展五大行动。耕地轮作休耕制度试点扩大 1200 万亩，退耕还草 372 万亩，农业生产力与资源

---

① 施维：《将深化农村改革进行到底——党的十八大以来农村改革成就综述》，载《农民日报》2017 年 9 月 20 日。

环境承载力相匹配的生态农业新格局正在形成。农业面源污染加重的趋势有所缓解,资源利用的强度降下来了,灌溉水有效利用系数提高到0.55以上,全国农药施用量实现零增长,秸秆资源综合利用率和农膜回收率均在60%以上,农业面源污染加剧的趋势正在得到遏制。[①]

实施精准扶贫,贫困农民有望"真脱贫,脱真贫"。为了改变过去扶贫开发的"大水漫灌"式扶贫,中共中央提出了精准扶贫理念,坚持精准扶贫、精准脱贫,重在提高脱贫攻坚成效。2013年11月,习近平在湖南考察时首次提出了精准扶贫的重要指示,"扶贫要实事求是,因地制宜。要精准扶贫,切忌喊口号,也不要定好高骛远的目标。"[②]2013年底,中办、国办印发了《关于创新机制扎实推进农村扶贫开发工作的意见》和《建立精准扶贫工作机制实施方案》。2014年,李克强总理在政府工作报告中,对实行精准扶贫提出了要求。2015年,中共中央制定了《中共中央关于制定国民经济和社会发展第十三个五年规划的建议》,提出"实施精准扶贫、精准脱贫,因人因地施策,提高扶贫实效"。[③] 同年底发布实施的《中共中央国务院关于打赢脱贫攻坚战的决定》进一步明确"把精准扶贫、精准脱贫作为基本方略"。[④] 从此,精准扶贫成为新时期中央最重要的扶贫方略。2016年,国务院印发"十三五"脱贫攻坚规划,中办、国办出台11个《决定》配套文件,中央和国家机关各部门出台118个政策文件或实施方案,各地也相继出台和完善了"1+N"的脱贫攻坚系列文件。[⑤] 千方百计拓展农民增收渠道,聚焦深度贫困地区,深入总结推广产业扶贫范例,指导贫

---

① 《擘画新时代"三农"的壮美图卷——从乡村振兴战略展望我国农业农村现代化前景》,载《人民日报》2017年12月28日。
② 《脱贫攻坚战吹响集结号(习近平治国理政关键词(17))》,载《人民日报》2016年3月10日。
③ 《中共中央关于制定国民经济和社会发展第十三个五年规划的建议(2015年10月29日中国共产党第十八届中央委员会第五次全体会议通过)》,载《人民日报》2015年11月3日。
④ 《中共中央国务院关于打赢脱贫攻坚战的决定(2015年11月29日)》,载《人民日报》2015年12月8日。
⑤ 刘永富:《全面贯彻中央决策部署,坚决打赢脱贫攻坚战》,载《学习时报》2017年5月5日。

困地区因地制宜发展特色种养业,构建产业扶贫长效机制。十八大以来,农民收入增长快,年均增幅达到8%。2016年人均年收入首次突破1.2万元,较2012年名义上增长47.4%,平均每年增加近千元。城乡收入差距持续缩小,农民生活显著改善。农民收入增速连年跑赢城镇居民,2016年城乡居民收入之比为2.72:1,比2012年下降0.16,农民生活水平进一步提高。贫困地区农民增收更快,年均增长超过10%。"脱贫攻坚战取得决定性进展,六千多万贫困人口稳定脱贫,贫困发生率从百分之十点二下降到百分之四以下。"[①]

中共十九大之后,农业农村经济工作正在扎实落实新发展理念,按照"产业兴旺、生态宜居、乡风文明、治理有效、生活富裕"的总要求,实施乡村振兴战略,建立健全城乡融合发展体制机制和政策体系,加快推进农业农村现代化,确保到2020年农业现代化取得明显进展,力争到2035年基本实现农业农村现代化,到中华人民共和国成立100年时迈入世界农业现代化强国行列。

第二节　中国农村改革与发展的主要成就

改革开放40年来,中国农业农村发展取得的成就主要体现在以下几个方面。

---

① 习近平:《决胜全面建成小康社会　夺取新时代中国特色社会主义伟大胜利——在中国共产党第十九次全国代表大会上的报告(2017年10月18日)》,载《人民日报》2017年10月28日。

一、确立并不断完善以家庭承包经营为基础、"三权分置"、统分结合的农村双层经营体制

新中国成立后的前29年里,我国农村土地所有制与经营制度有过两次变革:第一次变革是通过土地改革将封建地主土地私有制变为农民土地私有制,实现了"耕者有其田"。第二次变革是通过农业合作化将土地由农民所有、家庭经营变为集体所有、集体统一经营。但是,这两次农业经营制度变革都存在实践悖论:高度分散的家庭经营和高度集中的统一经营,都难以适应我国农业生产的特点,难以保证农业的稳定、持续、健康发展。

改革开放以来,我国农业经营制度发生了根本性变化,由"三级所有、队为基础"的农村人民公社体制转变为以农户家庭承包经营为基础的统分结合双层经营体制。这是迄今为止农村最具实质意义的重大变革。这一改革使农村经济逐步走向市场经济体制,为农村生产力的发展铺垫了新的制度基础①,也是发展农村社会生产力、保障农民合法权益、维护农村社会和谐稳定的基础性制度。

1978—1984年,以"包产到户""包干到户"为突破口,在改革人民公社旧体制的基础上逐步形成统分结合的农村基本经营体制。1983年的中共中央一号文件则更明确提出:联产承包责任制"是在党的领导下我国农民的伟大创造,是马克思主义农业合作化理论在我国实践中的新发展"。②到1984年,全国实行联产承包制的生产队有569万个,其中实行包干到户的生产队有563.6万个,占全国569万个生产队的99.1%。联产承包

---

① 韩俊:《中国经济改革30年·农村经济卷(1978—2008)》,重庆大学出版社2008年版,第 i 页。
② 《中共中央国务院关于"三农"工作的一号文件汇编(1982—2014)》,人民出版社2014年版,第20页。

责任制极大地调动了广大农民的积极性，使农村生产力获得了极大发展，基本解决了农民温饱问题。粮食产量从1978年的3.05亿吨猛增到1984年的4.07亿吨，当年甚至出现了"卖粮难"的问题。

1985—1991年，对家庭承包经营进行反思与调整，逐步明确统分结合的经营体制。农村经济体制改革在商品化的推动下，利益矛盾凸显，农村土地制度产权不清问题初现端倪，农村土地纠纷迭生。实践中最突出的问题是粮食生产由1984年的高峰跌入了1985年的低谷，随后出现了连续几年的徘徊局面。1986年4月，最高人民法院发布《关于审理农村承包合同纠纷案件若干问题的意见》。同年，六届全国人大常委会第十六次会议通过《中华人民共和国土地管理法》，以法律的形式对农村集体所有制的相关内容做了规定，"中华人民共和国实行土地的社会主义公有制，即全民所有制和劳动群众集体所有制"，"农村和城市郊区的土地，除了法律规定属于国家所有的以外，属于集体所有；宅基地和自留地、自留山，属于集体所有"。[①] 在理论界对家庭承包经营体制的争论和反思，大体上形成了"土地国有化""土地私有化""继续坚持和完善集体所有制"三种具有代表性的观点。为稳定统分结合的双层经营体制，继续深化农村改革，1988年11月，中共中央、国务院发布《关于夺取明年农业丰收的决定》，提倡通过联合方式，建立多层次、多形式的服务体系，做好对农户多方面的服务，促进农村商品经济的发展，即除去完善和加强乡村合作（集体）经济组织统一经营层次对农户生产经营的综合服务外，还要支持和鼓励国有企事业单位、农民自愿组织的专业合作社和专业户，围绕某种产品向农户提供单项的或系列化的服务，并且要强化国家经济技术部门、农业院校和科研单位为农业服务的功能。[②] 这是中央面对双层经营体制存在的问题主动做出的反思，对完善统分结合的双层经营体制，实现农业生产和农村经济的稳定、持续、快速发展起了推动作用。

[①] 《中华人民共和国法律汇编(1985—1989)》，人民出版社1991年版，第139~140页。
[②] 《十三大以来重要文献选编(上)》，人民出版社1991年版，第339~341页。

1992—2001年，以长期稳定承包权为重点，构建与稳定双层经营体制。1991年11月，中共十三届八中全会通过《中共中央关于进一步加强农业和农村工作的决定》，指出："农村改革，必须继续稳定以家庭联产承包为主的责任制，不断完善统分结合的双层经营体制，积极发展社会化服务体系，逐步壮大集体经济实力，引导农民走共同富裕的道路，切不可偏离这一深化农村改革的重点和总方向。"这是中央文件中第一次明确规定"把以家庭联产承包为主的责任制、统分结合的双层经营体制，作为我国乡村集体经济组织的一项基本制度长期稳定下来，并不断充实完善"①。这次会议充分肯定了十一届三中全会以来党在农村的各项基本政策及农村改革取得的巨大成就，强调继续稳定以家庭联产承包为主的责任制，不断完善统分结合的双层经营体制，坚定不移地深化农村改革。1992年邓小平在南方谈话中指出："这次十三届八中全会开得好，肯定农村家庭联产承包责任制不变。一变就人心不安，人们就会说中央的政策变了。……城乡改革的基本政策，一定要长期保持稳定。当然，随着实践的发展，该完善的完善，该修补的修补，但总的要坚定不移。即使没有新的主意也可以，就是不要变，不要使人们感到政策变了。有了这一条，中国就大有希望。"②邓小平发表南方谈话后，农村体制改革的步伐明显加快。1993年3月，八届全国人大第二次会议通过的修改宪法决议，将双层经营体制作为农村经济的一项基本制度载入《宪法》，保障这一基本制度的长期稳定。同年7月，又将其载入了《中华人民共和国农业法》。1998年10月中共十五届三中全会通过《中共中央关于农业和农村工作若干重大问题的决定》，再次明确长期坚持"以家庭承包经营为基础、统分结合的双层经营体制"。1999年3月，九届全国人大第二次会议在修改宪法时又把这一基本经营制度载入《宪法》，这标志着以家庭承包经营为基础、统分结合的双层经营体制的法律地位已正式确立。

---

① 《十三大以来重要文献选编（下）》，人民出版社1993年版，第1761、1762页。
② 《邓小平文选（第三卷）》，人民出版社1993年版，第371页。

2001年至今,以土地承包权流转为关键,完善与发展"三权分置"、统分结合的双层经营体制。2001年12月30日中共中央发出《关于做好农户承包地使用权流转工作》的通知,分析了农户承包地使用权流转工作中存在的问题,即"当前农村出现的土地使用权流转,多数反映了生产要素的合理流动和优化配置,总体上是健康的。但是,一些乡村推行的土地流转,存在不少违背农民意愿、损害农民利益的问题,需要引起足够重视",强调"稳定和完善土地承包关系,是党的农村政策的基石,是保障农民权益、促进农业发展、保持农村稳定的制度基础。在稳定家庭承包经营制度的基础上,允许土地使用权合理流转,是农业发展的客观基础,也符合党的一贯政策"①。2002年8月29日,九届全国人大常委会第二十九次会议通过《中华人民共和国土地承包法》,从而为稳定和完善以家庭承包经营为基础、统分结合的双层经营体制提供了法律保障。同年11月,农村基本经营制度写进了中共十六大报告,要求"长期稳定并不断完善以家庭承包经营为基础、统分结合的双层经营体制"。在稳定家庭承包权的同时,允许土地使用权依法有偿转让,允许采取转包、租赁、入股等多种形式发展适度规模经营,提高农业劳动生产率和土地使用率。2006年中央一号文件提出"健全在依法、自愿、有偿基础上的土地承包经营权流转机制,有条件的地方可发展多种形式的适度规模经营"②。2008年10月,中共十七届三中全会通过《中共中央关于推进农村改革发展若干重大问题的决定》,指出:"加强土地承包经营权流转管理和服务,建立健全土地承包经营权流转市场,按照依法自愿有偿原则,允许农民以转包、出租、互换、转让、股份合作等形式流转土地承包经营权,发展多种形式的适度规模经营。有条件的地方可以发展专业大户、家庭农场、农民专业合作社等规模经营主体。"③2010年的中央一号文件提出"稳定和完善农村基本经营制

---

① 《十五大以来重要文献选编(下)》,人民出版社2003年版,第2158页。
② 《中共中央国务院关于"三农"工作的一号文件汇编(1982—2014)》,人民出版社2014年版,第130页。
③ 《中共中央关于推进农村改革发展若干重大问题的决定》,人民出版社2008年版,第13页。

度……鼓励有条件的地方开展农村集体产权制度改革试点"[①]。

2013年12月23日,习近平在中央农村工作会议上指出:"完善农村基本经营制度,需要在理论上回答一个重大问题,就是农民土地承包权和土地经营权分离问题……顺应农民保留土地承包权、流转土地经营权的意愿,把农民土地承包经营权分为承包权和经营权,实现承包权和经营权分置并行,这是我国农村改革的又一次重大创新。"[②]中央在总结各地改革实践经验的基础上,2016年正式发文确立了农村承包地坚持集体所有权、稳定农户承包权、放活土地经营权的"三权分置"。这是继家庭联产承包责任制后我国农村改革的又一大创新,为推动今后一段时间农村土地产权制度改革打下了坚实的基础。根据中央部署,对农民土地承包经营权的确权、登记、颁证工作加快进行,2018年底全面完成。全国2.3亿承包农户中,约有7000万农户全部或部分流转出自家的承包地,经营权流转的土地面积超过4.4亿亩,约占农户土地承包合同总面积的三分之一。

以家庭联产承包为基础、"三权分置"、统分结合的双层经营体制,在实践上探索了公有制新的实现形式,在理论上突破了传统的社会主义所有制理论,是对马克思主义合作化理论的新发展,引发了经济领域广泛的体制创新,顺应和适应了社会主义市场经济体制和现代农业发展趋势。

二、构建了结构多元的中国特色社会主义农村市场经济体系

农村改革从20世纪80年代起就是市场取向。国家取消了农产品统购派购制度,逐步放开农产品的经营,农产品实现了由市场定价,农业市

[①] 《中共中央国务院关于"三农"工作的一号文件汇编(1982—2014)》,人民出版社2014年版,第212~213页。
[②] 《十八大以来重要文献选编(上)》,中央文献出版社2014年版,第670页。

场化程度不断提高。一方面市场主体的独立地位逐步明确,农村土地、劳动力、技术和资金等要素市场不断发展,市场发育日益走向成熟;另一方面国家通过行政手段干预经济的领域不断收缩,市场机制逐步发挥越来越重要的作用。随着农副产品统购派购制度的取消,有些农产品的价格已主要由市场形成,全国性、区域性的农产品市场体系初步形成。从总体上看,市场已经取代计划手段,成为农产品供求和农村资源配置的基础性手段。通过所有权、承包权和经营权"三权分置"的办法,既很好地坚持了社会主义方向,又成功地发展了市场经济。这是中国特色社会主义农村发展道路的显著特点。随着市场体制机制的不断完善,农业结构改变了改革开放前基本上是以种植粮食为主体的单一型结构,农业和农村产业结构发生了显著变化。特别是乡镇企业的发展,大大提高了农村经济的整体素质和效益,增强了农村经济的实力。

中共十八大以来,为推进农业供给侧结构性改革,我国坚持以市场需求为导向,以深化改革为动力,着力调整优化农业结构,供给体系的质量效益明显提高。深入推进农业供给侧结构性改革,主要表现在"三个调"和"三个激活"上,即:农业生产结构不断调优,农业发展方式持续调绿,农村产业结构加快调新;激活市场、要素和主体。"籽粒玉米近两年累计调减了种植面积近5000万亩,大豆面积增加了1600多万亩。农产品加工业、休闲农业、农村电商竞相发展,农村一、二、三产业深度融合,绿色、生态、优质、安全的农产品生产和供给明显增加。"①"粮食生产能力登上新台阶,产量连续5年稳定在12000亿斤以上,农业供给侧结构性改革实现新突破,种植、畜牧、渔业结构不断优化,农产品加工业与农业产值之比达到2.2∶1。"②

---

① 李慧:《从"六个新"看十八大以来农业农村经济发展》,载《光明日报》2017年9月30日。
② 韩长赋:《全面深化农村改革:农业农村现代化的强大动力》,载《求是》2018年第13期。

三、形成了多种所有制经济共同发展的农村基本经济制度

农村改革在坚持以土地为核心的主要生产资料集体所有的基础上,把生产经营权下放给农户。由此,实行承包经营的农户逐步成为独立的财产主体。家庭承包经营制的基本特征是"土地集体所有,农户承包经营",这是农村集体经济的一种新的实现形式。21世纪以来,经营权不断放活。2014年中央专门印发文件对土地经营权有序流转、发展农业适度规模经营进行引导规范。截至2016年底,全国耕地流转面积达到4.79亿亩,建立了近20000个土地流转服务中心。农村土地有序流转、适度规模经营局面已现雏形。除了经营权流转,经营权入股、抵押等也是放活经营权的重要方式。2015年农业部在黑龙江、江苏等地的7个县区开展土地经营权入股发展农业产业化经营试点,为农业适度规模经营探索了一条新路。"两权"抵押改革也取得初步成效,通过承包地经营权抵押贷款,为现代农业发展带来了资金活水。[①]

与此同时,乡村集体企业也通过股份制、股份合作制以及承包、租赁、兼并等途径,积极探索公有制的多种实现形式。乡镇企业产权制度改革是农村所有制结构的又一次重大变革,使乡镇企业突破了单一集体经济、单一投资主体的束缚,开创了多种所有制经济和混合型经济共同发展的新局面。农村非公有制经济成为农村经济新的重要增长极。在集体所有制的基础上,形成了社会主义初级阶段以公有制为主体、多种所有制经济共同发展的农村基本经济制度。这一基本经济制度,事实上构筑了多元化的农村产权结构,从而成为带有农村特点的中国特色社会主义市场经济发展的微观基础。"这是能够极大促进生产力发展的农村集体所有制

---

① 施维:《将深化农村改革进行到底——党的十八大以来农村改革成就综述》,载《农民日报》2017年9月20日。

的有效实现形式。"①

中共十八大以来,全国农村集体经济组织账面资产总额由2012年的2.18万亿元增长到2016年的3.1万亿元,年均增长9.2%。但是,数量如此庞大的集体资产长期面临权属不清、权责不明、保护不严、流转不畅等问题,还面临流失的风险。中共十八大及十八届三中、五中全会,以及近年来多个中央一号文件,都高度重视农村集体产权制度改革。2016年12月,中共中央、国务院正式发布《关于稳步推进农村集体产权制度改革的意见》,在明晰农村集体产权、引导农民发展股份合作的同时,也注重完善集体产权权能,赋予农民对农村集体资产股份占有、收益、有偿退出及抵押、担保、继承等相关权能。这是向全国逐步推开农村集体产权制度改革的重大标志性事件。截至2016年底,全国已有6.7万个村和6万个村民小组完成这项改革。其中,北京、上海、浙江完成改革的村占到95%以上,完成改革的村组累计向农民股金分红2840亿元,2016年当年分红434.1亿元,改革的作用清晰可见。②

四、初步塑造了城乡经济社会一体化发展格局

城乡二元经济结构是各国现代化进程中存在的普遍现象,在我国不仅存在城乡二元经济结构,而且在计划经济条件下还产生了城乡二元隔绝体制。城乡二元隔绝体制的基本特征是:缺失农产品市场,对农产品实行计划生产,计划供应;限制农产品价格,从农业中提取国家工业化所需的积累资金;严格限制农业人口向城镇的流动,控制公共财政覆盖的人口总规模。改革开放以来,国家逐步放宽对农民进城就业和居住的限制,从限制农民流动,逐步转向承认流动、接受流动、鼓励流动。特别是21世纪

---

① 《十五大以来重要文献选编(上)》,人民出版社2000年版,第556页。
② 施维:《将深化农村改革进行到底——党的十八大以来农村改革成就综述》,载《农民日报》2017年9月20日。

以来,建立城乡劳动者平等的就业制度。2002年1月,温家宝在中央农村工作会议上提出:对进城农民,要"公平对待,合理引导,完善管理,搞好服务,不能采取歧视性限制政策"。① 2006年颁布了《国务院关于解决农民工问题的若干意见》,形成了更为完整的政策体系。纵观中央关于农民工问题的政策,逐步取消了限制农民进城就业、损害其权益的政策规定,农民进城就业的环境有了很大改善,同时,逐步重视改善农民工子女教育、职业培训、公共卫生和社会保障。此外,对农民工的社会管理正在向维护权益和服务转变。

农村劳动力的自由流动为突破城乡二元体制进行了有益探索,为实施城乡一体化发展积累了经验。2002年11月,中共十六大报告首次提出"统筹城乡发展"的理念和目标。2008年10月,中共十七届三中全会做出《关于推进农村改革发展若干重大问题的决定》,提出建立促进城乡经济社会发展一体化的制度,要求尽快在城乡规划、产业布局、基础设施建设、公共服务一体化等方面取得突破。② 2012年11月,中共十八大提出要让广大农民平等参与现代化进程、共享现代化成果。"小康不小康,关键看老乡"。2013年3月,习近平明确提出,把能否如期全面建成小康社会的关键之举,定位在能否解决好"三农"问题上。2013年11月,中共十八届三中全会决定明确提出,要推动城乡要素平等交换和公共资源均衡配置。2015年10月,中共十八届五中全会决定提出,健全城乡发展一体化体制机制,推动城乡要素平等交换、合理配置和基本公共服务均等化,提出"十三五"时期城镇化的具体目标,重点是实现1亿左右农民工和其他常住人口在城镇定居(主要是农村学生升学和参军进入城镇的人口、在城镇就业和居住5年以上以及举家迁徙的农业转移人口)。③ 基本公共服务均等

---

① 《十五大以来重要文献选编(下)》,人民出版社2003年版,第2173页。
② 《中共中央关于推进农村改革发展若干重大问题的决定》,人民出版社2008年版,第17~26页。
③ 《中国共产党第十八届中央委员会第五次全体会议文件汇编》,人民出版社2015年版,第49~50页。

化,意味着城乡居民享受政府提供的基本公共服务在制度上是平等的。当然,因地域条件和财政能力所限,目前实施水平仍然有差别。

五、对"三农"实现了由"取"到"予"的重大转折

农村财政税收制度一定程度上反映了国家与农民以及城乡之间的利益分配关系和格局。在农村社会经济制度改革过程中,农村财政税收也进行了一些调整和改革。1994年分税制改革前给予了乡镇企业一定的税收优惠政策,但在相当长时期内,农村财政税收制度总体上仍然保持着城乡二元结构特点。虽然改革以后农村经济得到了迅速发展,农民收入水平和生活水平得到了较大提高,但由于农村财政税收制度的不完善导致县乡财政十分困难,并由此导致农民负担的长期居高不下、农村社会矛盾日趋尖锐和农村社会的不稳定。

20世纪90年代末以来,特别是2000年开始的农业税费改革以及2003年中央明确提出统筹城乡发展战略后,这种状况发生了巨大变化。2006年,中国延续了2600年的"皇粮国税"终结,标志着国家和农民间"汲取型"关系已经被打破,开始呈现工业反哺农业、城市支持农村的格局,国家对农民实现了由"取"向"予"的转折。这是国家和农民分配关系的一次重大调整。农村税费改革在减轻农民负担、推动基层政权组织改革深化、促进农村教育管理体制改革、保障农村社会稳定等方面取得了显著的成效。

中共十八大以来,在国家财政收支形势趋紧的背景下,我国坚持把"三农"作为公共财政的支出重点,优先保障"三农"投入稳定增长。2013年到2017年全国一般公共预算农林水事务支出达82839亿元。同时,我国积极推动新增教育、文化、医疗卫生等社会事业经费向农村倾斜,不断

提高农村基本公共服务的标准和水平。随着农业农村经济稳定发展,农民收入呈现持续快速增长势头,2016年农民人均可支配收入突破1.2万元,2017年上半年农民收入继续保持较好的增长势头,增长了7.4%。城乡收入差距持续缩小,农民收入增速连年跑赢城镇居民。①

六、不断探索农村治理体系和治理方式现代化

人民公社时期,实行高度集权的政社合一体制,国家行政权力取代了传统的社会控制手段,对农村实行直接控制。改革开放以后,国家主导农村社会的格局虽然没有发生根本性的变化,但国家对农村的控制程度和传统意义上"集体"的职能已明显弱化。1982年12月通过的《中华人民共和国宪法》第95条规定:"乡、民族乡、镇设立人民代表大会和人民政府",人民公社制度逐步退出历史舞台。1986年9月中共中央、国务院发布的《关于加强农村基层政权建设工作的通知》指出:"农村基层政权体制的改革是政治体制改革的重要组成部分。"文件从政治、经济两个领域,村、乡、县三个层次系统提出了解决乡镇问题、完善乡镇政权建设的思路,所提出的许多政策举措至今仍有现实意义。② 20世纪80年代,乡镇数量超过7万个。

进入21世纪,以精简机构人员、撤乡并镇为标志的乡镇行政机构改革拉开帷幕。2004年,中央一号文件对撤乡并镇并村提供了政策支持,要求"进一步精简乡镇机构和财政供养人员,积极稳妥地调整乡镇建制,有条件的可实行并村,提倡干部交叉任职"③。中共中央在《关于制定国民

---

① 李慧:《从"六个新"看十八大以来农业农村经济发展》,载《光明日报》2017年9月30日。
② 《十二大以来重要文献选编(下)》,人民出版社1988年版,第1161~1169页。
③ 《中共中央国务院关于"三农"工作的一号文件汇编(1982—2014)》,人民出版社2014年版,第90页。

经济和社会发展第十一个五年规划的建议》中提出,要"巩固农村税费改革成果,全面推进农村综合改革,基本完成乡镇机构、农村义务教育和县乡财政管理体制等改革任务"①。2006年末,全国乡镇数为34756个,比1992年的48250个减少了13494个,年均减少2.3%;全国村民委员会637011个,比1992年的737429个减少了100418个,年均减少1%。

关于村及村以下治理结构,村民自治是立法先行。1982年我国修订颁布的《宪法》第111条规定:"村民委员会是基层群众自治性组织。"1994年,民政部下发的《关于在全国农村开展村民自治示范活动的通知》提出了村民自治的核心内容,即"四个民主"——民主选举、民主决策、民主管理、民主监督。村民自治就是广大农民群众直接行使民主权利,依法实行自我管理、自我教育、自我服务的一项基本政治制度。1998年修订后的《村民委员会组织法》正式颁布,使村民自治正式步入法制化轨道。农民拥有了参与社区管理的民主权利,以村民自治为核心的治理已基本成型。改革开放40年来,村民自治已成为实现、维护和发展我国广大农民根本利益的重要保障。

随着乡村经济市场化程度大大提高,乡村居民逐步走向富裕,为乡村民主政治和民主治理的发展创造了条件,"熟人社会"正在解体,广大农民已经在较大程度上参与了农村选举活动,同时,乡村民主政治的发展对农村经济发展和社会稳定发挥了积极作用。中共十八大以来,农村基层民主制度建设在民主选举、民主决策、民主管理和民主监督等方面取得了长足的进步:修改和完善的《村民委员会组织法》和村民委员会选举办法,促使农村民主选举的规范化;村级党组织"公推直选"的大力推行,保障农民合理行使选举权,推动村委会直接选举的制度化和程序化;由传统单一的民主选举向民主选举、民主管理、民主决策转变;全国约98%的村制定各

---

① 《〈中共中央关于制定国民经济和社会发展第十一个五年规划的建议〉辅导读本》,人民出版社2005年版,第9页。

自的村规民约,加深村民对基本的民主管理的认识,促进新型农村社会生活共同体的建设;农村普遍实现村务公开制度,定期及时公布村庄事务;述职、问责机制逐步完善,全国每年约170万名村干部进行述职,对23万余名村干部进行经济责任审计,确保基层村干部廉政建设。①

七、基本构建了中国特色农村社会保障体系

改革开放以前20多年人民公社体制的历史实践,呈现一种"超稳定结构",即经济上的均贫、政治上的同质、文化上的单一和社会上的封闭。改革开放以来,随着农村社会分工的发展,人口流动增大,生活空间扩展,农村社会内部的封闭性开始动摇,农民不再只是从事农业生产经营,不再只是在农村生活和工作,农民开始了前所未有的社会大分化。随着乡镇企业的崛起,出现了大量乡镇企业工业和一批乡镇企业主和个体户。20世纪90年代以后,随着农村劳动力进城务工,出现了一个庞大的农民工阶层。近年来,农村社会中出现了农民工、农民个体工商业者、农民私营企业主、农民知识分子、农民企业家、农村管理者等不同的利益群体和阶层。改革开放前导致农村社会分化的主要因素是家庭、出身、亲属以及农民参军、考学等,现在除了上述因素仍在起作用外,农民可以通过打工、经商、创业等多种途径改变自己的身份。农村正在由"先赋型"社会演变为社会身份经过后天努力可以改变的"后致型"社会。无论是从职业角度,还是拥有经济资源角度,农民不再是一致的均质性社会群体,农村也不再是单一的同构性社会,农村社会结构发生了深刻的变化。

---

① 宁甜甜:《中国农村基层社会治理之道》,载《商业经济》2017年第9期。

因此，依托于集体经济组织的农村合作医疗和五保供养制度①也面临着严峻的挑战。我国农村社会保障领域进行了诸多探索性改革。政府在农村社会保障领域的投入主体地位逐渐显现。农村医疗保障制度改革和农村社会救助制度改革取得了突破性进展。农民从基本自费医疗的社会群体，转变为享受一定的医疗社会保障的群体。2010年实现了新型农村合作医疗制度基本覆盖农村居民的目标。

针对农村从全面的制度约束的贫困向区域性条件约束贫困和农户能力约束贫困转变的特点，中国政府从1984年开始启动了中国历史上规模最大的农村专项反贫困计划。通过政府主导、社会参与，采取特殊的扶贫政策和措施，促进贫困人口集中区域自我发展能力的提高，推动区域经济发展来稳定、减缓直至消除贫困。"联合国《2015年千年发展目标报告》显示，中国极端贫困人口比例从1990年的61%，下降到2002年的30%以下，率先实现比例减半，2014年又下降到4.2%，中国对全球减贫的贡献率超过70%。中国成为世界上减贫人口最多的国家，也是世界上率先完成联合国千年发展目标的国家，为全球减贫事业做出了重大贡献，得到了国际社会的广泛赞誉。"②中共十八大以来，"精准扶贫精准脱贫基本方略落地生效，6800多万贫困人口实现脱贫，贫困发生率从10.2%下降到3.1%，脱贫攻坚取得决定性进展。"③随着扶贫攻坚任务的不断推进，最低

---

① 1960年4月10日，第二届全国人大第二次会议通过的《1956年到1967年全国农业发展纲要》（简称"农业四十条"）明确提出："农业合作社对于社内缺乏劳动力、生活没有依靠的鳏寡孤独的社员，应当统一筹划，指定生产队或者生产小组在生产上给以适当的安排，使他们能够参加力能胜任的劳动；在生活上给以适当的照顾，做到保吃、保穿、保烧（燃料）、保教（儿童和少年）、保葬，使他们的生养死葬都有指靠。"从此，人们便将吃、穿、烧、教、葬这五项保证简称"五保"，将享受"五保"的家庭称为"五保户"，形成了独具中国特色的农村五保供养制度的雏形。1994年1月，国务院公布施行《农村五保供养工作条例》，规定五保供养的主要内容是"保吃、保穿、保住、保医、保葬（孤儿保教）"，供养标准为当地村民一般生活水平，所需经费和实物从村提留或者乡统筹费中列支。1997年3月，民政部颁布《农村敬老院管理暂行办法》，规范了农村敬老院建设、管理和供养服务。这两项法规的出台，标志着我国农村五保供养工作开始走上规范化、法制化的管理轨道。
② 《〈中国的减贫行动与人权进步〉白皮书》，中华人民共和国国务院新闻办公室网，http://www.scio.gov.cn/zfbps/ndhf/34120/Document/1494398/1494398.htm，2016年10月17日。
③ 韩长赋：《全面深化农村改革：农业农村现代化的强大动力》，载《求是》2018年第13期。

生活保障制度开始全面建立,农村居民生存和温饱问题基本得到解决,贫困地区基础设施明显改善,社会事业不断进步。

八、日益重视农村自然资源保护和生态文明建设

改革开放40年来,中国农村自然资源保护和生态环境建设,是随着中国城市化、工业化进程的不断加快,资源与环境的压力日益增加而不断改进的,即它与经济社会发展水平具有非常密切的相关性。经历了由粗放破坏到集约治理的转变,取得了显著的进展,农村自然资源和环境的状况发生了很大变化。

中国已经初步形成了农村自然资源保护和生态环境建设的政策框架,制定出一系列有关农村自然资源保护管理的法律法规,使农村自然资源保护管理首先具备了法律的保证。为了适应中国经济的快速增长,政府有关部门不断地对相关法律法规进行修订或修正。1998年10月,《中共中央关于农业和农村工作若干重大问题的决定》对农村生态环境保护和建设做了重要论述。2006年,《国民经济和社会发展第十一个五年规划纲要》提出,加强农村环境保护,开展全国土壤污染现状调查,综合治理土壤污染,防治农药、化肥和农膜等面源污染,加强规模化养殖场污染治理。推进农村生活垃圾和污水处理,改善环境卫生和村容村貌。在化肥、农药使用方面,通过减量替代,推广测土配方技术,2016年全国化肥使用量首次接近零增长;通过减量控害,加强绿色防控,全国农药施用量保持零增长。

我国农村生态工程是以1978年启动"三北"防护林工程为标志的。随着综合国力的增强,特别是积极的财政政策的实施,20世纪90年代末开始,中国启动了一批大规模的生态工程,包括天然林保护工程、退耕还林(草)工程、防沙治沙工程、水土流失重点治理与生态修复工程等。中共十八大以来,树立"绿水青山就是金山银山"的理念,把农村生态文明建设

放在突出的位置,推进农业清洁生产,把山水林田湖作为一个生命共同体,大幅度提升生态保护的等级,推进耕地、草原、河湖的休养生息。据统计,2014年到2017年,我国新一轮退耕还林还草面积达4240万亩。①

第三节　中国农村改革与发展的基本经验

改革开放40年来,农村改革先行先试,为中国的改革与发展积累了宝贵的经验,主要体现在以下几个方面。

一、坚持党的领导是农村改革取得成功的根本保证

在农村改革中,我们党把马克思主义基本原理同中国农村具体实际结合起来,把调动亿万农民积极性、发展农村生产力作为改革的出发点和落脚点,农村改革在党的坚强领导下快速推进。1978年,家庭联产承包责任制在党的领导下从个别地方试点后全面推行全国。1990年,邓小平提出关于"两个飞跃"的理论,指明了我国社会主义农业改革与发展的总体趋势。1992年,邓小平发表南方谈话和中共十四大的召开,为建立社会主义农村市场经济运行机制和管理体制指明了方向。2005年,中共十六届五中全会提出要按照"生产发展、生活宽裕、乡风文明、村容整洁、管理民主"的要求,扎实推进社会主义新农村建设。中共十八大以来,在习近平新时代中国特色社会主义思想指引下,农村改革在理论、实践和制度

---

① 李慧:《从"六个新"看十八大以来农业农村经济发展》,载《光明日报》2017年9月30日。

等方面都有了重大创新和突破,为实现农业农村现代化指明了方向。2017年,中共十九大提出了乡村振兴战略。自1982年开始,中共中央、国务院出台了20个关于"三农"工作的一号文件(见表1-2),每次都涉及"三农"改革与发展的重要问题。在党的领导下,在我们党提出的一系列新理念、新思想、新战略的指导下,我国农村改革取得了成功和巨大成就。

表1-2　1982—2018年中共中央、国务院关于"三农"工作的一号文件一览表

年份	文件名称	发布日期
1982年	《全国农村工作会议纪要》	1982年1月1日
1983年	《当前农村经济政策的若干问题》	1983年1月2日
1984年	《中共中央关于一九八四年农村工作的通知》	1984年1月1日
1985年	《中共中央国务院关于进一步活跃农村经济的十项政策》	1985年1月1日
1986年	《中共中央国务院关于一九八六年农村工作的部署》	1986年1月1日
2004年	《中共中央国务院关于促进农民增加收入若干政策的意见》	2003年12月31日
2005年	《中共中央国务院关于进一步加强农村工作　提高农业综合生产能力若干政策的意见》	2004年12月31日
2006年	《中共中央国务院关于推进社会主义新农村建设的若干意见》	2005年12月31日
2007年	《中共中央国务院关于积极发展现代农业　扎实推进社会主义新农村建设的若干意见》	2006年12月31日
2008年	《中共中央国务院关于切实加强农业基础建设进一步促进农业发展农民增收的若干意见》	2007年12月31日
2009年	《中共中央国务院关于2009年促进农业稳定发展农民持续增收的若干意见》	2008年12月31日
2010年	《中共中央国务院关于加大统筹城乡发展力度进一步夯实农业农村发展基础的若干意见》	2009年12月31日
2011年	《中共中央国务院关于加快水利改革发展的决定》	2010年12月31日

续表

年份	文件名称	发布日期
2012年	《中共中央国务院关于加快推进农业科技创新持续增强农产品供给保障能力的若干意见》	2011年12月31日
2013年	《中共中央国务院关于加快发展现代农业 进一步增强农村发展活力的若干意见》	2012年12月31日
2014年	《中共中央国务院关于全面深化农村改革加快推进农业现代化的若干意见》	2014年1月2日
2015年	《中共中央国务院关于加大改革创新力度加快农业现代化建设的若干意见》	2015年1月1日
2016年	《中共中央国务院关于落实发展新理念 加快农业现代化 实现全面小康目标的若干意见》	2015年12月31日
2017年	《中共中央国务院关于深入推进农业供给侧结构性改革 加快培育农业农村发展新动能的若干意见》	2016年12月31日
2018年	《中共中央国务院关于实施乡村振兴战略的意见》	2018年1月2日

二、坚持解放思想、实事求是的思想路线，将顶层设计与试点探索相结合，是农村改革取得成功的重要法宝

始终坚持解放思想、实事求是的思想路线，是农村改革成功最根本的经验。中共十一届三中全会纠正了长期存在的"左"倾错误，重新恢复和确立了解放思想、实事求是的思想路线，提出了社会主义的主要任务就是解放和发展生产力，从而打破了禁锢人们思想的精神枷锁，为改革开放奠定了坚实的思想基础。在这一思想路线的指引下，广大农村干部群众以解放和发展生产力为标准，勇于实践，大胆探索，一步步把农村改革引向深入。农村改革的进程，就是不断解放思想，实事求是的进程。

农村改革是党和政府充分尊重农民的意愿、创造和选择的产物，是党的思想路线与农民实践创造相结合的产物。邓小平指出："农村搞家庭联

产承包,这个发明权是农民的。农村改革中的好多东西,都是基层创造出来,我们把它拿来加工提高作为全国的指导。实践是检验真理的唯一标准。"①从家庭联产承包责任制兴起,到乡镇企业异军突起,到探索股份制、股份合作制等公有制实现形式;从改革农产品流通体制,到培育农村资金、劳动力和技术等生产要素市场;从探索贸工农一体化到大力发展农业产业化经营,建立农村改革试验区,都是广大干部群众以"三个有利于"为标准,解放思想,大胆试、大胆闯出来的。坚持从实际出发,允许和鼓励农民大胆探索,尊重农民的一系列创造,并从农民的实践创造中及时总结出规律性的东西,不断使之上升为指导农业和农村经济发展的方针、政策、法律、法规,这就是中国共产党指导农村工作的一条基本原则,是我国农村改革不断推进和顺利进行的重要保证。

中共十八大以来,中国改革进入全面深化阶段,农村改革涉及的利益关系更加复杂、目标更加多元、影响因素更加多样、任务更加艰巨。为从全局上更好地指导和协调农村各项改革,提高农村改革的系统性、整体性、协调性,做好整体谋划和顶层设计,2015年,中办、国办印发了《深化农村改革综合性实施方案》,明确了深化农村改革总目标、大的原则、基本任务和重要路径。这个方案"是协调推进农村改革的总遵循,是深化农村改革的总体'施工图'"②。中央深化改革小组召开的会议中有18次涉及农村改革议题,审议了24项涉农的改革方案,印发了有关土地三权分置、集体产权制度改革、发展适度规模经营、农垦改革等重要文件,基本建立了新时代农村改革的"四梁八柱"框架。特别是"三权分置"办法,是中央做出的充满政治智慧的制度性安排,顺应了农民保留土地承包权、流转土地经营权的愿望,理顺了"变"与"不变"关系,是继家庭联产承包责任制之后又一重大制度创新。农村集体产权制度改革是完善农村生产关系的重大举措,目的是为了明晰产权归属、盘活集体资产、增加农民财产性收入。

---

① 《新时期经济体制改革重要文献选编(下)》,中央文献出版社1998年版,第760页。
② 韩俊:《做好农村改革的整体谋划和顶层设计》,载《人民日报》2015年11月3日。

三、坚持以农民为主体，把农业农村农民放在优先位置，加大对农业农村的支持和保护力度，是农村改革取得成功的重要基础

农业是衣食之源，是人类赖以生存和发展的基础。没有发达的农业，人们就没有生存保障，整个社会就没有发展的根基。中华人民共和国成立以来，党中央和中央政府就已经认识到农业与工业的互动关系，即"无农不稳"与"无工不富"。但是，在实际操作过程中，由于多次犯"左"倾错误，虽然多次由于农业的基础不扎实导致国民经济的发展受挫，但是，农业的基础性地位并没有始终如一地受到重视。

改革开放以来，邓小平高度重视"三农"问题，多次强调，农业是我国经济发展的战略重点，"农业是根本，不要忘掉"，"农业问题要始终抓得很紧"。①随着经济的发展，党中央对经济规律的把握越来越准确，对于农业基础性地位的认识也越来越深入和透彻。1998年，江泽民在中共十五届三中全会上指出："农业、农村和农民问题是关系改革开放和现代化建设全局的重大问题。没有农村的稳定就没有全国的稳定，没有农民的小康就没有全国人民的小康，没有农业的现代化就没有整个国民经济的现代化。"②2003年1月，胡锦涛在中央农村工作会议上明确指出："必须统筹城乡经济社会发展，更多地关注农村，关心农民，支持农业，把解决好农业、农村和农民问题作为全党工作的重中之重。"③2016年4月，习近平在安徽省凤阳县小岗村主持召开农村改革座谈会时，强调"当前，农业还是现代化建设的短腿，农村还是全面建成小康社会的短板。全党必须始终高度重视农业、农村、农民问题，把'三农'工作牢牢抓住、紧紧抓好，不断

---

① 《邓小平文选（第三卷）》，人民出版社1993年版，第23、355页。
② 《〈中共中央关于农业和农村工作若干重大问题的决定〉学习辅导讲座》，人民出版社、经济科学出版社1998年版，第38页。
③ 《十六大以来重要文献选编（上）》，中央文献出版社2005年版，第112页。

抓出新的成效",要加大推进新形势下农村改革力度,加强城乡统筹,全面落实强农惠农富农政策,促进农业基础稳固、农村和谐稳定、农民安居乐业,"中国要强农业必须强,中国要美农村必须美,中国要富农民必须富"。①

把解决好"三农"问题作为重中之重离不开最大限度地调动农民的积极性。邓小平曾精辟地指出:"这些年来搞改革的一条经验,就是首先调动农民的积极性,把生产经营的自主权力下放给农民。"②农村改革初期,党和政府通过推行以家庭联产承包为主的责任制,大幅度提高农产品收购价格等政策,给农民看得到的物质利益,充分调动了农民生产积极性,促进了农业快速发展,在较短的时间内基本解决了人民的温饱问题。在温饱问题基本解决之后,又及时做出稳定农村基本政策,改革农产品流通体制,调整农村产业结构,积极发展多种经营和乡镇企业等重大决策,促进了农业和农村经济全面发展。特别是针对20世纪90年代初期经济体制转轨过程中一度出现的"农产品价格过低,农用生产资料价格过高和农民负担过重"的问题,1994年、1996年国家连续两次大幅度提高粮食定购价格,总的提价幅度达到102%,整顿生产资料流通秩序和实行最高限价,大幅减轻农民负担,较好地解决了"一低一高一重"问题,有效地保护了农民积极性,为农业连续丰收奠定基础。在粮食连年丰收之后,国家又在深化粮食流通体制改革的基础上,采取一系列措施,及时抑制了市场粮价大幅度下跌的势头,保护了农民的利益和种粮积极性。20世纪90年代末以后,农民收入增长缓慢成为国民经济发展的重大制约因素。1998年以后,中央明确将增加农民收入作为农业政策的基本目标。2000年以后,我国粮食生产连续四年减产,为了确保粮食供求平衡,国家对粮食生产的发展采取了有力的扶持政策,对农民实行了包括主产区种粮农民的直接补贴、农资综合直补、良种补贴、生猪补贴、奶牛补贴、农机具补贴等在内

---

① 《习近平在农村改革座谈会上强调 加大推进新形势下农村改革力度 促进农业基础稳固农民安居乐业》,载《人民日报》2016年4月29日。
② 《关于政治体制改革问题》,《邓小平文选(第三卷)》,人民出版社1993年版,第180页。

的直接补贴制度,制定重点粮食品种的最低收购价政策。2006年,完全取消农业税。这些政策的实施,有效地保护和调动了农民的生产积极性,促进了农业发展,提高了农民收入,有助于保持农村社会的稳定。

改革开放40年来,农业能得以持续快速发展,一个重要因素就是党和政府始终坚持把农业放在经济工作首位,最大限度调动农民的积极性,着力加强对农业的支持保护,为农业和农村经济发展创造了良好的宏观环境。国家不断增加农业的资金和物质投入,改善农业生产条件,提高农民收入水平,增强农业综合生产能力和抵御自然灾害的能力。同时,建立了粮食直补、最低保护价、粮食专项储备、粮食风险基金等制度,初步形成了市场经济条件下农业宏观调控体系的框架。

四、坚持市场化改革,注重发挥市场机制在资源配置中的决定性作用,是农村改革取得成功的正确方向

农村改革始终是以市场化为导向的。实行家庭承包责任制和乡镇企业,培育和造就了大批自主经营、自负盈亏的市场主体,奠定了农村市场经济的微观基础。农产品流通体制改革为市场机制发育创造了条件,绝大多数农产品放开搞活,流通渠道多元化,使以批发市场为中心的农产品市场体系迅速发育,也促进了农村土地、劳动力、资金等要素市场的兴起,农民开始全面介入农产品的市场运作。这从根本上使农村经济由以单纯依靠计划指令配置资源,转变为在国家宏观调控下通过价格杠杆和竞争机制来优化资源,市场在资源配置中的决定性作用得以有效发挥,从而大大提高了农村经济的活力和效率。加入世贸组织(WTO)以来,我国农业全面融入世界贸易体系,优势农产品出口快速增长,农产品的进口也大幅增长。在经济全球化背景下,我国农业发展立足于面向国内外两种资源和两种市场,在国际分工中优化了资源配置,克服了资源短缺的问题,提升了我国农业的国际竞争力。

注重发挥市场机制在资源配置中的决定性作用,离不开科技兴农。高度重视并大力发展农业科技事业,唯此才能赢得农业发展的主动权和主导权,才能在激烈的国际、国内农产品市场竞争中立于不败之地。改革开放40年来,我国农业快速发展的历史,从某种意义上讲就是农业科技进步的历史。如果没有农业科研的突破,没有农民素质的提高和大批农业科技成果的推广、普及,在人口增加、耕地和粮食等农作物种植面积减少的情况下,就不能取得粮食等农产品产量大幅度增长的成绩,更不可能扭转农产品供求长期短缺的局面。40年农业发展的历史证明,科技是第一生产力,是农业发展的强大动力,是增强农业发展后劲的源泉。

五、坚持城乡统筹协调,促进城乡一体化发展,是农村改革取得成功的重要路径

在传统计划经济体制下,工农业不能平等交易,城乡之间要素不能自由流动,加剧了城乡二元结构的失衡,使城乡关系遭到了严重扭曲。改革开放以来,农业剩余劳动力向城镇的大量转移,密切了城乡联系,对城乡隔离体制造成了巨大冲击。小城镇的大量涌现和迅速发展,弱化了城乡隔离的格局。中共十六大报告指出,要统筹城乡经济社会发展。这是在科学分析我国国民经济发展面临的主要问题的基础上提出的重要思想,是解决"三农"问题、全面建设小康社会的一个重大战略。胡锦涛在中共十六届四中全会上明确指出:"综观一些工业化国家发展的历程,在工业化初始阶段,农业支持工业、为工业提供积累是带有普遍性的趋向;但在工业化达到相当程度以后,工业反哺农业、城市支持农村,实现工业与农业、城市与乡村协调发展,也是带有普遍性的趋向。"①这是中国共产党在新形势下对工农关系、城乡关系在思想认识和政策取向上的进一步升华。

---

① 《十六大以来重要文献选编(中)》,中央文献出版社2006年版,第311页。

中央在此后明确提出了我国总体上已到了"以工促农、以城带乡"发展阶段的基本判断,并实行了"工业反哺农业,城市支持农村"的基本方针。中共十六届五中全会提出了社会主义新农村建设的重大历史任务,与十六大提出的解决城乡二元结构矛盾、强调城乡统筹发展的指导思想一以贯之,是落实工业反哺农业、城市支持农村方针的具体体现。2007年12月,中共中央、国务院发布《关于切实加强农业基础建设进一步促进农业发展农民增收的若干意见》,提出:"加强农业基础地位,走中国特色农业现代化道路,建立以工促农、以城带乡长效机制,形成城乡经济社会发展一体化新格局。"[①]2004年以来,中央专门颁发了关于解决"三农"问题的15个一号文件,国家大幅度增加财政对农村基础设施建设和农村社会事业发展的投入,基本构建起强农惠农的政策体系,初步搭建起统筹城乡发展的制度框架。2017年10月,中共十九大报告提出:"要坚持农业农村优先发展,按照产业兴旺、生态宜居、乡风文明、治理有效、生活富裕的总要求,建立健全城乡融合发展体制机制和政策体系,加快推进农业农村现代化。"[②]

改革开放以来的实践表明,农村经济和城市经济是相互联系、相互依赖、相互补充、相互促进的。在我国工业化、现代化、城市化进程中,如果不统筹城乡经济社会的发展,如果不着手改变城乡分割的二元结构体制,不仅会对扩大内需、繁荣市场、实现国民经济良性循环和健康发展形成制约,而且对社会的稳定和国家的长治久安也将带来负面影响。目前,我国已进入工业化的中期阶段,农村人口城镇化进程缓慢,农民比例过大,导致农业相对劳动生产率过低,这是"三农"问题的症结所在。改革40年的实践证明,从根本上解决现阶段的"三农"问题,必须重点解决好制约农业

---

① 《十七大以来重要文献选编(上)》,中央文献出版社2009年版,第133页。
② 习近平:《决胜全面建成小康社会 夺取新时代中国特色社会主义伟大胜利——在中国共产党第十九次全国代表大会上的报告(2017年10月18日)》,载《人民日报》2017年10月28日。

和农村发展的体制性矛盾和结构性矛盾,改革计划经济体制下形成的城乡分治的各种制度,减少农民数量,加速农村城镇化进程,使城市和乡村紧密联系起来,充分发挥城市对农村的带动作用和农村对城市的促进作用,实现城乡经济社会一体化发展。

六、坚持农村法治建设,强化农业基础地位和农村民主法治建设,是农村改革取得成功的重要保障

解决好"三农"问题,要靠改革,靠政策,靠投入,靠科技,也要靠法律。法律具有规范性、可操作性和强制性等特点,是落实政策和实现政策目标的强有力的工具。只有把政策法律化,好的政策才能落实好,政策才有稳定性。我国现行的 1982 年《宪法》已历经 1988 年、1993 年、1999 年、2004 年、2018 年 5 次修改,其中,前 4 次修改都有关于农业的内容。1988 年的宪法修正案规定:"土地的使用权可以依照法律的规定转让"。[①] 1993 年的宪法修正案规定:"农村中的家庭联产承包为主的责任制和生产、供销、信用、消费等各种形式的合作经济,是社会主义劳动群众集体所有制经济。"[②]1999 年宪法修正案则对双层经营体制进行了明确规定,即"农村集体经济组织实行家庭承包经营为基础、统分结合的双层经营体制"。[③] 2004 年的宪法修正案对土地征用制度修改为"国家为了公共利益的需要,可以依照法律规定对土地实行征收或者征用并给予补偿"。[④] 在农业行业法方面,1993 年 7 月《农业法》的颁布是我国农业法制建设的里程碑。我国有关农业资源保护和保障农业生产安全方面的法律体系已经基本建立起来。新修订的《土地管理法》和《村民委员会组织法》产生了重大影

---

① 《中华人民共和国宪法》,人民出版社 2004 年版,第 41 页。
② 《中华人民共和国宪法》,人民出版社 2004 年版,第 44 页。
③ 《中华人民共和国宪法》,人民出版社 2004 年版,第 48 页。
④ 《中华人民共和国宪法》,人民出版社 2004 年版,第 52 页。

响。《农村土地承包法》的制定和实施,体现了对于土地承包经营权的依法保护,标志着我国农村土地承包走上了法治化轨道。把党的农村基本政策法律化,依法治农,依法护农,是强化农业基础地位、农村民主法治建设的有力保证,是保护农民合法权益的主要手段,是建立和完善农村社会主义市场经济体制的客观要求,是市场经济条件下农业宏观调控手段的必然选择,是推进农村精神文明建设和民主政治建设的根本保障。

第二章

坚持社会主义市场经济改革方向 探索中国特色农业现代化发展道路

> 市场化取向是中国农村经济改革的主线,也是探索中国特色农业现代化发展的必由之路。改革开放40年来,我国建立并完善了以家庭联产承包为基础、统分结合的农村双层经营体制,实现了以农民承包权为核心的"三权分置"土地制度改革,建立了集体经济和多种所有制经济并存的多元化格局,改革农产品流通体制,建立了中国特色社会主义农村市场经济体系。

第一节 建立和完善农村基本经营制度

废除人民公社体制,实现家庭承包责任制,是迄今为止农村最具有实质意义的一次重大变革。这一制度的确立,激发了亿万农民的积极性和创造性,开创了中国农村改革发展的新局面,为全面改革提供了坚实的物质基础和取之不竭的精神动力。坚持、巩固和完善农村基本经营体制是我党各项农村政策的根基,对于我国走中国特色的社会主义道路,对于解决"三农"问题有着不可替代的重大的战略意义。

一、从家庭联产承包责任制到家庭承包经营制

确立以家庭联产承包责任制为基础的基本经营制度,把土地所有权和承包经营权分开,是中国农村改革第一阶段的主要内容,是中国农村改革的重大创新。在农村基本经营制度确立之前,我国实行的是计划经济,

农民不能自主安排生产,严重影响了农民的生产积极性,制约了农村经济发展。1978年12月,安徽省凤阳县小岗村18户农民私下联名签订了分田和"包产到户"的契约,由此揭开了农村改革的序幕。家庭联产承包责任制,是指以家庭为单位向集体承包土地,进行农业生产的责任制形式。这种责任制在保留集体经济的同时,将土地以及其他生产资料承包给农户,农户再根据合同规定的权限独立进行生产和经营活动,在完成国家以及集体任务的前提下分享剩余的劳动成果。所以,家庭联产承包责任制的实行,大大调动了农民的生产积极性,使农业生产力高速增长。到1978年底,安徽、四川、贵州、甘肃、内蒙古等地农村以隐蔽或半公开的形式突破了"不许包产到户"的限制。如安徽有1200个生产队实行"包产到户""包干到户"。[1]

在实践的推动下,中央政策不断松动。1979年9月,中共十一届四中全会正式通过了《中共中央关于加快农业发展若干问题的决定》,规定"除某些副业生产的特殊需要和边远山区、交通不便的单家独户外,也不要包产到户",对"包产到户"从硬性制止的"不许"转变为劝告性的"不要"。[2] 1980年9月,中共中央印发《〈关于进一步加强和完善农业生产责任制的几个问题〉的通知》,指出,"包产到户,是联系群众,发展生产,解决温饱问题的一种必要的措施","不会脱离社会主义轨道的,没有什么复辟资本主义的危险"。[3] 这一政策的转变客观上支持了"包产到户""包干到户"的发展,以党的文件的形式奠定了"包产到户"的合法地位。受到长达20多年反复批判的"包产到户"第一次名正言顺地存在和发展了。1982年1月1日,中共中央批转《全国农村工作会议纪要》,第一次明确了"包产到户""包干到户""是社会主义农业经济的组成部分","都是社会主义集体经济的生产责任制"。[4] 这说明中央对大包干的性质有了明确的肯定,以大包干为主要形式的农业生产责任制得以迅速推广。

---

[1] 陈锡文:《中国农村改革:回顾与展望》,天津人民出版社1993年版,第67页。
[2] 《三中全会以来重要文献选编(上)》,人民出版社1982年版,第185页。
[3] 《三中全会以来重要文献选编(上)》,人民出版社1982年版,第547页。
[4] 《三中全会以来重要文献选编(下)》,人民出版社1982年版,第1064页。

1983年1月2日，中共中央下发的《当前农村经济政策的若干问题》指出："联产承包制采取了统一经营与分散经营相结合的原则，使集体优越性和个人积极性同时得到发挥。这一制度的进一步完善和发展，必将使农业社会主义合作化的具体道路更加符合我国的实际。这是在党的领导下我国农民的伟大创造，是马克思主义农业合作化理论在我国实践中的新发展。"①这一评价标志着中共中央从理论与实践相结合的高度肯定了这一经营体制是在党的领导下中国农民的伟大创造，明确了改革的基本动力和取向，明确了农村改革追求的制度目标，是社会主义集体经济自我完善的有效实现方式，指明了这一经营体制是对马克思主义合作制理论的丰富和发展，这也预示着农业合作制的理论和实践在中国将会有新的突破。在党中央的支持和倡导下，家庭联产承包责任制得以逐步在全国推广，到1983年初，全国农村已有93%的生产队实行了这种责任制。实践证明，家庭联产承包责任制，是适应我国农业特点和生产力发展的经营制度。

1984年1月1日，中共中央下发《关于一九八四年农村工作的通知》，将土地承包期由原定的3年有所延长，规定"一般应在十五年以上。生产周期长的和开发性的项目，如果树、林木、荒山、荒地等，承包期应当更长一些"，并本着"大稳定、小调整"的原则限制频繁调整，以提高农民对土地的预期。②至此，家庭联产承包责任制开始成为我国农业主要的经营形式。1993年，八届全国人大第一次会议通过的《中华人民共和国宪法修正案》载明："农村中的家庭联产承包为主的责任制和生产、供销、信用、消费等各种形式的合作经济，是社会主义劳动群众集体所有制经济。"③第一次从根本上确立了家庭联产承包责任制的法律地位，也是农村基本经营制度的正式确立。

---

① 《十二大以来重要文献选编（上）》，人民出版社1986年版，第253页。
② 《中共中央国务院关于"三农"工作的一号文件汇编（1982—2014）》，人民出版社2014年版，第40页。
③ 《中华人民共和国宪法》，人民出版社2004年版，第44页。

1998年,中共十五届三中全会通过的《中共中央关于农业和农村工作若干重大问题的决定》将过去的"家庭联产承包责任制"表述为"家庭承包经营","切实保障农户的土地承包权、生产自主权和经营收益权,使之成为独立的市场主体"。[①] 1999年3月,九届全国人大第二次会议在修订宪法时将"农村中的家庭联产承包为主的责任制"修改为"农村集体经济组织实行家庭承包经营为基础、统分结合的双层经营体制"。[②] 这标志着家庭承包经营的基础地位已正式确立。

二、形成并不断完善统分结合的农村双层经营体制

家庭联产承包责任制确立之后,农业生产力逐步提高,家庭分散经营中因土地规模过小而效益不高的"小农"化问题日渐突出。同时,农户在生产经营中也往往遇到农田水利建设等许多单靠一户之力办不了、办不好或者成本过高的情况。把家庭承包经营方式引入到适度集中合作的经营方式中,逐步形成以家庭经营和集体经营统分结合的双层经营体制。1998年,中共十五届三中全会通过的《关于农业和农村工作若干重大问题的决定》,把长期坚持以家庭承包为基础、统分结合的双层经营体制,确定为我国农村的一项基本经营制度。1999年,九届全国人大第二次会议通过的《中华人民共和国宪法修正案》载明:"农村集体经济组织实行家庭承包为基础、统分结合的双层经营体制。"[③]《宪法》的这一规定,标志着双层经营体制的主体地位已正式确立。党的十七届三中全会进一步明确:"以家庭承包为基础、统分结合的双层经营体制,是适应社会主义市场经济体制、符合农业生产特点的农村基本经营制度,是党的农村政策的基

---

① 《十五大以来重要文献选编(上)》,人民出版社2000年版,第561~562页。
② 《中华人民共和国宪法》,人民出版社2004年版,第48页。
③ 《中华人民共和国宪法》,人民出版社2004年版,第48页。

石,必须毫不动摇地坚持。"① 此后,农村基本经营体制的形成和发展,主要是围绕两个方面来进行的,一方面是稳定和完善农村土地承包关系;另一方面是完善和发展统一经营。正是通过这两个方面的努力,使得农村统分结合的双层经营体制确立并稳定下来,而且长期发挥它的积极作用。

中共十八大以来,以"三权分置"为主要内容,中央不断完善统分结合的双层经营体制。在总结改革开放以来全国各地农村改革实践经验的基础上,习近平指出:"农村基本经营制度是党的农村政策的基石。坚持农村土地农民集体所有,这是坚持农村基本经营制度的'魂'。要坚持家庭经营的基础性地位"。② 为顺应快速城镇化进程中农村劳动力转移和土地流转加速的现实,中央提出要不断探索农村土地所有制的有效实现形式,落实集体所有权、稳定农户承包权、放活土地经营权。2016年,中共中央办公厅、国务院办公厅印发《关于完善农村土地所有权承包权经营权分置办法的意见》,确立了农村承包地坚持集体所有权、稳定农户承包权、放活土地经营权的"三权分置"。③ 这是继家庭联产承包责任制后我国农村改革的又一大创新举措,为推动农村土地产权制度改革奠定了坚实的基础。在坚持集体所有制的前提下,一方面稳定承包权,保障农民的基本权益,注重公平。习近平在中共十九大上宣布"保持土地承包关系稳定并长久不变,第二轮土地承包到期后再延长三十年"。④ 另一方面放活经营权,突出效率,提高土地要素配置效率。稳定农户的承包权,首要的是做好确权颁证工作。截至2017年底,全国已完成确权面积10.8亿亩,占二轮家庭承包耕地面积的80%。⑤

---

① 《十七大以来重要文献选编(上)》,中央文献出版社2009年版,第674页。
② 《习近平总书记系列重要讲话读本(2016年版)》,学习出版社、人民出版社2016年版,第158页。
③ 《中共中央办公厅、国务院办公厅印发〈关于完善农村土地所有权承包权经营权分置办法的意见〉》,载《人民日报》2016年10月31日。
④ 习近平:《决胜全面建成小康社会夺取新时代中国特色社会主义伟大胜利——在中国共产党第十九次全国代表大会上的报告(2017年10月18日)》,载《人民日报》2017年10月28日。
⑤ 李克强:《政府工作报告——二〇一八年三月五日在第十三届全国人民代表大会第一次会议上》,载《人民日报》2018年3月23日。

我国农业现代化的一项重大战略就是在坚持家庭承包经营的基础上，培育从事农业生产和服务的新型农业经营主体，开展经营体制改革。其中，培育新型农业经营主体以及培养规模化服务主体和市场化经营环境最为重要。农业部先后制定了促进和规范家庭农场、农民合作社、龙头企业等发展的意见。与此同时，我国在多个省份开展了农业生产全程社会化服务试点，截至2017年，我国各类农业社会化服务组织超过115万个。2015—2016年，农业部选择26个省(市、区)的62个县，以统防统治、农机作业、粮食烘干、集中育秧等普惠性服务为重点，开展政府购买农业公益性服务机制创新试点，实现了政府、社会、农户三者的良性互动，创新了农业社会化服务的供给机制，激发了农业生产性服务业的市场活力。2017年，农业部、财政部联合出台指导意见，对以农业生产托管为重点的社会化服务提供财政支持。2017年5月，中共中央办公厅、国务院办公厅印发了《关于加快构建政策体系培育新型农业经营主体的意见》。截至2017年5月底，"全国农户家庭农场已超过87万家，依法登记的农民合作社188.8万家，农业产业化经营组织38.6万个(其中龙头企业12.9万家)，农业社会化服务组织超过115万个，呈现良好发展态势。"[1]这些举措为发展土地适度规模经营、推动农业现代化奠定了坚实的经营体制基础。

三、农村统分结合双层经营体制的主要成就

以家庭承包经营为基础、统分结合的双层经营体制，使农村经济社会发生了历史性的变化，基本上解决了全国人民的吃饭问题，使农民生活水平显著提高，促进了农业现代化发展。其主要成就如下。

一是尊重了群众首创精神，充分激发了农民生产积极性、主动性和创造性。在双层经营体制下，农民有经营自主权，可自主决定种植品类和方

---

[1] 《首次明确政策框架扶持新型经营主体(政策解读)》，载《人民日报》2017年6月1日。

式。同时,为提高生产效率和增加家庭收入,农民的投资积极性大增,积极购买农用汽车、收割机等农机具,投资水利灌溉等农业基础设施建设,投资畜牧养殖业、大棚菜园等生产项目。此外,农民自我提高的意愿增强,积极学习种植养殖和加工销售技术,学习法律知识,学习党和国家政策等知识。

二是保障了农民利益,有效维护了农村的稳定发展。土地既是农业最基本的生产资料,也是农民赖以生存的生活保障。实行以家庭联产承包责任制为基础的农村基本经营制度,为绝大多数农民提供了生活保障,维护了农村经济社会的稳定和发展。由于较好地解决了农民与土地的关系问题,使广大农民获得了生产自主权,从而促使了中国农业的超常规发展。农业总产值由1978年的1397亿元增加到2017年的65468亿元,增长了45倍多。粮食生产由1978年的30477万吨增加到2017年的61791万吨。农村居民年均可支配收入也由1978年的134元增长到2017年的13432元。[1] 尽管部分农民已不再依靠土地维持生存和提供收入,但仍然需要依靠土地为其提供基本保障。尤其是开展适度规模经营的地区,土地承包权可以为其带来稳定的收入来源。

三是适应了中国农业发展特点,大大促进了我国农业现代化发展进程。农业现代化是一个由传统农业向现代农业渐进转变的过程,是现代集约化农业和高度市场化农业相统一的过程。农业现代化发展要求农业的生产高度集中、销售统一,这是农村统分结合的双层经营体制发展的一个方向,即专业合作化、适度规模化。发展农村专业合作经济组织,为农民提供产前、产中和产后服务,可以有效克服家庭经营的分散化、弱质化、低效率局限,可以把家庭的优势与合作经营的优势结合起来,为家庭经营增添新的生机和活力,有助于维护农民利益、提高农民收入、推动农业标准化和农业现代化发展。

---

[1] 国家统计局农村社会经济调查司:《中国农业统计资料汇编 1949—2004》,中国统计出版社2006年版,第28,35页;国家统计局:《中华人民共和国2017年国民经济和社会发展统计公报》,国家统计局网,http://www.stats.gov.cn/tjsj/zxfb/201802/t20180228_1585631.html。

第二节 改革和完善农村土地制度

土地是农民最基本的生产资料,是农民赖以生存的最基本保障。土地问题是中国"三农"问题的核心问题。改革开放以来,在扩大农民土地权利方面取得了巨大进步,促进了农业生产力的提高和农村经济发展,有效维护了农村社会稳定。

一、农村土地制度的争论与改革试验

改革开放初期家庭联产承包责任制的建立,解放了农村生产力,促进了农业的大发展,也推动了城乡经济改革。但是,以"均分土地"为主要特征的家庭联产承包责任制也存在自身的固有矛盾。其局限性主要表现在:土地细碎分割,便于小规模的家庭经营,不适合现代农业的规模经营,且不利于统一规划,阻碍城乡统筹和一体化发展;农民和土地之间的结合方式,不利于土地资源的高效利用,由于人民公社时期的生产大队和生产队失去了土地经营权,削弱了土地所有权的产权主体,引起了产权关系的某种混乱。与此同时,1985年后我国农业粮食大减产和农村经济长期停滞徘徊的局面,使得农村土地所有制改革一度成为理论界关注的热点。关于农村土地所有制改革的方向,大体上形成了"土地国有化""土地私有化"和"坚持和完善集体所有制"三种具有代表性的观点。在理论界就农村土地所有制改革持续争论的同时,1987年起我国多个地区开展了土地制度改革试验,形成了几种具有代表性的土地制度形式。

（一）"两田制"

"两田制"起源于20世纪80年代中期一些第二、三产业比较发达的东部沿海地区。其基本做法是将承包地分为"责任田"（或称"商品粮田"）和"口粮田"两部分。"口粮田"按人承包，属社会保障性资源，只负担农业税；"责任田"按劳动力或招标承包，属社会经济资源，除负担农业税外，还要承担农产品定购任务等。承包期内，人口变动时调整"两田"比例，增人时减少"责任田"、增加"口粮田"；减人时减少"口粮田"、增加"责任田"，但"动账不动田"；取消提留，完善承包费制度。"两田制"的实施，一定程度上避免了耕地的频繁调整和不断分割，减轻了人口压力，稳定了土地使用权，有利于耕地的相对集中，在一定程度上既体现了公平原则，又提高了效率。据农业部1997年对全国23个省（自治区、直辖市）统计，在"两田制"发生面最多的黑龙江、河北、吉林、内蒙古和山西等地推行"两田制"的土地分别占承包土地总面积的89.5%、67.1%、97.2%、68.2%和76.1%。[①] 但是，"两田制"是一种权宜的双轨制度，不利于农村土地制度的统一建设，不利于长期稳定土地承包关系和保护农民的土地承包经营权，还会增加农业经营者的负担。对于推行"两田制"产生的强行收回农民的部分承包田、变相加重农民负担的现象，1997年8月，中办、国办联合发布了《关于进一步稳定和完善农村土地承包关系的通知》，明确提出"认真整顿'两田制'""中央不提倡实行'两田制'"，严格控制预留机动地，不允许借"两田制""小调整"的名义随意收回承包地、提高农民负担。[②]

（二）适度规模经营

北京市顺义县（今顺义区）的土地适度规模经营始于1986年。由于

[①] 张晓山、李周：《新中国农村60年的发展与变迁》，人民出版社2009年版，第259页。
[②] 《十四大以来重要文献选编（下）》，人民出版社1999年版，第2597页。

当时乡镇企业的迅速发展,具备了以先进的技术装备农业的能力,而且多数农村劳动力已进入非农产业,中共顺义县委、县政府颁布了一系列政策促使土地集中,形成了村办集体农场。当年,全县组建了78个集体农场,每个农场面积300~3000亩不等,每个劳动力平均经营20~25亩。1987年组建了613个集体农场,1988年合并集中为193个集体农场,1989年又改组调整为497个集体农场。后几经调整、重组,到1996年全县有324个集体农场,经营土地37.7万亩,占全县粮田面积的62.8%,每个劳动力平均经营145亩。① 此外,沿海江苏南部等地的适度规模经营,主要由承包户自发转包土地形成大户农场,普遍经营几十亩甚至上百亩土地。土地适度规模经营主要是在市场化基础上实现的,制度运行较为顺畅,但也存在限制条件较为苛刻、实施制度成本过高的问题。1993年11月,中共中央、国务院发布了《关于当前农业和农村经济发展的若干政策措施》,对适度规模经营予以肯定,鼓励"少数第二、第三产业比较发达,大部分劳动力转向非农产业并有稳定收入的地方,可以从实际出发,尊重农民意愿,对承包土地做必要的调整,实行适度的规模经营。"②

(三)"反租倒包"

"反租倒包"是指乡村向农户付一定租金,将农户承包地的使用权收归集体,集体再将其租赁给外来公司、大户,或是在进行一定投资后再将其"倒包"给本村的部分农户。"反租倒包"多出现在沿海经济发达地区,以种植蔬菜、花卉等具有高附加值的园艺作物和经营畜牧业为主。③ "反租倒包"体现了对农户土地承包经营权的尊重,在制度设计和实施的过程中,采取向有关承包户给予一定利益补偿的办法来集中土地,从而使他们在改革中获得的权利得到确认并受到一定程度的保护,因此,一定程度上

---

① 孙少东:《顺义县农业适度规模经营的进展及启示》,载《中国农村经济》1997第9期。
② 《十四大以来重要文献选编(上)》,人民出版社1996年版,第481页。
③ 张晓山、李周:《新中国农村60年的发展与变迁》,人民出版社2009年版,第260页。

也较好地处理了公平与效率以及集体与农户之间的利益关系。"反租倒包"虽然提高了土地规模经营程度,但是,在操作中存在不少违背农民意愿、侵害农民权益的问题,也不利于保护农民在土地流转中的主体地位,不利于保护农民的土地承包经营权。2001年12月,中共中央发布《关于做好农户承包地使用权流转工作的通知》,明确规定:"由乡镇政府或村级组织出面租赁农户的承包地再进行转租或发包的'反租倒包',不符合家庭承包经营制度,应予制止。"①

(四)土地股份合作制

土地股份合作制最初来源于1992年广东省南海市②的土地制度创新实践。其做法是在明确土地承包权归农户的前提下,将土地量化折股分配到农民个人,但由集体统一规划、统一开发利用,实行规模经营,土地收入按股权分配。这一做法将过去土地所有权与承包经营权的"两权分离",进一步细分为所有权、承包权和经营权的"三权分立",其中所有权还是归集体,但农户的承包权转变为股权和由此带来的剩余索取权,享有土地带来的福利保障。股份公司则通过土地股份化实现了土地集中和规模经营。因此,这种做法在权利的安排和界定上清晰合理,既维护了农民的既得利益,有效革除了不断按人口分割土地的弊端,使土地得以集中,形成规模经营,也很好兼顾了公平和效率原则。这成为后期国家"三权分置"政策出台的重要实践依据。这种类型的土地股份合作制主要发生在珠江三角洲和长江三角洲等地区的大城市郊区农村。1998年国家实行严格的土地用途管制政策之后,一些地方开展了主要针对农用地的土地股份合作制创新实践,如成都市郊区试行了土地股份合作社模式的农用地流转。这种方式由于不改变农用地用途、不改变土地所有权、能保障农民

---

① 《十五大以来重要文献选编(下)》,人民出版社2003年版,第2160页。
② 1992年,撤销南海县,设立南海市,由广东省直辖。2002年,南海市改设为佛山市南海区。

的自主决策权和土地收益,成为土地流转的重要补充方式。

(五)"四荒"地拍卖

为提高集体所有土地的使用效率,一些地区对荒山、荒坡、荒滩和荒沟等以往未利用的"四荒"土地使用权进行拍卖,以增加土地收益。1982年,山西吕梁地区首开"四荒"地使用权拍卖的试验。"四荒"地的拍卖采取向社会公开招标的方式,其所有权不变,买方通过付费获得在一定年限(50~100年)对农村集体所有的"四荒"地的使用权,并且买卖双方通过签订契约,明确各自的责任、权利和义务,谁购买、谁治理、谁受益,以达到对"四荒"地开发和利用的目的。在"四荒"地的使用权售出后,集体组织还拥有对开发者的行为实行监督和管理的权利。和农民承包土地相比,"四荒"地的购买者拥有更为完整的经营决策权、处分权和剩余索取权。[①]对于"四荒"地拍卖,1996年,国务院办公厅发布《关于治理开发农村"四荒"资源进一步加强水土保持工作的通知》,首次提出鼓励企事业单位、社会团体及其他组织或个人采取不同的方式治理开发"四荒"地,允许承包、租赁、拍卖"四荒"地使用权,最长不超过50年。在规定的使用期限内,对于以承包、租赁和股份合作方式治理的,可以依法继承、转让或转租;对于购买使用权的,依法享有继承、转让、抵押、参股联营的权利。[②]

二、农村土地制度改革的政策嬗变

20世纪80年代中期以后,随着我国农村经济发展和改革的深入,农村土地制度固有的局限性日益显现。与此同时,理论界围绕农村土地所

---

① 张晓山、李周:《新中国农村60年的发展与变迁》,人民出版社2009年版,第261页。
② 蒋永甫:《让农地流转起来——集体产权视角下的农地流转机制主体创新研究》,人民出版社2017年版,第41页。

有制的改革争论不断,农村土地制度试验的开展也使一些新的土地制度形式相继接受实践检验,这些为中央适时出台农村土地政策提供了有益的准备。1993年11月,中共中央、国务院发布了《关于当前农业和农村经济发展的若干政策措施》,指出:"以家庭联产承包为主的责任制和统分结合的双层经营体制,是我国农村经济的一项基本制度,要长期稳定,并不断完善。为了稳定土地承包关系,鼓励农民增加投入,提高土地的生产率,在原定的耕地承包期到期之后,再延长三十年不变。开垦荒地、营造林地、治沙改土等从事开发性生产的,承包期可以更长。为避免承包耕地的频繁变动,防止耕地经营规模不断被细分,提倡在承包期内实行'增人不增地、减人不减地'的办法。在坚持土地集体所有和不改变土地用途的前提下,经发包方同意,允许土地使用权依法和有偿转让。少数第二、第三产业比较发达,大部分劳动力转向非农产业并有稳定收入的地方,可以从实际出发,尊重农民意愿,对承包土地作必要的调整,实行适度的规模经营。"[①]

然而,各地在执行上述土地政策的过程中,又出现了一些地方干部借实行"两田制",通过扩大责任田、提高承包费来增加集体收入,引发农民不满。同时,有的地区在土地承包延期中扩大机动地面积,减少农民的承包田,损害农民利益;或随意变更或解除土地承包合同,未经正当手续将承包地转包、转让等。为此,1995年3月,国务院转发了农业部《关于稳定和完善土地承包关系的意见》,除了重申1993年的政策,还明确指出:第一,切实维护农业承包合同的严肃性。一方面严禁强行解除未到期的承包合同,另一方面要教育农民严格履行承包合同约定的权利和义务。第二,延长土地承包期的工作,应在原承包合同期满后,在总结经验、完善承包办法的基础上进行。严禁发包方借调整土地之机多留机动地。原则上不留机动地,确需留的,机动地占耕地总面积的比例一般不得超过5%。第三,在未实行"增人不增地、减人不减地"的地方,应保持土地承包关系

[①] 《十四大以来重要文献选编(上)》,人民出版社1996年版,第481页。

的长期稳定。对于确因人口增加较多,集体和家庭均无力解决就业问题而生活困难的农户,尽量通过"动账不动地"的办法解决,也可以按照"大稳定、小调整"的原则适当调整土地。但"小调整"的间隔期最短不得少于5年。第四,在坚持土地集体所有和不改变土地农业用途的前提下,经发包方同意,允许承包方在承包期内,对承包标的依法转包、转让、互换和入股,其合法权益受法律保护,但严禁擅自将耕地转为非耕地。土地承包经营权流转的形式、经济补偿,应由双方协商,签订书面合同,并报发包方和农业承包合同管理机关备案。在二、三产业比较发达,大部分劳动力转向非农产业并有稳定收入,农业社会化服务体系比较健全的地方,在充分尊重农民意愿的基础上,可以采取多种形式,适时加以引导,发展农业适度规模经营。第五,延长土地承包期和进行必要的土地调整时,不得随意提高承包费,变相增加农民负担。除实行专业承包和招标承包的项目外,其他土地,无论是叫"口粮田""责任田",还是叫"经济田",其承包费都属于农民向集体经济组织上交的村提留、乡统筹的范围,要严格控制其在上年农民人均纯收入的5%以内。①

1998年,中共十五届三中全会通过的《中共中央关于农业和农村工作若干重大问题的决定》将过去的"家庭联产承包责任制"表述为"家庭承包经营",并指出:"长期稳定以家庭承包经营为基础、统分结合的双层经营体制","切实保障农户的土地承包权、生产自主权和经营收益权,使之成为独立的市场主体","稳定完善双层经营体制,关键是稳定完善土地承包关系",土地承包权再延长30年的政策不变,赋予农民长期而有保障的土地使用权,禁止缩短土地承包期、收回承包地、多留机动地和提高承包费;土地使用权的流转要在自愿、有偿的基础上依法进行等。②

在稳定家庭承包权的同时,允许土地使用权依法有偿转让,允许采取转包、租赁、入股等多种形式发展适度规模经营,提高农业土地使用率。

---

① 《十四大以来重要文献选编(中)》,人民出版社1997年版,第1326~1329页。
② 《十五大以来重要文献选编(上)》,人民出版社2000年版,第561~562页。

2006年,中共中央、国务院发布《关于推进社会主义新农村建设的若干意见》,提出"稳定和完善以家庭承包经营为基础、统分结合的双层经营体制,健全在依法、自愿、有偿基础上的土地承包经营权流转机制,有条件的地方可发展多种形式的适度规模经营"。① 2008年10月中共十七届三中全会通过的《中共中央关于推进农村改革发展若干重大问题的决定》指出,"加强土地承包经营权流转管理和服务,建立健全土地承包经营权流转市场,按照依法自愿有偿原则,允许农民以转包、出租、互换、转让、股份合作等形式流转土地承包经营权,发展多种形式的适度规模经营。有条件的地方可以发展专业大户、家庭农场、农民专业合作社等规模经营主体。"② 2013年12月23日,习近平在中央农村工作会议上指出:"完善农村基本经营制度,需要在理论上回答一个重大问题,就是农民土地承包权和土地经营权分离问题","顺应农民保留土地承包权、流转土地经营权的意愿,把农民土地承包经营权分为承包权和经营权,实现承包权和经营权分置并行,这是我国农村改革的又一次重大创新。"③ 2015年12月,中共中央、国务院发布《关于落实发展新理念加快农业现代化实现全面小康目标的若干意见》,正式确立了农村承包地坚持集体所有权、稳定农户承包权、放活土地经营权的"三权分置"原则。④

总体来看,21世纪以来中央关于农村土地制度改革的政策主要是围绕延长农户的土地承包期和允许土地承包经营权的流转而展开的,重视强调土地不仅是农民最基本的生产资料,而且是农民最主要的生活来源和最基本的生活保障。政策的目的在于通过强化土地所有权、稳定土地承包权和放活土地经营权,减轻农民负担,调动农民积极性,提高土地使用效率,并解决一度出现的撂荒弃耕等问题。

---

① 《中共中央国务院关于"三农"工作的一号文件汇编(1982—2014)》,人民出版社2014年版,第130页。
② 《中国共产党第十七届中央委员会第三次全体会议文件汇编》,人民出版社年版,第12页。
③ 《十八大以来重要文献选编(上)》,中央文献出版社2014年版,第670页。
④ 《中共中央国务院关于落实发展新理念加快农业现代化实现全面小康目标的若干意见》,人民出版社2016年版,第31页。

三、农村土地制度的法律法规体系

改革开放以来,我国农村土地制度改革不断推进,出台了一系列农村土地管理法律、法规,形成了具有中国特色的农村土地法律法规体系。从结构和层次上分析,主要可分为以下两类。

(一)国家立法机构制定和颁布的有关法律涉及农村土地管理的条款

全国人大制定和颁发布《宪法》与专门法中对于农村土地管理进行了根本性的制度规定。

一是《中华人民共和国宪法》(2004年3月14日)对有关农村土地所有制等基本经济制度的规定和《中华人民共和国民法通则》(1986年4月12日)对有关财产所有权等的规定。

二是《中华人民共和国土地管理法》(2004年8月28日)和《中华人民共和国农村土地承包法》(2002年8月29日),这两部法律是农村土地管理法律、法规的核心内容和主体框架。

三是与农村土地管理有密切关系的其他法律,包括《中华人民共和国农业法》(2002年12月28日)、《中华人民共和国森林法》(1998年4月29日)、《中华人民共和国草原法》(2002年12月28日)、《中华人民共和国拍卖法》(1996年7月5日)和《中华人民共和国村民委员会组织法》(1998年11月4日)等。

关于农村土地的所有权,我国《宪法》和《土地管理法》都规定,农村和城市郊区的土地,除由法律规定属于国家所有的以外,属于集体所有;宅基地和自留地、自留山,也属于集体所有。关于农村土地的使用权,《土地管理法》规定,国有土地和农民集体所有的土地,可以依法确定给单位或者个人使用;农民集体所有的土地由本集体经济组织的成员承包经营,从事种植业、林业、畜牧业、渔业生产。至于农民如何获得集体土地的使用权,《农村土地承包法》规定,农村土地承包采取农村集体经济组织内部的家庭承包方式,不宜采取家庭承包方式的荒山、荒沟、荒丘、荒滩等农村土地,可以采取招标、拍卖、公开协商等方式承包;农民集体所有的土地依法属于村农民集体所有的,由村集体经济组织或者村民委员会发包;已经分别属于村内两个以上农村集体经济组织的农民集体所有的,由村内各该农村集体经济组织或者村民小组发包。此外,《土地管理法》《农村土地承包法》《农业法》和《担保法》等法律法规还对农民依法获得的土地使用权限做出了具体的规定。

这些法律对农村土地所有权、使用权,国家对土地的用途管制,土地承包经营权的流转,土地开发利用,日常地籍管理,土地资源及环境保护及其相应的法律责任等做了明确的规定,为土地制度的稳定和土地衍生的权、责、利提供了可靠的法律保障。

(二)国务院及所属部门、地方政府制定的关于农村土地管理的有关法规

这些法规涉及农村土地管理的方方面面,具体又可分为四类。

一是为贯彻全国人大颁布的法律而制定的实施细则。如,1998年12月27日国务院发布的《中华人民共和国土地管理法实施条例》。

二是国务院为实现某些比较专门的管理目标而颁布的"通知""办法""条例"和"规定"等。如,《国务院关于制止农村建房侵占耕地的紧急通知》(1981年)、《中华人民共和国耕地占用税暂行条例》(1987年)、《大中型水利水电工程建设征地补偿和移民安置条例》(1991年)、《国务院批转国家土地管理局关于加强农村宅基地管理工作请示的通知》(1990年)、《基本农田保护条例》(1998年)和《农田水利条例》(2016年)等。

三是国务院所属部门制定的部门性法规、命令和指示。这些法规、命令和指示对国家法律和中央政府的法规起着具体规范和补充规定的作用,是农村土地管理法律法规中不可或缺的部分。如,规范国家对农村土地的用途管制和日常地籍管理的法规有《国务院办公厅转发国家土地管理局关于开展土地利用总体规划工作报告的通知》(1987年)和《国家土地管理局印发关于地籍管理几个问题处理意见的通知》(1992年)等。

四是各省、市和自治区政府制定的有关农村土地使用和管理的地方性法规和政府规章。如,《北京市农村土地联产承包责任制合同管理暂行办法》(1988年)、《江苏省农村土地资源管理办法》(1992年)和《海南省第二轮土地承包若干规定》(1996年)等。

第三节 农村集体经济与乡镇企业的异军突起

我国传统的集体经济制度是农业社会主义改造的产物。随着人民公社制度的废除,农村集体经济在实现形式、功能和发展途径等方面都发生了根本性变化,集体所有制乡镇企业异军突起。20世纪90年代中期以后,全面实施乡镇企业产权制度改革,推行社区股份合作社和土地股份合作制,农村集体所有制改革取得重大突破。

一、探索农村集体经济的有效实现形式

农业社会主义改造完成后,我国传统的农村集体经济实现形式的典型特征是所有权与经营权的高度统一,存在着忽视农民利益等诸多弊端。

改革开放后,为适应农村生产力发展的需要与农民意愿,家庭承包经营责任制开始推行,如何发展壮大集体所有制经济成为农村改革中一个亟待突破的问题。

(一) 20 世纪 80 年代:农村集体经济多样化实现形式的萌芽

家庭联产承包责任制的推行,恢复了农民的生产主体地位,释放了其生产积极性。农业产出和农民收入的快速增长使得人们在对"分"极力推崇时,似乎淡忘了集体经济"统"的存在。许多农村地区的集体经济主要围绕尚未承包出去的"四荒"地资源进行承包、租赁,或者开办经营集体所有的乡镇企业。

由于集体所有的土地归农民家庭承包经营后,农村所剩集体财产或资源较少且非常零碎分散,加之集体经济组织又缺乏经济实力对其进行整合改造,大多数地区选择了简便易行的承包、租赁形式来获取集体经济收益。承包制和租赁制形式是在集体所有的基础上,以合同方式规定双方的责权利,并通过对集体土地或财产进行发包或者出租来获取承包费或租金作为集体收入。许多村庄主要是对集体所有的荒山、荒沟、滩涂、水库等进行承包租赁。

为适应农业生产的快速发展,合理转移农村剩余劳动力,同时实现"以工补农"促进农村商品经济的发展和农民的富裕,出现于20世纪50年代的社队企业,改革开放后,在得到国家的肯定和支持后进入快速发展轨道,并演化为乡镇企业。乡镇企业通过就地取材、生产和销售,不仅节约了成本,而且带动了周边农民快速致富,1984年至1988年期间,乡镇企业总产值增长到6459亿元,平均年增长44.9%,发展乡镇企业职工9545万人,所创造的收入占农民人均纯收入比重的34%。[①] 但是20世纪

[①] 中国乡镇企业及农产品加工业编辑部:《中国乡镇企业及农产品加工业年鉴》,中国农业出版社1990年版,第25页。

80年代末期以后,由于多数乡镇企业属于劳动密集型企业,规模小且重复建设严重,影响了竞争能力的提高。

承包制、租赁制及乡镇企业等农村集体经济实现形式的新变化,不仅创新了农村集体财产的经营管理方式,而且也在一定程度上增加了集体经济收入。但是,承包制和租赁制主要依靠集体资源或财产的发包和出租,收入渠道单一且收益不高,还经常受制于集体资源或财产的多少,从而在发展农村集体经济上速度缓慢,集体收入增长也十分有限。

(二) 20 世纪 90 年代:农村集体经济多样化实现形式的探索

进入20世纪90年代,随着农村市场经济的深入发展,小农户与大市场之间的矛盾日渐凸显。分散小农户急需集体经济作为农民与市场之间的中介桥梁,在组织农民进入市场、降低经济活动成本、提高收益等方面发挥重要作用,而实力较弱的农村集体经济无力承担此重任,正是这一矛盾的存在促使了各地农村地区开始了对农村集体经济实现形式的探索和创新。一是由地方基层农技推广部门牵头扶持成立农民专业技术协会,针对农民的农业生产提供农业技术服务和指导。二是农业生产专业户或"能人"大户为了提高市场谈判地位、低价收购生产资料,从而增强市场竞争力以更好地销售产品,带头自发组织起了农民专业合作社,针对农业生产的产前购买和产后销售提供服务,如山西"祁县模式"、安徽"定远模式"等。三是为了适应城市规模的扩张,缓解土地有限供应与非农用地需求大幅增长之间的矛盾,设点试验土地股份合作社、社区股份合作社等农村股份合作制形式,如形成了所谓的"天河模式""南海模式""北京模式"等。四是在原有乡镇企业的基础上,为解决其产权模糊、竞争力弱等问题,开始将股份制引入企业内部,与社会各界合作,广泛吸收资金、技术、管理等资源入股,从而在转换企业经营机制使其更适应市场经济需要的过程中形成了集体企业集团等形式,如"苏南模式""温州模式"等。

这一时期农村集体经济实现形式创新的加快,既有实践发展的迫切需要，同时也受到了国家在宏观政策层面的积极鼓励。这些新出现的农村集体经济实现形式将股份制、合作制、股份合作制引入农村集体经济，在缓解农民买难卖难、农村公共产品提供不足等方面发挥了积极作用，也使农村集体经济的实力得到了加强，增强了其开放性和市场性。

但是，毋庸讳言，在这一过程中还存在不少问题：在集体经济组织内部的管理和运作上缺乏规范性，缺乏健全的治理结构和规章制度，缺乏民主管理及有效监督；许多新型农村集体经济组织规模较小，实力不强，难以形成跨区域、跨行业的联合，在业务的开展上多停留在原材料供应、农产品直销等单项服务上，缺乏对农产品的深加工，品牌意识、质量意识较差，所以在经济绩效方面也不尽如人意；农村集体经济中权责不清的集体产权既留下了行政干预的隐患，同时也制约了农村集体经济的市场化运作和发展效率。因此，这些问题的出现也倒逼规范和推进农村集体经济多样化实现形式的发展。

（三）2000年以来：农村集体经济多样化实现形式的发展

进入21世纪，伴随我国工业化进程及城市化建设的加快，城乡之间的差距也在逐步扩大，而2001年我国正式加入世界贸易组织，不仅为我们带来了发展机遇，也带来了挑战。因此，为了提高我国农民的组织化程度，增强其市场竞争力，保障其收益及我国的粮食安全，我国各级政府和相关部门开始对已经建立的多种新型农村集体经济实现形式进行政策上的引导和组织行为上的规范。从2004年起，在中央一号文件中曾多次提到要积极推进农村集体经济多种有效实现形式的发展，引导其规范运行，着力加强能力建设。我国农村集体经济多样化的实现形式开始步入深化改革、推进发展的阶段。

这一阶段，集体产权方面加大改革力度。一方面，对集体财产折股量化，使集体成员权利得以量化，而且通过折股量化及股利分红也使农民享受到了成员权利的具体实惠，增强了农村集体经济的吸引力和凝聚力。

同时，在集体股的设置比例上也开始逐步降低，有的地区甚至取消，村级各项公益设施事业支出主要从集体经济年终收益里的公积金、公益金中提取。另一方面，在内部管理及外部运行上，逐渐正规化、规范化。参照股份制形式在集体经济组织内部设立了相应的内部治理结构。2006年10月，十届全国人大常委会第二十四次会议通过《农民专业合作社法》，规定"农民专业合作社是在农村家庭承包经营基础上，同类农产品的生产经营者或者同类农业生产经营服务的提供者、利用者，自愿联合、民主管理的互助性经济组织"，并对其设立和登记、成员构成、组织机构、财务管理等进行了明确规定。[①] 这标志着我国在引导农村集体经济实现形式发展上逐步走上法治化轨道。此外，在服务内容层次上不断扩展，逐渐走向产供销、贸工农一体化的发展道路，实现农户与市场的有效对接，在增加农产品附加值、提高农业比较经济利益的同时，使农业逐步走向现代化。

这一阶段农村集体经济实现形式虽也是多样化发展，但是与探索阶段不同的是，此时期多样化的实现形式主要是以专业合作、股份合作为基础衍生出来的，各种农民专业合作社、土地或社区股份合作社逐渐成为发展的主流。而且各种实现形式的综合性不断加强，这种综合性主要体现在既有"产"加"销"经营业务的纵向延伸，同时也有合作主体的横向联合，例如"企业＋农民专业合作社＋农户"、"企业＋土地股份合作社＋农户"等多种形式。综合性的农村集体经济实现形式不仅适应了我国农业产业化的发展需要，而且使农民与企业、集体经济组织结成了紧密的利益共同体，农民不再单纯地只是一个农副产品的提供者，也成为加工、销售阶段的利益分享者。

---

① 《中华人民共和国法律汇编 2006》，人民出版社2007年版，第149～158页。

二、乡镇企业的崛起与高速发展

包产到户、村民自治和乡镇企业,被誉为当代中国农民的三个伟大创造。乡镇企业的崛起,成为继承包责任制后农村改革的后续动力。经过20世纪80年代初的稳步发展,各种形式的乡办、村办、镇办和合作办企业迅速崛起,并逐渐上升为农村经济新的增长点和支柱产业,乡镇企业的发展由此进入高潮时期。乡镇企业的崛起推动农村经济逐步繁荣,体现了改革开放以来农村生产要素初级发展的动态演进历程。

(一) 1979—1983 年:社队企业恢复发展阶段

社队企业是乡镇企业的前身,它最初的萌芽状态是互助组与合作社兴办的农村集体副业,在农业合作化初期主要表现为以个体手工业为主的工副业发展状态。据统计,1958 年全国各地煤窑、小型电站、水泥厂和农具修理、制造厂等乡社工业企业达 260 万个,产值达 62.5 亿元。此外,还兴建了大批的土化肥厂、粮食加工厂、榨油厂、制糖厂和缝纫厂等。但是,这些社队企业带有很大的盲目性,生产效率普遍偏低,经济效益非常差,一直到 60 年代末 70 年代初,基本处于停滞状态。1975 年,在国家的引导和积极扶持下,社队企业的地位和作用重新得到认定,各地社队企业获得较大发展。到 1976 年底,社队企业发展到 111.5 万个,工业总产值达 243.5 亿元,1970—1975 年,社队企业的总产值由 92.5 亿元增长到 243 亿元。[①] 1979 年 7 月,国务院发布《关于发展社队企业若干问题的规定(试行草案)》,社队企业的地位、发展方针和重要作用逐步得到肯定,社

---

① 武力、郑有贵:《中国共产党"三农"思想政策史(1921—2013 年)》,中国时代经济出版社 2013 年版,第 401 页。

队企业"可以更好地为发展农业生产服务,可以壮大公社和大队两级集体经济,为农业机械化筹集必要的资金;同时也能够为机械化所腾出来的劳动力广开生产门路,充分利用当地资源,发展多种经营,增加集体收入,提高社员生活水平;还能够为人民公社将来由小集体发展到大集体、再由大集体过渡到全民所有制逐步创造条件"。[1]

此后,社队企业在总体上已初具规模,进而进入快速发展阶段。社队企业总收入由1978年的431.4亿元增加到1983年的928.7亿元,增长了115.3%,平均每年净增99.46亿元,年递增率为16.6%,高于全国社会总产值年平均递增8%的速度,更高于全国工农业总产值年平均递增7.7%的速度。社队企业总产值在全国社会总产值中的比重,由1979年的7.1%提高到1983年的9.1%。5年间,社队企业固定资产(原值)平均每年增长49.2亿元,1983年达475.6亿元。社队企业总收入超亿元的县(区),从1978年的59个增加到1983年的209个,占全国县(区)总数的9.4%。这为下一阶段乡镇企业的高速增长奠定了坚实的基础。[2]

这一阶段的社队企业的发展在取得巨大成就的同时也存在一些问题。如,由于信息不灵、指导不力等多种原因,暴露了盲目性、"一成众效"、"一哄而起"、低水平重复建设、重复生产等问题,导致社会浪费、产品质量差、经济效益低、环境污染。改革开放初期由于人们认识的差异,各界对社队企业认识也不统一,出现了不少争议:1980年围绕要不要发展社队企业展开争议;1981年围绕社队企业与大工业的矛盾,即"三争"(与城市大工业争原料、争能源、争市场)、"三挤"(以小挤大、以新厂挤老厂、以落后挤先进)的争议;1982年围绕打击经济领域犯罪,有些人认为社队企业是不正之风源头的争议等。理论界、经济界和关心社队企业发展的不少人士各抒己见。既有高度评价,也有非议、指责。这些问题与争论的出现引起了中央的高度关注。

---

[1] 《中华人民共和国现行法规汇编(1949—1985)农林卷》,人民出版社1987年版,第33页。
[2] 于驰前、黄海光:《当代中国的乡镇企业》,当代中国出版社1991年版,第101~102页。

（二）1984—1991年：高速增长与治理整顿阶段

1984年被称为乡镇企业发展元年。1月，中共中央发布《关于一九八四年农村工作的通知》，指出："现有社队企业是农村经济的重要支柱，有些是城市大工业不可缺少的助手"，鼓励乡村工业发展突破社队的界限和"三就地"①的限制，自主联合或者个体经商办企业。② 农村企业发展滞后的局势得到改观。1984年3月，中共中央、国务院转发农牧渔业部和部党组《关于开创社队企业新局面的报告》，正式将社队企业改名为"四轮驱动"（乡、村、户、联户）的乡镇企业，明确定义为"社（乡）队（村）举办的企业、部分社员联营的合作企业、其他形式的合作工业和个体企业"，并要求地方各部门积极支持社队企业的发展。③ 此后，1985年、1986年的中央一号文件和1987年的中央五号文件，继续放宽对乡镇企业的产业限制，全国农村兴起一股大办企业的浪潮。股份合作制、股份制、个体私营经济以及各种形式的联营和中外合资企业迅速发展，改革初期形成的格局逐渐被"多轮驱动、多业并举、多轨运行"的所有制格局所取代。邓小平将其形象地概括为"异军突起"。

乡镇企业高速发展的过程中，大致出现过三个发展波次和两种较为典型的发展模式：第一个波次是20世纪80年代初期以天津大邱庄和江苏华西村为代表的脱贫帮扶潮。一批产业类型多样、经营规模适度、出口创汇能力强劲的乡镇企业相继建立，这些企业凭借较为雄厚的资金、技术力量结对互助，以办厂、促销和培训的方式帮扶外省相对落后的农村，一股"脱贫帮扶潮"热烈兴起。第二个波次以20世纪80年代中期河南刘庄

---

① 乡镇企业兴起之初，强调就地取材、就地加工、就地销售的"三就地"原则，以致造成布局上的极度分散。
② 《中共中央国务院关于"三农"工作的一号文件汇编（1982—2014）》，人民出版社2014年版，第50页。
③ 《中华人民共和国现行法规汇编（1949—1985）农林卷》，人民出版社1987年版，第156页。

村和江苏常州五一村等为代表。如江苏常州五一村，1978年以前年人均纯收入不到百元，改革中先后创办了8个乡镇企业，到2006年便成为全国百强村之一，28年间人均纯收入增长了880倍。第三个波次是20世纪80年代中后期，河北西铺村、山西大寨村和西沟村等一批20世纪50年代的"老先进"村通过资金技术和项目的引进，开发本地资源兴办乡镇企业，很快走上致富的道路。

伴随着乡镇企业三个发展波次的出现，出现了"苏南模式"和"温州模式"两种较为典型的发展模式。"苏南模式"是在传统的社队企业基础上发展起来的，其所有制形式仍沿用公社时代社办、队办两级社队企业，以乡、村两级集体企业为主，由地方政府推动的户办、联户办企业模式。企业经营业务以非农副产品加工为主，以当地农村劳动力为主体进行资本的原始积累。企业发展初期的所有权由村集体组织掌握，企业的实际控制权由企业经营者在发展过程中逐步接管。"温州模式"是温州农村非农经营的主要方式，在消费品市场、生产资料市场、资金市场、劳务市场和技术市场等区域性民间市场体系中孕育成长，从事以日用小商品为主的主导产业和门类齐全的社会服务业，通过生产要素的自由流动逐步向小城镇及周边地区集中，形成交通运输、饮食服务、民间信贷等门类齐全的社会化服务体系。两种模式的最大区别在于，"苏南模式"以集体企业为主，而"温州模式"以家庭经济为主。在当今中国乡镇企业的发展进程中，两种模式互为作用，交替发展。到1988年，我国乡镇企业总数已发展到1888.16万个，比1978年的152.42万个增长了11倍多；总产值达到7017.76亿元，比1978年的495.13亿元增长了13倍多；在乡镇企业的职工达到9545.46万人，比1978年的2826.56万人增长了237.7%。①

从1989年起，国家对乡镇企业在税收、信贷方面的支持和优惠措施减少，明确提出"乡镇企业发展所需资金，应主要靠农民集资筹措"，压缩基本建设规模，关、停、并、转了一批经济效益差、浪费能源原材料、污染严

---

① 《中国乡镇企业年鉴 1993》，中国农业出版社1993年版，第142~144页。

重的企业。由于经济紧缩,从1989年起,乡镇企业投资减少,增长速度放慢。1989年至1990年,许多乡镇企业处于停产半停产状态,乡镇企业经济效益下降,企业数和职工总数连续两年减少,这种状态一直持续到1991年初。①

三年治理整顿期间,乡镇企业发展速度减缓。但是,通过治理整顿,乡镇企业调整结构,渡过了难关,迎来了又一个快速发展的时期。1991年,乡镇企业率先摆脱困难局面,逐渐进入新的增长时期。一部分乡镇企业将生产经营转向国际市场,确立了外向型经济发展战略,大力发展外向型经济,成为推动中国对外经济贸易发展的重要力量。1989年乡镇企业出口贸易总额为268亿元,1991年增至670亿元,仅两年间,它占全国出口总额的比重大幅度上升,由15.2%提高到29.7%。②

总体而言,乡镇企业的辉煌崛起使农村经济单纯依靠农业发展的格局明显改观,在农业生产总值构成中,乡镇企业的产值比重明显提升,创造性地为农村产业结构的调整提供新机遇。大量统计资料显示,1984年到1991年7年间,种植业总产值和产业构成整体呈下降趋势,牧业、副业以及渔业的增产效果十分明显,到1991年底,农村第二、三产业的总产值占农业总产值的比重高达42.84%,说明单纯依靠农业发展的格局已经被打破,而且非农产业的发展已经成为支撑农村经济的重要力量。

(三) 1992—1996年:超常发展阶段

进入20世纪90年代以后,限制乡镇企业发展的内部和外部局限逐渐显现,主要表现在以下几个方面:企业产权模糊,经营管理难以规范化,不利于实现所有权与经营权的分离,影响企业可持续性发展;"离土不离乡、进厂不进城"的组建方式和劳动力吸纳方式导致企业布局分散,不利

---

① 郭根山:《世纪跨越——改革开放以来的中国工业化》,人民出版社2015年版,第196页。
② 李仲生:《中国乡镇企业发展与影响因素》,载《经济与管理研究》2003年第3期。

于形成规模经济和聚集效应;城乡工业之间以及地区之间结构趋同,盲目发展、低水平重复的现象比较严重,造成乡镇企业经济效益的低下和资源的浪费;全国乡镇企业发展不平衡现象十分严重,东部沿海地区发展十分迅速,中西部则相对落后,两者在经济总量、技术水平、人力资源禀赋和生产效益等方面的差距逐渐拉大;乡镇企业设备简陋、布局分散、能耗高、治污技术力量薄弱,严重威胁着农村地区的人居环境。

1992年是乡镇企业发展的又一个春天,1992年至1996年是乡镇企业第二个快速发展期。1992年3月,国务院批转农业部《关于促进乡镇企业持续健康发展报告》,要求各级政府和有关部门"继续从政策上扶持和引导乡镇企业持续健康发展","重点扶持乡村集体骨干企业","加强乡镇企业的技术改造"。[1] 这充分肯定了乡镇企业的重要作用,为乡镇企业快速发展创造了空前良好的外部环境。1992年,乡镇企业总收入达17659.69亿元,比1991年11621.69亿元增长了51.95%。[2] 1996年,乡镇企业总数达233.6万家,是1991年的1.2倍;吸纳劳动力达1.3508亿人,是1991年的1.4倍;在乡镇企业就业的劳动力已经占到农村劳动力总数的29.8%,比1991年增长了7.8%;完成增加值17659.3亿元,是1991年的5.9倍。[3] 1992年至1996年,乡镇企业规模和主要经济指标都实现了快速增长,全国乡镇企业的实力与内涵都实现了质的飞跃。这是乡镇企业发展过程中出现的第二个高潮时期,乡镇企业"已成为农村经济的主体力量和国民经济的一大支柱"[4]。

(四) 1997—2002年:整改与调整创新阶段

1997年以后,乡镇企业进入了分化重组、稳步发展的新时期。这个时

---

[1]《十三大以来重要文献选编(下)》,人民出版社1993年版,第1981~1982页。
[2]《中国乡镇企业年鉴 1993》,中国农业出版社1993年版,第147页。
[3]《中国乡镇企业年鉴 1997》,中国农业出版社1997年版,第6~9页。
[4]《十四大以来重要文献选编(下)》,人民出版社1999年版,第2392页。

期乡镇企业经过改制和优胜劣汰,开始趋于平缓发展。一方面是外部的市场环境和法律鼓励乡镇企业向高端发展;另一方面,内部的管理与技术、品种质量与经济效益的约束鼓励乡镇企业强化内功。从市场环境来看,自1996年以后,中国经济告别了短缺时代,开始进入买方市场,乡镇企业必须尽快适应市场环境的变化,消除短缺时代的经营理念与经营战略。

  1996年10月,八届全国人民代表大会常务委员会第二十二次会议通过了《中华人民共和国乡镇企业法》,并于1997年1月1日起正式施行。这标志着乡镇企业进入了依法经营、依法治理的新阶段。1997年3月11日,中共中央、国务院批转了农业部《关于我国乡镇企业情况和今后改革与发展意见的报告》,明确指出乡镇企业改革和发展要"合理调整产业结构,优化企业布局,依靠科技进步,强化企业管理,切实解决一些地方和企业低水平重复建设、布局分散、经营粗放、管理不善、效益不高等问题","以市场需求为导向,以改革开放为动力,以提高质量效益为中心,发挥优势,优化结构,合理布局,不断完善机制,依靠科技进步,强化企业管理,增强整体素质,推动乡镇企业再上一个新台阶"。①

  经过整改,乡镇企业进入一个良好的发展阶段,增长方式由外延扩张型开始向内涵提高型转变;个体私营企业迅猛发展,乡镇企业的产权主体呈现出多元化趋势;乡镇企业融入现代工业体系的进程加快。那些不能尽快适应外部环境变化和转换较慢的企业则逐步被淘汰出局。经过整改以后,乡镇企业的整体素质有所提高。1996年到2002年,乡镇企业数量由2336.3万家减少到2132万家,但乡镇企业的增加值却由17659.3亿元增加到32385.8亿元,出口交货值由6007.88亿元增加到11563.42亿元。1997—2002年,从业人员从13050万人增加到13288万人,虽然仅仅增长1.8%,但各项经济指标明显增长,企业增加值增长56%;利润总额从4662亿元增加到7558亿元,增长62%,上缴税金从1475亿元增加

---

① 《十四大以来重要文献选编(下)》,人民出版社1999年版,第2394、2403页。

到 2694 亿元,增长 82.6%。①

(五) 2003 年至今:转型发展阶段

2003 年以来,乡镇企业的发展环境出现了一些新的变化:乡镇企业发展中存在的重要问题表明乡镇企业转型发展已经刻不容缓;十六大、十八大、十九大提出要在 21 世纪头 20 年全面建成小康社会,乡镇企业是重要力量;新发展理念要求乡镇企业加快结构调整,提高增长质量。

为此,党中央和国务院不失时机地从政策和方向上加以积极指导,鼓励乡镇企业转型发展。2003 年 1 月 16 日,中共中央、国务院发布《关于做好农业和农村工作的意见》,一方面肯定了乡镇企业的重要作用,指出"乡镇企业为推进我国工业化进程、繁荣农村经济做出了历史性贡献,今后对扩大农民就业、增加农民收入仍将发挥重要作用";另一方面又为乡镇企业的进一步繁荣发展指明了方向,要求各级党委和政府"要适应新阶段农村经济发展和市场供求关系的变化,引导乡镇企业加快结构调整、体制创新和技术进步,走新型工业化道路。要加快乡镇企业技术改造步伐,继续实施'星火计划',加大对规模以上乡镇企业的技改支持力度,引导企业广泛采用先进技术、设备和工艺,促进产品更新换代和产业结构优化升级……乡镇企业要根据农业结构战略性调整和发展农业产业化经营的需要,突出发展农产品加工业和储藏、保鲜、运销业。在提高技术水平和保护环境的前提下,积极发展劳动密集型产业"。②

从 2004 年到 2018 年,中共中央、国务院连续 15 个一号文件专门规划和部署"三农"问题,其中 2004 年、2005 年、2006 年、2008 年、2009 年、2010 年 6 个一号文件都涉及乡镇企业的发展问题,特别是 2004 年一号文件《中共中央国务院关于促进农民增加收入若干政策的意见》专门把"推

---

① 甘士明:《中国乡镇企业 30 年》,中国农业出版社 2008 年版,第 14 页。
② 《十六大以来重要文献选编(上)》,中央文献出版社 2011 年版,第 134 页。

进乡镇企业改革和调整"视为拓宽农民增收、加快小城镇建设的主渠道，"要适应市场需求变化、产业结构升级和增长方式转变的要求，调整乡镇企业发展战略和发展模式，加快技术进步，加快体制和机制创新，重点发展农产品加工业、服务业和劳动密集型企业。加大对规模以上乡镇企业技术改造的支持力度，促进产品更新换代和产业优化升级。引导农村集体企业改制成股份制和股份合作制等混合所有制企业，鼓励有条件的乡镇企业建立现代企业制度。农村中小企业对增加农民就业作用明显，只要符合安全生产标准和环境保护要求，有利于资源的合理利用，都应当允许其存在和发展。有关部门要根据乡镇企业发展的新形势新情况，加强调查研究，尽快制定促进乡镇企业改革和发展的指导性意见"。[1]

在上述政策指导下，乡镇企业迎来了第三个快速发展时期。一是经济总量和经济增长质量双提升。2010年，全国乡镇企业完成增加值112232亿元，是2005年的2.22倍，占GDP比重达到28.2%；实现营业收入444420亿元，实现利润总额27187亿元，上缴税金11328亿元。二是结构调整成效显著，第二、第三产业发展较快，工业产值占总产值的62.05%，第三产业中的休闲农业成为农村经济发展的一大亮点。三是区域结构逐步改善，园区经济快速发展。乡镇企业产业集聚水平不断提高，乡镇企业园区达到9854个；入区企业数达到110.8万个，占乡镇企业总数的17.97%；园区内企业实现产值达13.28万亿元，占乡镇企业总产值的比重达28.58%。[2]

三、农村社区合作经济组织的改革与发展

农村社区合作经济组织是指我国农村以土地集体所有制为基础的地

---

[1]《十六大以来重要文献选编（上）》，中央文献出版社2011年版，第675页。
[2]《中国乡镇企业及农产品加工业年鉴2011》，中国农业出版社2011年版，第23~25页。

区性经济组织。1985年,全国政社分设工作全部完成,绝大多数地方在原来的人民公社、生产大队和生产队解体后,相应组建了不同层次的社区合作经济组织,为农村经济的发展奠定了重要的物质基础。

中国农村社区合作经济组织的重建,是同农村的党组织、政权组织、农民自治组织等的建设紧密联系在一起的。1982年12月,五届全国人民代表大会第五次会议通过的《中华人民共和国宪法》,提出在原公社一级设立乡(镇)人民代表大会和人民政府,在原生产大队一级设立村民委员会作为基层的群众性自治组织,同时设立乡(镇)、村合作(集体)经济组织。然而,改革后政府和理论界对农村社区经济组织性质的界定仍存在分歧,因此,是按照合作经济的原则来重建,还是在集体所有制基础上进行修补,成为改造农村社区性经济组织的矛盾焦点所在。

为了降低改革的阻力,更多地将农村社区经济组织作为集体经济来对待,1983年中央一号文件把实行家庭联产承包制的人民公社的生产队和生产大队,称为"劳动群众集体所有制的合作经济",指出:"人民公社原来的基本核算单位即生产队或大队,在实行联产承包制以后,有的以统一经营为主,有的以分户经营为主。它们仍然是劳动群众集体所有制的合作经济"。[1] "劳动群众集体所有制的合作经济"这个提法对集体经济和合作经济有所混淆。1984年的中央一号文件中第一次使用了"地区性合作经济组织"[2]用语,但同时提出这种组织可以同村民委员会分立,也可以"一套班子两块牌子",这种提法混淆了社区性合作经济组织与村民委员会的功能。

20世纪90年代以后,新型农村合作经济组织大量出现,决策者逐渐认识到合作经济与集体经济之间的差别。但是,农村社区性经济组织并未被认定为合作经济组织,而是被当作集体经济组织对待。1991年11

---

[1] 《中共中央国务院关于"三农"工作的一号文件汇编(1982—2014)》,人民出版社2014年版,第26~27页。

[2] 《中共中央国务院关于"三农"工作的一号文件汇编(1982—2014)》,人民出版社2014年版,第46页。

月,中共十三届八中全会通过《中共中央关于进一步加强农业和农村工作的决定》,把"乡村合作经济组织"正式改为"乡村集体经济组织",指出:"把家庭承包这种经营方式引入集体经济,形成统一经营与分散经营相结合的双层经营体制,使农户有了生产经营自主权,又坚持了土地等基本生产资料公有制和必要的统一经营","这是我国农民在党的领导下的伟大创造,是集体经济的自我完善和发展"。① 1993年7月颁布的《农业法》将"乡村集体经济组织"改为"农业集体经济组织"。② 此后,在政府主导下,农村社区合作经济组织在全国普遍建立起来,截至1999年底,全国有社区合作经济组织223.4万个,其中乡镇一级3.7万个,村一级70.6万个,组一级149.1万个,分别占乡镇、行政村和村民小组的82.5%、96.2%和27.9%。从数据分析可以发现,农村社区型合作经济组织主要建立在乡(镇)和村(行政村)。这是因为,社区合作经济组织与农户的纽带仍然是社区集体所有的土地,土地这一农业生产最基本的生产资料依然归集体所有,只不过在社区的范围内进行了一定的调整。

按照政策制定者的初衷,农村社区合作经济组织主要有四项功能,即经营功能、生产功能、服务功能、管理功能。经营功能,主要是指对社区公共财产的经营,包括对土地的发包、监督与管理以及其他社区公共资源与公共财产的管理与剩余索取权等。生产功能,主要指资源开发利用和农业生产的组织开展等。服务功能,主要包括机耕、灌溉、植保、防疫、科技等生产性服务,生产资料供应、产品加工和销售等流通性服务,以及计划调节、资金调节、信息服务等经营性服务等。管理功能,主要包括搞好决策和规划,加强土地承包合同管理,搞好国家、集体和个人三者利益关系的协调等。但是,这些功能的实现在很大程度上要取决于农村社区合作经济组织的经济实力,经济实力越强大,越能够为社区农民提供更多的服务。而其经济实力主要体现为社区集体经济和集体收入,来源主要有公

---

① 《中共中央关于进一步加强农业和农村工作的决定》,人民出版社1991年版,第6~8页。
② 《中华人民共和国法律汇编(1990—1994)(下)》,人民出版社1996年版,第774页。

产收入、村民缴费以及上级政府财政转移支付这三条路径。公共收入的筹集主要依靠公产经营所得的收入,如河南的南街村、江苏省江阴市的华西村以及广东省中山市崖口村等村庄都是通过村级集体经济组织直接控制资源,形成经营性公产收入,以确保公共产品的生产和供给。然而,就全国大多数乡村而言,农村社区合作经济组织的经济实力普遍比较薄弱,甚至一些地方的农村在行政推动和行政主导下大力发展村办集体企业,但因内在制度设计的缺陷,导致许多企业经济效益不佳、普遍亏损,遗留了大量的乡村债务。

为适应建立社会主义市场经济体制的要求,广大农民又把股份合作制这种组织形式和经营机制广泛引入到农业资源开发、乡镇企业以及社区合作经济组织的改革中,党中央、国务院对此极为关注,并及时给予了肯定和引导。1994年,中央在《关于一九九四年农业和农村工作的意见》的文件中就正式承认了农村股份合作组织的地位,并就发展股份合作制的方法、途径和要注意的问题等提出明确要求,强调要尊重农民的意愿,要明晰产权关系、转变经营机制、形成积累制度、防止集体资产流失,要引导农村股份合作制健康发展。中共十五大报告中更明确提出"劳动者的劳动联合和劳动者的资本联合为主的集体经济,尤其要提倡和鼓励"[1],给了合作社特别是新兴的股份合作组织以充分肯定,甚至将规范的股份合作与集体经济相提并论。据农业部调查,1995年全国72万个村中,当年无集体经济收益的占30.8%,集体收益在5万元以下的占42.9%,集体收益在5万~10万元的占13.5%,在10万元以上的仅占12.8%。在最近的20年中,农村集体经济发展的状况并未得到明显改观,甚至出现进一步恶化的趋向。至2015年底,没有任何集体收益的行政村占行政村总数的55.3%,较1995年增加了24.5个百分点。[2]

---

[1]《十五大以来重要文献选编(上)》,人民出版社2000年版,第22页。
[2] 陆雷、崔红志:《农村集体经济发展的现状、问题与政策建议》,载《中国发展观察》2018年第11期。

四、农村专业合作经济组织的产生与发展

农村专业合作经济组织是改革后适应农村经济发展的需要而产生的产权制度包容性更大,与市场经济、商品货币关系内在相容的新型合作经济组织。这种组织形式具有加入与退出的自愿性、管理的民主性、利益的共享性等特点。① 这些特点也是农村新型专业合作经济组织区别于其他合作经济组织的根本标志。

(1) 从组织形态看,中国农村专业合作经济组织主要有农民专业合作社和农村专业经济协会两类组织形式,但两者有如下不同之处:第一,在性质和目的方面,农民专业合作社是在工商行政管理部门登记注册的经济实体,属于企业法人,对外开展经营活动获取收益,对其成员则不以营利为目的;农村专业经济协会是在民政部门登记注册的社会团体法人,不得从事营利性活动,主要以为社员提供生产技术、信息咨询服务为主。第二,在设立方面,农民专业合作社需要成员出资或者经济参与,要直接参与成员的生产经营活动,并与成员进行交易,建立紧密的经济联系;农村专业经济协会只需要会员缴纳一定会费即可,不直接参与会员的生产经营活动,只为会员提供一定的服务。第三,在服务内容方面,农民专业合作社为成员提供的服务内容比较宽泛,而且多是通过签订合同的方式进行交易,如农业生产资料的购买和农产品的销售、加工、运输、储藏以及与农业生产经营有关的技术、信息服务等等;农村专业经济协会主要是提供农业生产技术、信息服务,并协调会员之间、会员和有关部门及政府之间的关系。第四,在财务制度方面,农民专业合作社和农村专业经济协会虽然都可以接受政府扶持和他人捐赠,但农民专业合作社的收益主要来源于经营行为,并且实行特别的财务会计制度,对成员要按交易量和成员账

---

① 曹阳:《当代中国农村微观经济组织形式研究》,中国社会科学出版社2007年版,第289页。

户余额进行比例返还;而农村专业经济协会的收益只能是会员的会费,没有利润分配和收益返还。①

专业协会是专业合作经济组织的初级形态,截至2003年,我国运行规范的农村各类专业合作经济组织有近14万家,其中专业协会约占85%,在各类专业合作经济组织中占有最大比重。而专业合作社属于合作层次更高、合作范围更广,社员与组织之间的联系也更为紧密的一种合作经济组织形态,它最符合传统经典的专业合作经济组织的定义,也是目前国家发展和支持的主体。2006年10月31日通过的《中华人民共和国农民专业合作社法》,其调整对象仅限于农民专业合作社,而社会团体法人类型的农民专业合作组织,如农业生产技术协会和农产品行业协会,仍应依据其他相关法律、行政法规进行调整。

(2)从覆盖的领域看,农村专业合作经济组织主要涉及流通、生产、技术服务三大领域的合作,而信用领域的合作目前还比较少。

在流通领域,目前合作经济组织覆盖面最广,专门从事流通服务的占到了38%。② 由于国家长期对粮食、棉花、油料等大宗农产品实行购销垄断经营,目前我国流通领域的合作社主要存在于农产品流通体制市场化改革较早且商品率较高的经济作物、家畜家禽以及畜产品,尤其是蔬菜、水果、家禽、水产、花卉、食用菌等行业。从地域来看,流通型的合作经济组织发展主要就是围绕当地优势产业从事流通服务,与当地农业的主导产业呈现高度相关性。

在生产领域建立在家庭经营基础上的土地细碎化,使得社员有意愿共同开展某一类农产品种植(或采集)、加工等全部或一部分生产经营活动,催生了农业生产合作社。这种生产合作可以有效解决农民分散经营与生产区域化布局之间的矛盾、生产专业化与生产链条连续性之间的矛盾、农产品生产链条短与农产品加工延伸附加值之间的矛盾。从我国农

---

① 白立忱:《〈农业专业合作社法〉解读》,中国社会出版社2007年版,第20~22页。
② 李惠安:《中国农村专业合作经济组织在发展农业和农村经济中发挥的作用》,见《中国天津·沿海地区农业发展国际研讨会论文集》,1999年印。

村发展的实践看,生产领域的合作主要采取围绕土地承包权而展开的各种形式的农业生产合作、围绕农产品的初级加工环节进行的合作生产两种基本形式。①

在技术服务领域,这类合作组织主要是解决专业化生产中农民遇到的技术"瓶颈"问题,多由农村科技部门或技术能人牵头,或由龙头企业牵头组建,提供技术信息、组织技术培训、实地进行技术指导等。② 随着农村改革的深入、农产品市场化程度的提高和国际市场的进一步开放,以及政府职能的进一步转变,农村技术型合作组织将会在打造产品品牌、统一技术标准、实行标准化生产等方面发展。

(3) 从发展的区域来看,合作社规模的区域跨度小,且发展的不平衡性增大。从发展的规模来看,现阶段我国农业专业合作经济组织大多还以村为基础,在乡(镇)的范围内组建和运行。2004 年 3 月全国人民代表大会农业与农村委员会课题组调查统计的 15 个省(市、自治区)农民专业合作经济组织的活动区域情况,90.7%在乡内,8.4%跨乡,跨县的只占不到 3%。③ 从发展的区域特征来看,目前,中国各省(市)农村专业合作经济组织都有了不同程度的发展,但各省(市)之间、同一省(市)的不同地区之间,各地农村专业合作经济组织发展的不平衡性加大。在少数沿海以及农业经济发达的地区,农村专业合作经济组织已经开始成为农村经济发展的重要组织载体;而绝大多数地区的农村专业合作经济组织还处于萌芽阶段,大多还只是松散的协作体,称不上真正意义上的合作经济组织;许多地方由于经济的落后,合作意识和合作知识的缺乏,甚至在合作经济组织建设方面还处于空白状态。从东、中、西部看,东部地区的农村专业合作经济组织的主流已经向着提供营销服务的经济实体方向发展,

---

① 张晓山、范鹏:《合作经济理论与中国农民合作社的实践》,首都经济贸易大学出版社 2009 年版,第 175 页。
② 姚监复:《农村专业技术协会:具有历史意义的农村组织创新》,中国农业出版社 1994 年版。
③ 全国人民代表大会农业与农村委员会课题组:《农民合作经济组织立法专题研究报告》,2004 年 3 月。

而中西部地区特别是西部地区,除了少数农民专业合作社的发展呈现出这一态势外,大多数仍然停留在以成员间开展自我技术服务为主的合作社雏形阶段。①

(4)从组织者的角度看,呈现出多元领办的特点。我国农村专业合作经济组织除少数由农民自己组织或由农村能人牵头组织以外,其余大部分都由政府部门以及其他社会组织领办,如由供销合作社领办、农技部门领办、农村科协领办、乡村社区组织领办、龙头企业或其他经济实体领办等等。

五、以土地入股为主要内容的股份合作制

农村土地股份合作制是基于诱致性制度变迁的重要土地制度创新,在促进土地规模经营、推进城乡发展一体化方面扮演着重要的角色。它自20世纪80年代中后期于广东南海发轫后,迅速扩散至珠江三角洲,进而延展至江苏、浙江、山东等沿海发达省份,继而在中西部地区生根发芽。在关于农村土地股份合作的相关政策性文件中,早在2005年3月,农业部就发布《农村土地承包经营权流转管理办法》,将"入股"作为土地流转形式之一对其进行了界定,"入股是指实行家庭承包方式的承包方之间为发展农业经济,将土地承包经营权作为股权,自愿联合从事农业合作生产经营;其他承包方式的承包方将土地承包经营权量化为股权,入股组成股份公司或者合作社等,从事农业生产经营"②。2008年10月,中共十七届三中全会审议通过的《中共中央关于推进农村改革发展若干重大问题的决定》具有里程碑式的意义。该文件明确提出:"按照依法自愿有偿原则,

---

① 张晓山、苑鹏:《合作经济理论与中国农民合作社的实践》,首都经济贸易大学出版社2009年版,第160页。
② 国务院法制办公室:《中华人民共和国三农法典(农业·农村·农民)》,中国法制出版社2016年版,第375~376页。

允许农民以转包、出租、互换、转让、股份合作等形式流转土地承包经营权,发展多种形式的适度规模经营。有条件的地方可以发展专业大户、家庭农场、农民专业合作社等规模经营主体。"①此后,2009年、2010年中央一号文件更注重土地承包经营权流转的市场建立健全、管理和服务,主张"鼓励有条件的地方发展流转服务组织","健全流转市场,在依法自愿有偿流转的基础上发展多种形式的适度规模经营",引导土地承包经营权流转,促进农业生产经营模式创新。② 2013年中央一号文件明确提出,"鼓励和支持承包土地向专业大户、家庭农场、农民合作社流转"③。从中央的相关政策性文件演进轨迹来看,中央对农村土地股份合作制的态度经历了从"允许"到"鼓励和支持"的变化,虽未明确提出试行或实施农村土地股份合作制,但"允许""鼓励和支持"的行为中已有农村土地股份合作制的雏形或表征。

与中央相比,地方关于农村土地股份合作制的政策更为具体,态度也更为积极。探索、推广农村土地股份合作制,已广泛见诸地方的政策性文件。广东省是最早开始试点的省份。在1998年2月20日发布的《中共广东省委办公厅广东省人民政府办公厅贯彻〈中共中央办公厅国务院办公厅关于进一步稳定和完善农村土地承包关系的通知〉的意见》中,已明确提出"农民以承包土地的使用权入股,实行土地股份合作经营,经营收入按股分红"。在此政策的推动下,广州、深圳、佛山、中山、珠海、东莞、惠州、江口、肇庆等地纷纷开展农村土地股份合作制改革,土地股份合作制已经成为珠三角地区农村土地流转的普遍形式。浙江省湖州市和江苏省吴江市④出台了关于推进农村土地股份合作制改革的专门文件。2007年9月3日,浙江省湖州市农业和农村工作办公室发布《关于推进农村土地

---

① 《中共中央关于推进农村改革发展若干重大问题的决定》,人民出版社2008年版,第13页。
② 《中共中央国务院关于"三农"工作的一号文件汇编(1982—2014)》,人民出版社2014年版,第191、212、240页。
③ 《中共中央国务院关于"三农"工作的一号文件汇编(1982—2014)》,人民出版社2014年版,第260页。
④ 2012年9月1日,经国务院批准,撤销县级吴江市,设立苏州市吴江区。

股份合作制改革的实施意见》,对农村土地股份合作制改革的指导思想与原则、主要形式、须把握的核心环节、适用范围和条件等都做了明确规定,要求农村土地股份合作制改革必须坚持"依法改革、促进发展,因地制宜、形式多样,农民自愿、政策扶持,依法经营、民主管理"的原则。根据股权设置的不同,农村土地股份合作制原则上可采取三种形式:以土地入股为主,入股土地原则上不进行评估作价;土地作价入股,参与经营开发;承包土地与社区集体资产统一入股或量化,实行股份化经营。实施土地股份合作制改革,须把握合理设置股权、发放股权凭证、制定规范章程、建立组织机构、健全财务和分配制度等环节。其适用范围主要是以土地第二轮承包政策明确的农民的承包土地,不包括农村宅基地。2009年1月19日,江苏省吴江市委、吴江市人民政府发布《关于积极推进农村土地股份合作制改革的意见》,明确了农村土地股份合作制的工作措施和扶持政策。与其他地区由政府出台政策性文件不同,湖北省在地方性法规《湖北省农村土地承包经营条例》中对农村土地股份合作做出了相关规定。如第35条规定:通过家庭承包取得的土地承包经营权可以采取转包、出租、互换、转让、股份合作等多种形式流转。第44条规定:鼓励农民以土地经营权入股发展农业合作经营;股份合作终止时,入股的土地经营权应当退回原承包方。

农村土地股份合作制可以带来诸多预期制度收益,其在广东南海试点后,得以迅速在珠江三角洲推广,并波及江苏、浙江、山东等沿海省份。及至中央将入股作为土地流转形式之一,并提出鼓励和支持承包土地向农民合作社流转,农村土地股份合作制扩散至广大中西部省份。由此,农村土地股份合作制实现由点到面的转变。

农村土地股份合作制在地方实践中,各地根据自身的实际情况,创造出了多种农村土地股份合作制模式,以广东、江苏等地较为典型。广东创造出了多种类型的土地股份合作制,主要分为资产量化型社区土地股份合作制、纯土地型社区土地股份合作制、"公司+农户"型土地股份合作制、"公司+集体+农户"型土地股份合作制四类。苏州模式则是农民专业合作社、土地股份合作社、社区股份合作社三大合作社同步推进。① 农村土地股份合作社的成立取得了较好的效果,受到广大农户的拥护。但是,农村土地股份合作制在实践中也遇到了困境:农村土地产权不完整,影响农地股权的稳定性和股权的保障功能;农村土地股份合作组织法律地位不明确,发展受到限制;土地股份合作组织治理结构不完善,股东权利不明确,利益分配机制和风险消释机制不健全;扶持土地股份合作组织发展的优惠政策不系统;等等。②

第四节 处理好农业与市场的关系,建立和完善农村市场

一、粮食安全与粮食购销体制改革

粮食关系国计民生,党和政府一直高度重视。改革开放以来,中国在各领域都逐渐由计划经济体制向市场经济体制过渡,但在粮食购销体制领域首先实现了重大突破——取消统购统销的计划经济模式。1978年之后,我国的粮食产量呈现波动性增长的趋势,其中,1998—2003年,粮食产量急剧下滑,但在2003年之后至2015年实现了"十二连增"。总体来看,粮食产量从1978年的30476.5万吨增长至2015年的62143.9万吨,

---

① 杨应奇:《一样的土地,创造不一样的财富——苏州农村土地股份合作制改革调查》,载《中国国土资源报》2011年12月12日。
② 肖端:《农村土地股份合作制模式发凡及其协同推进》,载《改革》2013年第9期。

增加了1.03倍。① 影响粮食产量增长的原因有很多,包括资本投入、技术进步等许多方面,但其中制度变迁因素起着非常重要的作用,包括粮食购销制度。

(一) 1978—1984年：统购派购

1978年改革开放之后,我国的粮食购销体制依然延续1953年开始实施的统购派购制度。统购,即国家对粮食的强制购买,是制度实现的基本手段;派购,就是国家向集体生产单位或农户分派一定的农产品交售任务,生产者必须保证完成,并执行国家规定的计划价格。农产品统购派购制度为国家工业化的快速推进提供了强有力的支撑,而且在这一阶段因实行家庭联产承包责任制改革、价格改革和投入的增加,粮食产量飞速增长,增长了约10000万吨。但是这一制度的长期实施,对农村经济运行也产生了严重的负面影响:工农产业价值交换和流转关系失衡,农业剩余向工业转移,削弱了农业自我积累和自我发展的能力;排斥了商品生产、市场机制;使农业富余劳动力失去了自由进入城市的机会和可能性。

(二) 1985—1997年："双轨制"

随着统购派购政策负面影响的日益显现,1985年1月1日,中共中央、国务院发布《关于进一步活跃农村经济的十项政策》,提出:"从今年起,除个别品种外,国家不再向农民下达农产品统购派购任务,按照不同情况,分别实行合同定购和市场收购。粮食、棉花取消统购,改为合同定购。由商业部门在播种季节前与农民协商,签订定购合同。定购的粮食,国家确定按'倒三七'比例计价(即三成按原统购价,七成按原超购价)。

---

① 国家粮食局:《中国粮食发展报告2017》,中国社会出版社2017年版,第131页。

定购以外的粮食可以自由上市。"①这是我国农产品购销体制走向"双轨制"的转折点,即对一部分粮食流通继续实行计划管理,对另一部分粮食流通放开经营,实行市场调节。但是这一新政策实施的第一年就遇到了"卖粮难"的困境,又加上中央提出"合同定购部分作为农民向国家的交售任务,要保证完成"的规定,粮食购销体制又悄悄恢复到强制性的统购派购。此后,关于粮食购销体制的改革仍在逐步开展。1992年,国家提出"争取在二三年内全部放开粮食价格"政策,意在走出"双轨制",走向国家宏观调控下的市场自由购销体制。②1993年在全国范围内放开粮食价格,但在年底粮食价格突然大幅上涨,引发社会恐慌,因而1994年粮食购销又开始在实际上恢复"双轨制"。在这一阶段,粮食产量发生了多次波动,包括1988年、1991年和1994年的三次产量下滑,这与政策的不断调整有关。

(三) 1998—2004年:"四分开、一完善"

1998年5月,国务院公布《关于进一步深化粮食流通体制改革的决定》,开始了以"四分开、一完善"为原则、"三项政策、一项改革"为主要内容的新一轮改革。"四分开、一完善"是指"政企分开、中央与地方责任分开、储备与经营分开、新老财务账目分开,完善粮食价格体制"。"三项政策、一项改革"是指实行按保护价敞开收购农民余粮、顺价销售、资金封闭运行,加快国有粮食企业改革。此次对国有粮食企业的改革很大程度上促进了粮食的销售体制改革,改变了长期以来粮食流通体系中的生产者、经营者和消费者间的利益分配,促进了市场竞争。同时,国家开始逐步放开部分地区部分品种的收购价格:2000年,将南方早籼稻、红小麦和北方春小麦退出保护价收购范围,实行购销市场化;2001年,将浙江等沿海8

---

① 《中共中央国务院关于"三农"工作的一号文件汇编(1982—2014)》,人民出版社2014年版,第56页。
② 陈锡文等:《中国农村改革30年回顾与展望》,人民出版社2008年版,第83页。

个主销区的粮食购销完全放开,率先实行区域性的粮食购销市场化。这些举措为全面实现粮食价格市场化铺平了道路。本阶段仍然是对"双轨制"的补充和改进,未触及本质,粮食产量也出现了严重下滑,减产6000万吨以上,严重威胁了我国的粮食安全。

(四)2004年至今:市场化改革

2004年中央一号文件《中共中央国务院关于促进农民增加收入若干政策的意见》明确提出:"从2004年开始,国家将全面放开粮食收购和销售市场,实行购销多渠道经营","为保护种粮农民利益,要建立对农民的直接补贴制度。"[①]新一轮粮改不仅全面放开粮食购销和价格,最终实现粮食购销市场化,还铲除了束缚新型市场主体成长的体制性障碍,高度重视培育新型市场主体。此次改革效果明显,当年就实现了粮食产量的增长,并实现了中华人民共和国成立后的首次"十二连增",2015年粮食产量达到了创纪录的62143.9万吨。

表2-1所示为1978—2017年中国粮食总产量统计表。图2-1所示为1978—2017年中国粮食总产量变化曲线图。

表2-1 1978—2017年中国粮食总产量统计表 (单位:万吨)

年 份	粮食产量	年 份	粮食产量
1978	30477	1985	37911
1980	32056	1986	39151
1981	32502	1987	40298
1982	35450	1988	39408
1983	38728	1989	40755
1984	40731	1990	44624

---

① 《中共中央国务院关于"三农"工作的一号文件汇编(1982—2014)》,人民出版社2014年版,第89~90页。

续表

年　份	粮食产量	年　份	粮食产量
1991	43529	2005	48401
1992	44266	2006	49746
1993	45649	2007	50150
1994	44510	2008	52850
1995	46662	2009	53082
1996	50454	2010	54641
1997	49417	2011	57121
1998	51230	2012	58958
1999	50839	2013	60194
2000	46218	2014	60703
2001	45264	2015	62144
2002	45706	2016	61624
2003	43070	2017	61791
2004	46947		

二、完善农产品市场体系

计划经济体制在农村赖以实行的一个基础是农产品的统购统销制度。实行家庭联产承包责任制后，仍然保留着商品粮、棉的基本部分实行统购统销的框架，生产体制与流通体制之间存在着尖锐的矛盾，于是提出了按照市场经济要求改革农产品购销体制的任务。改革和完善农产品市场体系，就是大力发展农村市场经济，逐步实现计划经济体制向市场经济体制的转轨，以解决和理顺农民与国家的关系。中国农业市场化经过40年的发展，中国农产品总体的市场化程度从1978年的2.56%提高到2016年的100%。当前，"进一步搞活农产品流通，尽快形成开放、统一、竞争、有序的农产品市场体系，为农民提供良好的市场环境，是农业和农

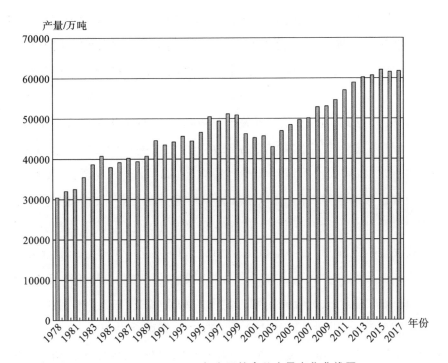

图 2-1　1978—2017 年中国粮食总产量变化曲线图

数据来源：国家统计局农村社会经济调查司：《中国农业统计资料汇编　1949—2004》，中国统计出版社 2006 年版，第 35 页；2005—2017 年国民经济和社会发展统计公报。

村经济持续稳定发展的迫切需要。"①

（一）从农产品统购统销到营销市场化

经济体制改革以前，中国的粮食交易实行的是统购统销制度。这是中国计划经济制度的重要组成部分，也是实行优先发展重工业的工业化战略的重要支柱。1982 年 12 月 31 日中共中央政治局通过的《当前农村经济政策的若干问题》，提出进一步调整农副产品购销政策，对关系国计民生的少数重要农副产品继续实行统购统销，对农民完成统购派购任务

---

① 《十五大以来重要文献选编（上）》，人民出版社 2000 年版，第 563 页。

后的产品包括粮食(不包括棉花和非统购派购产品)允许多渠道经营。国营商业要积极开展议购议销业务,参与市场调节。供销社和农村其他合作商业组织,可以灵活购销。农民个人也可以经营。撤销农副产品外运由归口单位审批的规定。凡属收购任务以外的农副产品,购销价格可以有升有降。[1] 据此,商业部做出《关于完成粮油统购任务后实行多渠道经营若干问题的试行规定》,撤销了原来关于粮食议购议销由粮食部门统一经营的规定,省间议价粮调剂要经省粮食厅(局)批准的规定,以及携带、邮寄粮食限额的规定,并允许以粮食为原料的工商企业、农村"四坊"和饮食业、机关、部队、学校、团体、工矿企业以及事业单位可以采购部分粮食加工成品出售或食用,但不许贩运。[2] 此后,1984年2月25日,国务院还对合作商业组织和个人贩运农副产品的问题做了规定。从1985年起,粮食、棉花取消统购,改为合同定购。定购的粮食按"倒三七"比例计价,即三成按原统购价,七成按原超购价。定购以外的粮食自由上市,如果市场粮价低于原统购价,国家按原统购价敞开收购。此外,国家还开始逐步取消生猪、水产品和大中城市、工矿区蔬菜的派购。[3]

1986年,在进一步巩固、完善合同定购的基础上,减少了合同定购数额,加大了市场议购议销比重,调整了突出不合理的农副产品价格。1987—1989年,连续3年对粮油定购价格做了部分或全面调整。1990年4月1日、1991年1月1日和1992年4月1日,三次提高了中央计划内进口粮食的拨交价格。1992年4月1日,同时提高粮食的定购价格和销售价格,基本上实现了购销同价,又陆续开展放开粮价、放开经营的试点。各地根据自己的经济状况和承受能力,因地制宜地选择适合本地的试点方案和改革模式。一是购销全部放开,如广东;二是按国家规定稳住定购

---

[1] 《中共中央国务院关于"三农"工作的一号文件汇编(1982—2014)》,人民出版社2014年版,第29页。
[2] 《中华人民共和国现行法规汇编(1949—1985)财贸卷》,人民出版社1987年版,第604页。
[3] 《中共中央国务院关于"三农"工作的一号文件汇编(1982—2014)》,人民出版社2014年版,第56页。

任务和价格,放开销价,如陕西汉中市;三是保留部分定购和农业税征实,定购价格随行就市,销价放开,如四川广汉市、河南三门峡市等。截至1992年9月,全国有400多个县、1.8亿人口的地区进行了放开试点。国务院总结了试点经验,要求各地根据不同情况,因地制宜,提出方案报国务院批准实施。继广东省(1992年4月1日)全面放开粮价之后,浙江(1993年1月1日)、江苏、安徽、福建、江西省和上海市(1993年4月)也宣布全省(市)粮食购销价格全面放开,取消粮票,5月1日,北京市也采取了类似措施。到1993年底,全国95%以上的市县都完成了放开粮价的改革。

自从中央1995年一号文件宣布取消农产品统购统销制度、实行"双轨制"以来,我国农产品市场体系建设取得了突破性进展:市场调节范围日益扩大,直接受国家计划调控的农产品越来越少,农产品都已完全放开;农产品市场体系初步发育,形成了以大型农产品市场为中心、城乡集贸市场为依托的市场网络;农产品市场价格机制基本形成;农村市场主体初步成长;建立农产品市场宏观调控机制;等等。农产品市场体系建设以来,国家先后建立了粮食专项储备制度、棉花专项储备制度、粮食风险基金制度,实行粮食收购保护价政策等多项宏观调控措施。这些政策措施,对于促进农业生产、搞活农产品流通、稳定市场价格,发挥了积极作用。

(二)构建农产品市场经济体系

建立社会主义市场经济体制,是中国经济体制改革的总目标。中国构建农产品市场经济体系也是中国经济体制改革的重要组成部分。

一是促进农产品市场体系的发育成长。从我国主要农产品产量的变动情况来看,20世纪90年代后,我国农业已进入了新的发展阶段,告别了过去长期短缺的状况,转变为总量基本平衡、丰年有余。农产品生产结构的调整反映了市场客观需求的变化。在农业和农村经济的运行机制上,已由传统的计划经济体制转变为社会主义市场经济体制,市场对农业、农村经济资源的配置作用已占主导地位。各地在实践中根据自身的资源特点和市场条件,充分发挥区域优势,合理配置农业资源,使农业生产向专业化、区域化、规模化方向发展,一些农产品的优势产区和产业带正在逐步形成,这对建立健全全国统一的农产品市场体系、扩大农产品区域流通和国内外贸易提出了新的要求,同时也为农产品大市场、大流通格局的形成创造了物质基础和基本制度框架。

二是促进农产品市场体系的完善升级。充分发挥农产品市场特别是批发市场,商品集散、价格形成和信息传递三大基本功能,对引导农民调整农业和农村经济结构,搞活农产品流通,扩大就业,增加农民收入,都有着举足轻重的作用。农产品市场规模扩大,大多数批发市场的营业用地面积已由过去的三四十亩扩大到100亩以上,其中约有半数批发市场用地面积达150亩以上;在市场内部各功能区的规划建设趋向合理,基础设施条件逐步改善。绝大多数批发市场有了水泥硬化的地面、交易大厅和餐饮住宿等配套设施;市场服务功能日益强化,管理日趋规范;加强了与农产品生产基地和农户的联系;市场主体的组织化程度逐步提高。

三是现代农产品市场体系已成为农业和农村经济发展与结构调整的先导产业。进入21世纪,农业总体上已转变为市场型农业,政府指令和行政力量在农业生产和农产品营销过程中的地位和作用,已大为弱化,非同以往。加入世贸组织后,政府的角色定位,以及对农业和农村经济活动干预的方向、力度和方式与先前更为不同。从机制转变和体制效率的角度看,现代农产品市场体系已演变为先导产业、需求约束型农业。现代农产品市场体系担负着多方面开拓消费需求的任务。从2005年开始实施鲜活农产品"绿色通道"政策,对整车合法装载运输鲜活农产品的车辆免收通行费。2008年9月1日国家出台了停止征收农产品集贸市场管理费和个体工商户管理费的政策,每年为市场及经营户减轻负担约300亿元。2011年底,免除14个类别219个品种的蔬菜流通环节增值税,进一步降低流通成本。① 为加快建设高效畅通、安全规范、竞争有序的农产品市场体系,2014年3月,《商务部等13部门关于进一步加强农产品市场体系建设的指导意见》发布,把增强公益性、高效性和稳定性作为农产品市场体系建设的主线,加快完善促进市场公平交易和提高流通效率的制度建设,着力健全符合统一大市场要求的体系架构和内在机制,集成流通科技进步的新型驱动力,以切实发挥市场配置资源的决定性作用并更好地发挥政府作用。②

(三) 构建现代农产品市场体系

中共十八届三中全会提出,建设统一开放、竞争有序的市场体系,是使市场在资源配置中起决定性作用的基础。近年来,农业系统不断加强市场信息服务,加快农产品和各类要素市场建设,完善农产品价格形成和市场调控机制,为建设生产者自主经营、消费者自由选择、商品和要素平等交换的现代市场体系进行了卓有成效的探索。为提升农产品流通效率,我国不断完善农产品市场体系,流通方式和交易模式逐步实现多元化。

在优势农产品产区,农业部和省级人民政府共建国家级农产品专业市场,以发挥其价格形成中心、产业信息中心、物流集散中心、科技交流中心、会展贸易中心五大功能,带动相关产业发展。目前,已启动了洛川苹果、牡丹江木耳等13个国家级市场建设。此外,田头市场是农民家门口的市场,对提高农户营销能力、发展新型流通业态具有重要支撑作用。目前,农业部已在河北、山东、辽宁等地开展试点示范。四川阿坝州和广元

---

① 韩长赋:《改革创新促发展 兴农富民稳供给——农村经济十年发展的辉煌成就(2002—2012)》,人民出版社2012年版,第12页。
② 《商务部等13部门关于进一步加强农产品市场体系建设的指导意见》,中华人民共和国商务部网,http://www.mofcom.gov.cn/article/b/d/201403/20140300525530.shtml,2014年3月21日。

市两个田头市场建设农耕文化园、大学生农业创业园等,发展特色蔬菜、中药材等特种经济作物种植和高原特色畜禽养殖,年产值达到160万元。田头市场正在将农产品"存得住、运得出、卖得掉"变为现实。

商品和要素平等交换的前提是每一个市场主体能够在政策落实、信息获取、社会组织架构等方面平等、合理地参与。组织起来、打出品牌是增强个体农户市场议价能力、抵御市场风险的现实选择。近年来,各级政府在政策层面加强引导、在资金层面加大支持力度,力促现代农业经营体系构建,家庭农场、农民合作社和农业产业化龙头企业以及社会化服务组织发展迅速。全国农业产业化组织超过41万个,辐射带动的种植业生产基地约占全国农作物播种面积的60%,带动畜禽饲养量占全国的2/3以上。规模化生产、产业化经营、品牌化营销,使农民在市场博弈中更有底气。[①]

三、农业结构调整与农业产业化经营

农业结构的形成受宏观经济环境的制约和农业比较效益、农民收入预期的影响较大。对农业结构进行调整,不仅需要采取有效的宏观调控措施,而且也要探索和建立一种有效的经营机制,引导和带动农业结构的调整,不断促进农业结构优化。农业结构的调整,即调整农业各部门、农村各产业之间及其与市场需求之间的关系。通过调整,使农业生产不断适应市场需求,提高比较效益,增加农民收入,实现可持续发展。改革开放以来,我国的农业结构调整政策以1985年、1998年、2012年为界大致可以划分为三个阶段。

---

① 房宁、韩啸:《构建现代市场体系 提高农业质量效益——党的十八大以来我国农业市场化改革综述》,载《农民日报》2017年10月11日。

（一）1985—1997年：市场导向下的农业结构调整阶段

1985年以后,我国开始着手推进农产品购销体制和农业计划管理体制改革,加大农业产业结构调整力度。1985年的中央一号文件提出"大力帮助农村调整产业结构","将以一定的财力物力支持粮棉集中产区发展农产品加工业,调整产业结构",同时,还决定"拿出一批粮食,按原统购价(费用按财政体制分担)销售给农村养殖户、国营养殖场、饲料加工厂、食品加工厂等单位,支持发展畜牧业、水产养殖业、林业等产业"。① 这是农村改革以来中央文件首次明确提出农业结构调整问题。1988年,全国农村工作会议提出,调整农村产业结构,"必须把农业即第一产业作为基础产业","多元化的农村产业结构,必须建立在商品性农业基础之上","调整农村产业结构,一定要因地制宜……不能违背经济规律和自然规律。"②1989年,中共十三届五中全会通过的《关于进一步治理整顿和深化改革的决定》,提出要"齐心合力把农业搞上去,确保粮食、棉花等主要农产品的稳定增长,促进农林牧副渔全面发展"③。1992年,国务院发布了《关于发展高产优质高效农业的决定》,提出"以市场为导向继续调整和不断优化农业生产结构",明确要求"在确保粮食稳步增长、积极发展多种经营的前提下,将传统的'粮食—经济作物'二元结构,逐步转向'粮食—经济作物—饲料作物'三元结构,不断提高农作物的综合利用率和转化率。适当调整现有粮食统计口径,促进种植业结构调整和饲料作物发展。加快林业、畜牧业和水产业的发展,进一步提高这些产业在整个农业中的比重,不断增加动物性食物和木本食物的供给量,改善人们的食物构成,逐

---

① 《中共中央国务院关于"三农"工作的一号文件汇编(1982—2014)》,人民出版社2014年版,第57页。
② 《十三大以来重要文献选编(上)》,人民出版社1991年版,第325页。
③ 《十三大以来重要文献选编(中)》,人民出版社1991年版,第690页。

步提高全民族的营养水平和健康水平。"①这是我国农业结构调整政策的一个重大转变。

这一阶段,随着以市场为导向的农业结构调整加快推进,粮食作物和经济作物的配置日趋合理,林果业、畜牧业、水产业比重上升。1978—1997,种植业在农业结构中的比重由79.3%下降到60.7%,种植业内部结构中粮食作物种植面积的比重由80.4%下降到73.3%,肉类中猪肉的比例由94.2%下降到67.3%。计划经济体制下"农业—种植业—粮食"高度单一的农业结构已经大为改善。

(二) 1998—2012年：农产品结构的战略性调整阶段

随着农业和农村经济的发展,农业结构调整的内容和重点也在不断变化。

2000年以前,农业结构调整的主要内容是调整和优化种植业作物和品种结构,优化区域布局,发展畜牧业和农产品加工业。1998年,中共十五届三中全会通过的《关于农业和农村工作若干重大问题的决定》指出："调整和优化农村经济结构,要着眼于世界农业科技加速发展的趋势和我国人多地少的国情,适应国内外市场,依靠科技进步,发挥区域比较优势,增强市场竞争能力,提高农村经济素质和效益。按照高产优质高效原则,全面发展农林牧副渔各业;重点围绕农副产品加工和发展优势产品,调整、提高农村工业;结合小城镇建设,大力发展第三产业。"②1999年7月,国务院办公厅转发农业部《关于当前调整农业生产结构的若干意见》,提出农业结构调整的主要内容是调整和优化种植业作物和品种结构,优化区域布局,发展畜牧业和农产品加工业。③

---

① 《十三大以来重要文献选编(下)》,人民出版社1993年版,第2206~2207页。
② 《十五大以来重要文献选编(上)》,人民出版社2000年版,第568页。
③ 《国务院办公厅转发农业部等部门关于当前调整农业产业结构若干意见的通知》,中华人民共和国农业部网,http://jiuban.moa.gov.cn/zwllm/zcfg/flfg/200601/t20060123_540505.htm。

2000年以后,发展无公害和绿色食品的重要性不断提高。2000年,中央农村工作会议提出,"积极推进农业和农村经济结构的战略性调整,提高农业、农村经济的素质和效益,努力增加农民收入,是新阶段农业和农村工作的中心任务",调整和优化农业生产结构,要着重抓好三个环节:全面优化农作物品种,努力提高农产品质量;积极发展畜牧水产业,优化农业的产业结构;调整农业生产布局,发挥区域比较优势。2002年,中共中央、国务院发布《关于做好2002年农业和农村工作的意见》,指出"调整农业结构是一项长期任务,今年要着重在调整农业区域布局、扶持农业产业化经营、发展畜牧业和保证农产品质量安全方面下功夫,争取有大的进展。"①

从2004年开始,恢复粮食生产、提高粮食综合生产能力又成为农业结构调整的重心和基础。2004年、2005年和2006年中央一号文件都提出,要按照高产、优质、高效、生态、安全的要求调整优化农业结构。2007年中央一号文件提出,"建设现代农业,必须注重开发农业的多种功能,向农业的广度和深度进军,促进农业结构不断优化升级。"②2008年中央一号文件提出,"确保农产品有效供给是促进经济发展和社会稳定的重要物质基础",要求"必须立足发展国内生产,深入推进农业结构战略性调整,保障农产品供求总量平衡、结构平衡和质量安全"。③同年,中共十七届三中全会通过了《关于推进农村改革发展若干重大问题的决定》,要求继续"推进农业结构战略性调整"。2010年以后,中央逐步将国家粮食安全提升到新的战略高度。2010年中央一号文件在继续强调稳定粮食生产、推进菜篮子产品标准化的基础上,增加了生态安全方面的要求,提出"加强农业面源污染治理,发展循环农业和生态农业"。2012年中央一号文件提出"千方百计稳定粮食播种面积,扩大紧缺品种生产,着力提高单产和品质","支持优势产区加强棉花、油料、糖料生产基地建设,进一步优化布

---

① 《十五大以来重要文献选编(下)》,人民出版社2003年版,第2196页。
② 《十六大以来重要文献选编(下)》,中央文献出版社2008年版,第843页。
③ 《十七大以来重要文献选编(上)》,中央文献出版社2009年版,第136~137页。

局、主攻单产、提高效益"。①

通过以上政策梳理,可以发现这一阶段农业结构调整的主要措施有:通过稳定播种面积、提高单产水平、改善品种结构以及促进粮食转化增值,稳定粮食生产,保障国家粮食安全;以园艺、畜牧、水产品为重点,发展劳动密集型农产品;大力发展无公害农产品和绿色食品,保障农产品的质量安全;优化区域布局,培育和建设优势区域的优势产品和特色农业;支持发展农产品加工业,扩大产业链条,提高农业整体效益。

农业产业化在这一时期尤其受到重视。中共十五届三中全会还将其提到实现中国特色农业现代化途径的高度,其实质就是通过延长农业产业链让农民分享第二、三产业的收益,提高农业的比较效益,进而提高农民收入,缩小城乡居民收入差距。这一时期的战略性调整不仅在农业内部强调农产品的优质化、安全化,还更加侧重于产业链的延长。中共十五届三中全会进一步提出了农业增长方式转变的战略任务,即"由传统农业向现代农业转变,由粗放经营向集约经营转变",而结构调整则是增长方式转变的核心内容和基础。

这一阶段,农业增加值构成由62.3%下降到57.7%。同时,统计资料显示,2012年农业增加值占国内生产总值的比重为10.1%,比1998年下降了7.5个百分点。与2000年相比,2012年粮食占农作物总播种面积的比例由70.6%下降到67.7%,蔬菜的播种面积由9.9%增加到12.4%。然而,这一时期,伴随工业化、城镇化深入推进,农业综合生产成本快速上涨、农产品供求结构性矛盾日益突出,保障国家粮食安全和重要农产品有效供给的任务面临严峻挑战。②

图2-2所示为2012年主要农产品产量结构图。

---

① 《十七大以来重要文献选编(下)》,中央文献出版社2013年版,第726页。
② 高强、孔祥智:《中国农业结构调整的总体估价与趋势判断》,载《改革》2014年第11期。

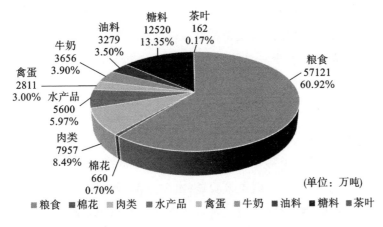

图 2-2　2012 年主要农产品产量结构图

（三）2013 年至今：供给侧改革视域下的农产品结构调整阶段

我国在农业转方式、调结构、促改革等方面进行的积极探索，为进一步推进农业转型升级打下一定基础。中共十八大以来，我国农业农村已进入新的历史阶段。农业自身发展也面临不少亟待解决的问题。我国农业在国民经济中的比重处于不断下降趋势，2016 年已下降到 9%。农产品供求结构失衡、要素配置不合理、资源环境压力大、农民收入持续增长乏力等问题仍很突出，增加产量与提升品质、成本攀升与价格低迷、库存高企与销售不畅、小生产与大市场、国内外价格倒挂等矛盾亟待破解。但农业始终仍是国民经济的基础性产业，农业在保障市场供应以及稳定劳动力就业等各方面有着不容忽视的重要作用。因此，中国经济进入新常态，推动供给侧结构性改革，农业必须一马当先，为经济发展提供重要支撑。

农业供给侧结构性改革具体指围绕市场需要展开农业生产，优化配置农业资源，促进农产品高效供给，并提升农产品供给结构的灵活性与适应性。2016 年 3 月，习近平在十二届全国人大四次会议湖南代表团审议中明确提出："新形势下，农业主要矛盾已经由总量不足转变为结构性矛盾,主要表现为阶段性的供过于求和供给不足并存。推进农业供给侧结构性改革,提高农业综合效益和竞争力,是当前和今后一个时期我国农业政策改革和完善的主要方向。"①我国农业过去数十年来发展显著,但仍存在诸多产业结构性问题待解决,而供给侧问题尤为明显。首先表现在供给无法全面适应市场变化,多而不优、大而不强的产业现象仍然存在;其次,供给结构的不合理性对环境造成巨大影响,湿地、林地等开垦过度,生态环境破坏、污染加重等问题日渐凸显;此外,随着市场农产品安全要求越来越高,农业结构性矛盾更趋明显,农产品供需结构错位以及产能过剩等情况也亟待解决。总体来看,随着社会经济形势的不断变化,农业内外部发展环境面临着越来越大的压力,亟待进行供给侧改革。加强农业供给侧结构性改革,是新时期提升农业竞争力的必然要求,更是面对现代农业转型发展瓶颈的主动选择。

2017年,《中共中央国务院关于深入推进农业供给侧结构性改革加快培育农业农村发展新动能的若干意见》指出:"推进农业供给侧结构性改革,要在确保国家粮食安全的基础上,紧紧围绕市场需求变化,以增加农民收入、保障有效供给为主要目标,以提高农业供给质量为主攻方向","优化产品产业结构,着力推进农业提质增效",提出了统筹调整粮经饲种植结构、发展规模高效养殖业、进一步优化农业区域布局、全面提升农产品质量和食品安全水平、积极发展适度规模经营、建设现代农业产业园、创造良好农产品国际贸易环境等措施。②

总体而言,五年来围绕农业结构调整与优化,粮食连年丰收,产能稳定在1.2万亿斤以上,粮食综合生产能力实现质的飞跃。粮食生产区域布局不断优化,主产区稳产增产的作用日益显现。2017年,全国人均粮食占有量达到448公斤,比世界平均水平高48公斤,比2012年提高12

---

① 《中共中央国务院关于深入推进农业供给侧结构性改革加快培育农业农村发展新动能的若干意见》,人民出版社2017年版,第32页。
② 《中共中央国务院关于深入推进农业供给侧结构性改革加快培育农业农村发展新动能的若干意见》,人民出版社2017年版,第2~8页。

公斤。稻谷、小麦、玉米等主要粮食作物的自给率均超过了98%,依靠国内生产确保国家粮食安全的能力显著增强,实现了谷物基本自给、口粮绝对安全的目标。主要经济作物区域布局进一步优化,向优势产区聚集的趋势增强。棉花生产向新疆产区聚集。糖料生产向内蒙古、广东、广西、海南和云南等省(区)集中。此外,肉、禽、蛋、奶、水产品供给充足。农村新产业、新业态蓬勃发展,广袤田野迸发出前所未有的活力。图2-3所示为2013—2017年中国粮食产量变化图。

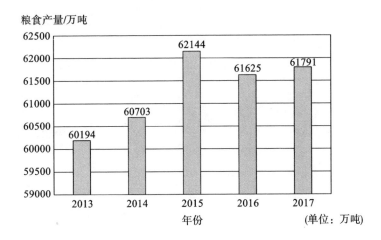

图 2-3　2013—2017 年中国粮食产量变化图

资料来源:2013—2017年国民经济和社会发展统计公报。

农业生产结构、农村产业结构以及市场需求结构调整是一个系统工程。通过结构调整,提高农业和农村经济的质量和效益,向生产的深度和广度进军,可切实增加农民收入。而农业产业化经营,是农产品生产、加工、销售的一体化经营,具有引导和扶持生产、提高农产品质量、开展深度加工、拓宽销售市场的功能,是农业结构调整的一种重要动力机制。农业生产结构的调整,也就是农产品生产基地的生产结构的调整。"公司加农户""订单农业"等多种形式不断得到推广,龙头企业和农产品生产基地建设大大加强,农业产业化经营机制日益健全,为发挥农业产业化经营在农业结构调整中的作用创造了有利条件,为推动农业农村发展做出了积极贡献。

第三章

推进城乡统筹发展
探索中国特色农村发展道路

> 城乡关系是地域的概念,反映城市与乡村两个区域的发展和资源配置问题。城乡统筹发展关系全局。改革开放40年来,城乡关系从一个分割二元体制,已经发展到以工补农、以城带乡、城乡统筹一体化发展的新时期,城乡统筹发展被放在了更加突出的位置,城乡协调发展势头进一步向好,但受基础与体制机制等制约,城乡统筹发展仍然面临严峻形势。

第一节　优先发展农业农村与农村财政税收制度改革

财政政策是国家通过税收、预算、补贴、公债、收入分配和转移支付等手段对经济运行进行调节,把经济增长、高就业和价格稳定作为目标,为达到预期的经济、社会发展目标而确定的财政战略和财政制度。[①] 农村财政政策是国家财政政策的一部分,亦是通过分配和再分配手段促进农业农村发展和有效解决"三农"问题的一系列政策的总和。财政农业投入政策作为国家农业农村发展政策的一部分,其制定实施受到政治经济制度、国家财力和不同时期农业农村发展目标的影响,具有很强的阶段性和时代性特征。我国财政农业投入政策随着整个社会经济发展,经历了一个不断演进的过程。

---

① 彭剑君:《中国农村财政政策研究》,中国财政经济出版社2009年版,第13页。

一、农业投入与农村财政制度改革

中华人民共和国成立之初,农业作为国民经济的主导产业、支柱产业,担负着为工业化提供原始积累的重任。国家与农业的"取""予"关系随着财政政策的变化而变化。

(一)我国农村财政政策的种类与主要内容

1. 我国财政支农政策种类

我国财政支农政策主要有支出、税收两种政策。

支出政策方面,主要是投资、补助和补贴等,包括支援农村生产支出、农林水利气象部门事业费支出、农村基本建设支出、农村科技三项费支出、农村救济费支出等。中央财政支持"三农"资金有:基本建设投资(国债资金)、支援农村生产支出、农业综合开发支出、水利建设基金、农业科学事业费、科技三项费用、农林水利气象等部门事业费、农产品政策性补贴支出、农村中小学教育支出、农村卫生支出、农村救济支出、农业生产资料价格补贴等 15 大类。

税收政策方面,主要是轻税、减税、退税、免税等。国家财政对农业农村一直实行轻税和税收优惠政策。1958 年,全国人大常委会颁布实施《中华人民共和国农业税条例》,统一了全国农业税制度,并一直延续到 20 世纪 90 年代末农村税费改革。2004 年,中央取消了农业特产税,并进行农业税减免试点。2006 年 1 月 1 日起全面取消农业税。全面取消农业税后,与农村税费改革前的 1999 年相比,农民每年减负总额超过 1000 亿元,人均减负 120 元左右。全面取消农业税,实行工业反哺农业、城市支持农村和"多予、少取、放活"的方针,加大各级政府对农业和农村增加投入的力度,不仅能降低农业生产经营成本,提高农业效益和农产品市场竞争力,而且能够调动种粮农民积极性,对农业发展、农村繁荣和农民增收起促进作用,还让公共财政阳光更大范围覆盖农村,能够充分调动广大农民的积极性,完善和规范了国家与农民的利益关系,保证社会主义新农村建设始终有力、有序、有效地推进。

2. 我国财政支农政策的主要内容

财政农业投入政策的具体内容体现在以下几个方面。

一是支持粮食生产和确保粮食安全政策。20世纪80年代以来,我国粮食供需关系经历了粮食大幅度增产、库存过大、财政负担过重,到粮食连续减产、库存持续下降的过程。甚至20世纪90年代"布朗旋风"[①]让世界人民对中国粮食安全担忧。2003年开始,中央政府采取一系列措施刺激粮食增产,2006年全面免征农业税,这些政策的着力点就是促进粮食增产,确保粮食安全。

二是支持农村公共基础设施建设政策,主要是大江大河的治理、中小型基本农田水利设施建设、农业科研基础设施建设、大宗农产品商品基地建设、乡村道路建设、农村电网改造以及人畜饮水设施改善等。

三是促进农民增收政策。促进农民增收,是农业农村工作的中心,也是国家财政的主要着力点之一。进入21世纪,国家财政农业投入政策实现了从支持农业生产、到支持调整农业产业结构、再到支持农民增收的转变,在"多予""少取""放活""两减免、三补贴"、全面减免农业税等方面采取了一系列促进农民增收的措施,这一"加"(增加投入)一"减"(减免税收)促进了农民增产增收,提高了农业综合生产能力。

四是支持生态文明建设政策,主要是支持生态恶化的重点地区改善生态环境,为国民经济和社会可持续发展奠定基础。

---

① 20世纪90年代,美国"世界观察所"研究人员布朗以中国人均耕地面积低于世界平均水平,缺少待开垦土地,人口却仍以每年约1000万净增数上升为依据,预测到2030年中国粮食供求将出现几亿吨缺口,因此,中国大量的粮食进口将导致世界粮食市场极度紧缺,甚至一些需要进口粮食地区因无粮可进而发生饥荒。他的言论在当时中国国内引起了一些争论,被传媒称为"布朗旋风"。

五是支持农业抗灾救灾政策,支持抵御洪灾、旱灾、虫灾和其他一些自然灾害,支援受灾地区和农民恢复生产,帮助农民安排好生活,用于这方面的财政农业投入资金有特大防汛抗旱资金、动植物病虫害防治资金、森林草原防火资金及农村救济费等。

六是支持扶贫开发政策,支持贫困地区改善生产生活条件,促进贫困地区社会经济发展。用于这方面的资金包括财政扶贫资金、国债资金(以工代赈)等。

七是促进农村社会事业发展政策,支持发展农村教育、卫生、文化等事业,促进农村社会经济协调发展。

随着经济的发展,国家财政实力的增强,农村财政政策适应社会主义新农村建设和统筹城乡协调发展要求,以促进农民增收和推进全面建成小康社会为目标,不断改革发展。

(二)改革开放以来国家财政支农政策的演进历程

从1978年中共十一届三中全会以来,根据我国农村经济社会发展水平、农民的实际收益情况等客观标准,国家财政农业投入政策演进可以分为以下几个阶段。

1. 1978—1984年:农业财政政策表现为利益倾斜与硬性照顾阶段

改革开放前,旧的农业经济体制越来越阻碍生产力发展。中共十一届三中全会提出:"必须首先调动我国几亿农民的社会主义积极性,必须在经济上充分关心他们的物质利益,在政治上切实保障他们的民主权利。"[①]此后,以家庭联产承包责任制为核心的农村改革逐步在全国推开,农村社会经济得到了迅速发展。1979年,《中共中央关于加快农业发展若干问题的决定》指出:"今后三、五年内,国家对农业的投资在整个基本建设投资中所占的比重,要逐步提高到百分之十八左右;农业事业费和支

---

① 《三中全会以来重要文献选编(上)》,人民出版社1982年版,第7页。

援社队的支出在国家总支出中所占的比重,要逐步提高到百分之八左右。地方财政收入应主要用于农业和农用工业。"同时,要求在今后一个较长的时间内,全国粮食征购指标继续稳定在 1971—1975 年"一定五年"的基础上,并且从 1979 年起减少 50 亿斤,以利于减轻农民负担、发展生产。① 这一《决定》还提出了两项重要政策:一是"放权",尊重生产队的自主权和所有权;二是"让利",大幅提高农副产品收购价格,直接增加农民的收入。在此政策指导下,1979—1982 年农副产品收购价连续四年提价,提价的范围和幅度前所未有。

在"放权"方面,给予了生产队和农民更大的自主权。1984 年 1 月 1 日,《中共中央关于一九八四年农村工作的通知》明确强调:"制止对农民的不合理摊派,减轻农民额外负担,保证农村合理的公共事业经费"②。1984 年粮食总产量达到了 4073.1 亿公斤,比 1978 年的 3047.7 亿公斤增长了 33.65%。农业总产值也由 1978 年的 1397 亿元增长到 3214.13 亿元,以平均每年 14.9% 的速度连续递增。

国家财政投入显著增加。整个"六五"时期,国家财政对农业的投入总额达到 612.71 亿元,年均 122.54 亿元,占该时期财政总支出的 8.69%。在投入结构上,由过去注重农业基本建设,开始向农村生产(主要是支持乡镇企业)和农林水利气象事业费支出转移。整个"六五"时期对农业基建的投入 158.57 亿元,占国家财政基建总支出的 7.6%。财政投入主体仍以地方财政为主,但中央财政投入比例有所提高。

2. 1985—1996 年:农业财政政策表现为利益收缩与"软性剥夺"阶段

1984 年 10 月,中共第十二届三中全会通过了《中共中央关于经济体制改革的决定》,指出"我国经济体制改革首先在农村取得了巨大成就","农村改革的成功经验,农村经济发展对城市的要求,为以城市为重点的整个经济体制的改革提供了极为有利的条件",提出了"加快以城市为重

---

① 《三中全会以来重要文献选编(上)》,人民出版社 1982 年版,第 186~187 页。
② 《十二大以来重要文献选编(上)》,人民出版社 1986 年版,第 433 页。

点的整个经济体制改革"。① 会议阐明了加快以城市为重点的整个经济体制改革的方向、性质、任务和各项基本方针政策。这标志着中国经济体制改革的重点开始由农村向城市转移。

从1985年起,国家财政对农业、农村的投入不断加大,其中实施农业综合开发是一项重要政策。"七五"时期财政支农支出为1303.2亿元,是"六五"时期的两倍,占国家财政总支出的9.75%;"八五"时期财政支农支出为2400.8亿元,占财政总支出的9.75%。国家财政支农主要用于农业基础设施建设、支援农村生产、农林水气等部门事业费、扶贫等。其中,用于农业基建的支出从"七五"时期的247.7亿元猛增到"八五"时期的472.49亿元,占国家财政基建总支出的比例也从8%上升到15.1%。

但是,由于历史和现实原因,我国农村财政资金长期存在多头管理的问题,财政农业投入资金管理分散化,必然导致资金在使用过程中的分散化,有限的资金不能集中统筹、合理使用,没有形成合力,往往存在分散投资和重复投资并存的不合理格局,使资金的使用效率和社会效益达不到预期效果。此外,有些地方政府财政支出目标与中央政府农村公共财政支出目标还存在冲突的情况,有些地方政府受到局部利益、短期利益的驱使,将资金大量投向具有短期效应的产业,缺乏长远眼光和综合考虑。在放权、让利及扩大地方自主权的几年里,由于中央财力有限,最终造成财政农业投入资金短缺的局面。

3. 1997—2005年:农业财政政策表现为利益调整与"软性照顾"阶段

1997年,中共十五大报告指出,"坚持把农业放在经济工作的首位,稳定党在农村的基本政策,深化农村改革,确保农业和农村经济发展、农民收入增加",十五大报告还提出或重申了发展农业和农村经济的若干条政策性措施:"多渠道增加投入,加强农业基础设施建设,不断改善生产条件。大力推进科教兴农,发展高产、优质、高效农业和节水农业。积极发展农业产业化经营,形成生产、加工、销售有机结合和相互促进的机制,推

---

① 《十二大以来重要文献选编(中)》,人民出版社1986年版,第558~559页。

进农业向商品化、专业化、现代化转变。综合发展农林牧副渔各业,继续发展乡镇企业,形成合理的产业结构。搞好小城镇规划建设。长期稳定以家庭联产承包为主的责任制,完善统分结合的双层经营体制,逐步壮大集体经济实力。改革粮棉购销体制,实行合理的价格政策。建立健全农业社会化服务体系、农产品市场体系和国家对农业的支持、保护体系。要尊重农民的生产经营自主权,保护农民的合法权益,切实减轻农民负担,使广大农民从党在农村的各项政策和工作中得到实惠。"[①]1998年,我国进行财政体制改革,开始建立公共财政体制框架,在财政支出方面逐步向公共财政的方向调整,在一定程度上促进了农村财政政策的转变。财政用于农业、农村的支出逐步增加,重点主要放在基础设施建设、农业基础产业的发展和西部基础设施建设与西部资源的开发与利用,以及生态工程建设和农村税费改革。

从2000年开始,国家为减轻农民负担,在全国20个省(市、自治区)开展农村税费改革的试点工作,国家财政为此每年投入400多亿元转移支付资金专门用于弥补乡村基层政权组织运转所需经费缺口。中共十六届五中全会提出建设社会主义新农村,第一次把扩大公共财政覆盖农村的范围由理论提到政策层面。2004年,实施"三减免""三补贴",即减免农业税、取消除烟叶以外的农业特产税、全部免征牧业税,对种粮农民实行直接补贴、对部分地区农民实行良种补贴和农机具购置补贴,加强了农村公共基础设施的投入,进一步促进了农村经济发展。

"九五""十五"时期是我国农业财政投入增加最快的时期,分别为5186.6亿元、9579.88亿元,较"八五"时期分别增长了1.16倍、2.99倍。其中,用于农村基本建设的财政投入分别为1599.62亿元、2486.96亿元,较"八五"时期分别增长了2.38倍、4.26倍。但是,国家财政用于农业的支出仍是低水平的,占财政总支出的比例实际上呈下降趋势,分别为9.29%、7.44%。

---

① 《十五大以来重要文献选编(上)》,人民出版社2000年版,第26页。

4. 2006年至今：农业财政政策表现为大力支农补农阶段

2006年，全国范围内取消农业税，在中国经济社会发展史上具有里程碑的意义。2006年，中共中央、国务院发布《关于推进社会主义新农村建设的若干意见》，明确提出："调整国民收入分配格局，国家财政支出、预算内固定资产投资和信贷投放，要按照存量适度调整、增量重点倾斜的原则，不断增强对农业和农村的投入。扩大公共财政覆盖农村的范围，建立健全财政支农资金稳定增长机制。二〇〇六年，国家财政支农资金增量要高于上年，国债和预算内资金用于农村建设的比重要高于上年，其中直接用于改善农村生产生活条件的资金要高于上年，并逐步形成新农村建设稳定的资金来源。要把国家对基础设施建设投入的重点转向农村。"[1] "十一五"期间，接连5个中央一号文件对于财政支农投入的提法，从"三个高于""三个继续高于""三个明显高于"到"总量持续增加、比例稳步提高"，显示出国家积极调整国民收入分配格局，按照存量适度调整、增量重点倾斜的原则，不断加强对农业和农村投入的信心和决心。"十二五"时期积极加大投入力度，不断完善政策体系，着力创新体制机制，深化审批权限改革，强化涉农资金监管，为创造我国农业农村发展的又一个黄金期提供了重要支撑。

据统计，2006年中央政府对"三农"的总投入是3397亿元，2007年中央财政的投入达到4318亿元，2008年中央财政的投入达5955.5亿元。公共财政覆盖农村的政策范围不断拓展，这在一定程度上加快了城乡统筹发展，缩小城乡差距，国家与农民的"取""予"关系发生了根本性转变。"十一五"期间，中央财政安排"三农"投入近3万亿元，是"十五"时期的2.6倍。2011年，中央财政对"三农"的实际投入首次突破1万亿元大关，

---

[1] 《十六大以来重要文献选编（下）》，中央文献出版社2008年版，第141页。

达到10408.6亿元,同比增长21.3%。① 投入规模和年均增幅均创历史新高。除直接补贴、良种补贴、农机具购置补贴外,农民还能享受农资综合直补。与此同时,稻谷、小麦最低收购价逐步提高。农民的积极性提高了,市场预期稳定了,种粮收益增加了。2009年,粮食直补、农资综合补贴、良种补贴、农机具购置补贴等四项补贴达1230.8亿元,增长19.4%。② "十二五"时期,全国一般公共预算农林水事务支出规模屡创新高,5年累计达到6.67万亿元,是"十一五"时期的2.67倍,年均增长14.8%。③ 在中央财政的带动下,省级财政投入增长迅速。支出结构进一步优化,资金安排更多地向生态保护、水利建设、脱贫攻坚等领域倾斜。

二、农村税费制度改革

以农业税改革为主线的中国农村改革,在不断的探索与调整中,实现了促进农民减负增收、促进农村农业发展、缓解农村社会矛盾的目标。农业税的废除,标志着在中国社会延续两千余年的古老税种从此退出历史舞台,也昭示着我国农村改革取得了巨大成就。

(一) 20世纪80—90年代:税费制度的规范与探索

20世纪80年代中后期,受市场因素影响和部门利益驱动,农民不

---

① 《十一五期间中央财政安排"三农"投入近3万亿元》,中华人民共和国中央人民政府网,http://www.gov.cn/jrzg/2011-08/30/content_1936609.htm,2011年8月30日;《2011年中央财政"三农"实际投入达10408.6亿元》,中华人民共和国中央人民政府网,http://www.gov.cn/jrzg/2012-01/08/content_2039095.htm,2012年1月8日。
② 朱隽:《新农村 喜盈门——"十一五"我国"三农"成就综述》,人民网,http://politics.people.com.cn/GB/1026/12908759.html。
③ 《"十二五"时期财政支农工作成效显著》,中华人民共和国财政部网,http://www.mof.gov.cn/zhengwuxinxi/caijingshidian/zgcjb/201605/t20160520_1998869.html。

仅收入增速趋缓，而且一些地方乱收费、乱摊派、乱集资等"三乱"，加重农民负担的问题也凸显出来。一些地方农民负担日益沉重，由此引发了各种干群冲突事件，农民负担过重也成为当时社会的焦点。据统计，从1983年到1988年5年间，农民负担总水平年均增长9.7%[①]。此外，"三提五统"[②]正式形成，并在20世纪90年代逐渐成为农民的巨大负担。

从1990年开始，国家开始着手治理农村"三乱"和农民负担问题，一些政策文件、法律法规相继出台，对于推动农业税政策的变革起到积极的作用。1990年2月，国务院印发《关于切实减轻农民负担的通知》，明确规定农民合理负担的项目、使用范围及负担比例，合理负担项目包括村集体提留、乡统筹费、义务工和积累工，要求将农民负担的比例控制在上一年人均纯收入的5%以内。[③] 1991年12月，国务院颁布《农民承担费用和劳务管理条例》，这是第一部界定农民负担的行政法规，规范了村提留、乡统筹等费用的比例和数量，以及相应的奖惩措施。1993年通过的《中华人民共和国农业法》，以法律形式将农业相关税收、村提留、乡统筹费、义务工和积累工等设定为法定义务，农民有权拒绝不符合法律规定的各种收费和摊派。同年3月，中共中央办公厅、国务院办公厅印发《关于切实减轻农民负担的紧急通知》，提出减轻农民负担"总的情况很不理想，相当多的地方和部门行动迟缓，有的至今对中央的指示置若罔闻"，"农民负担重的问题，表现在农村，根子在上边各部门。涉及农民负担的摊派、集资、达标活动和行政事业性收费及罚款等方面的许多文件来自中央国家机关和省级国家机关"。因此，要求中央国家机关各部门逐一清理涉及农民负担的文件，重申"关于村提留和乡统筹费必须严格控制在上年农民人均收入

---

① 财政部编：《中国农民负担史》，中国财政经济出版社1994年版，第402~406页。
② 关于"三提五统"，"三提"是指村提留，包括公积金、公益金和管理费，又称"三项提留"。"五统"是指乡统筹，主要用于安排乡村两级办学、计划生育、优抚、民兵训练、修建乡村道路等民办公众事业，又称"五项统筹"。
③ 《新时期农业和农村工作重要文献选编》，中央文献出版社1992年版，第581~582页。

5%以内"的规定。① 1996年12月,中共中央、国务院颁布《关于切实做好减轻农民负担工作的决定》,再次重申减轻农民负担的各项政策规定,并提出13条措施,要求做到"三不变""五严禁""三减轻"和"两加强"②。1997年,中共十五大报告中指出:"要尊重农民的生产经营自主权,保护农民的合法权益,切实减轻农民负担。"③1998年10月,中共十五届三中全会通过了《中共中央关于农业和农村工作若干重大问题的决定》,指出:"减轻农民负担要标本兼治。合理负担坚持定项限额,保持相对稳定,一定三年不变",并"逐步改革税费制度,加快农民承担费用和劳务的立法"。④

总体而言,20世纪80—90年代,国家不断出台政策、法规,力图规范农村税费,遏制不合理的收费和摊派,切实减轻农民负担,但从实施的效果来看并不理想,"治标不治本",难以触及深层次的制度性因素。

与此同时,全国先后至少有7个省的50多个县根据自身的实际情况,多角度、多模式地开展了农村税费制度层面改革的试点。这些试点探索,一方面,切实减轻了农民负担,得到了农民的支持和拥护,缓解了当地的社会矛盾;另一方面,地方自主改革的经验为全国范围内的税费改革提供了参考。地方试点主要有以下几种模式。

1. 以安徽省太和县为代表的"税费合一"模式

其做法是:将农业税、农业特产税、村提留乡统筹纳入税费改革,根据农民土地数量的多少,分类确定征纳标准和办法,一定三年不变。在资金

---

① 国务院法制办公室编:《减轻农民负担政策法规选编》,中国法制出版社2004年版,第162页。
② "三不变",指国家的农业税收政策稳定不变,村提留乡统筹费不超过上年农民人均纯收入5%的政策不变,农民承担义务工和劳动积累工制度稳定不变。"五严禁",指严禁一切要农民出物出工的达标升级活动,严禁在农村搞法律规定外的任何形式的集资活动,严禁对农民的一切乱收费、乱涨价、乱罚款,严禁各种摊派行为,严禁动用专政工具和手段向农民收取钱物。"三减轻",指减免贫困户的税费负担,减轻乡镇企业的负担,减少乡镇机构和人员的开支。"两加强",指加强领导,实行减轻农民负担党政一把手负责制;加强监督检查,严肃查处加重农民负担的违法违纪行为。
③ 《十五大以来重要文献选编(上)》,人民出版社2000年版,27~29页。
④ 《十五大以来重要文献选编(上)》,人民出版社2000年版,第570~571页。

管理上,农业税和农业特产税按照县对乡镇的预算体制,分别缴入县及乡镇金库,纳入预算;村提留由乡镇农经站管理,实行村有村用乡代管,乡统筹由乡财政所纳入预算外管理①,以此达到"税费一把抓,用时再分家"的目的。安徽省涡阳县也采用了这种模式,当年该县人均税费负担55.4元,比1992年减少了20.88元,降低37.7%②,改革做法得到了当地农民的高度认可。

2. 以湖南省武冈市为代表的"费改税"模式

主要做法是:农业税、农业特产税、屠宰税等"基本不动",将"三提五统"改为"农村公益事业建设税",征收货币税,税率严格控制在农民年人均收入的5%以内,实行地区差别比例税率,征税与责任田相结合。对于资金,实行专款专用。

3. 以湖北省枣阳市杨垱镇为代表的"大包干"模式

主要做法是:第一步,"框定项目,划定限额",以1997年为例,该镇确定的地亩综合负担项目为11项(包括农业税及地方附加、农业特产税、屠宰税、三提五统费、农业开发资金、教育集资费、合同签证费、防疫费、果农服务费、水费、两工折价),以村为单位,每亩平均综合负担最多不超过250元,最高限额一年一定。第二步,"项目分解,分户定额","村提留乡统筹根据上年农民人均收入计提,一定三年不变;农业税及地方附加、农业特产税等按照上级下达的指标和规定分解;教育集资按上级批准的数额收取……两工折价每个劳力平均负担30个工,每工2.5元的标准,每亩分摊40元",对于其他的收费项目,农民有权拒绝。③

总的来说,这些试点虽然改革模式不同,但都通过正税明费、控制税费负担的总量,达到减轻农民负担、提高税费征收透明度、促进农村社会

---

① 吴孔凡:《取消农业税与农村税费制度研究》,中国财政经济出版社2006年版,第140页。
② 黄铁平:《农村税费改革研究》,载《福建师范大学学报(哲学社会科学版)》2002第2期。
③ 朱守银等:《减轻农民负担的艰苦探索——农村税费改革试点分析》,载《三农中国》2004年第51期。

公益事业的发展的目的,改善了干群关系,缓解了社会矛盾。这些模式虽然同样存在着一定的制度缺陷,但是,为中央统筹进行农业税费制度根本性改革进行了有益探索,积累了宝贵经验。

(二) 2000年至今:税费制度的改革试点与全面取消农业税

农民负担的轻重取决于农村税费制度,要从根本上解决农民负担过重的问题,就必须对现行的农村税费制度进行彻底改革。2000年,中共中央、国务院发布《关于进行农村税费改革试点工作的通知》,决定在安徽全省和部分省(区、市)选取少数县进行农村税费体制改革试点,正式启动农村税费改革。该通知确定了农村税费改革试点工作的基本原则:"从轻确定农民负担水平,并保持长期稳定","妥善处理改革力度与各方面承受能力的关系","实行科学规范的分配制度和简便易行的征收方式","统筹安排,抓好改革试点的配套工作"。税费改革试点的主要内容可以归纳为"三取消、两调整、一改革"。"三取消"是指取消乡统筹费、农村教育集资等专门面向农民征收的行政事业性收费和政府性基金、集资,取消屠宰税,取消统一规定的劳动积累工和义务工。"两调整",一是指调整农业税政策,规定常年产量以1998年前5年农作物的平均产量确定,并将原农业税附加并入新的农业税,新的农业税实行差别税率,最高不超过7%;二是指调整农业特产税政策。"一改革"即改革村提留征收使用办法,即村干部报酬、五保户供养、办公经费,除原由集体经营收入开支的仍继续保留外,凡由农民上缴村提留开支的,采用新的农业税附加方式统一收取。农业税附加比例最高不超过农业税正税的20%,具体附加比例由省级和省级以下政府逐级核定。[①]

安徽省从2002年2月开始作为全国首批试点启动改革。2002年3月,国务院下发《关于做好2002年扩大农村税费改革试点工作的通知》,

---

① 《十五大以来重要文献选编(中)》,人民出版社2003年版,第1147~1150页。

提出坚持"减轻、规范、稳定"的基本原则,按照"三个确保"(即:确保农民负担得到明显减轻,确保乡镇机构和村级组织正常运转,确保农村义务教育经费的正常需要)的目标,配套推进农村义务教育、乡镇机构和政府公共支出等改革,并将农村税费改革试点扩大到黑龙江、吉林、河北、内蒙古、宁夏等16个省、自治区。截至2002年底,农村税费改革试点工作已在全国20个省(区、市)全面展开,其余11个省(区、市)则继续在部分县(市)试点,进行改革试点的农村人口达到了6.2亿,约占全国农村人口的3/4。①

2003年11月,中央经济工作会议强调,要"加强农业基础地位","始终重视增加农民特别是种粮农民的收入",进一步审核农村税费改革,切实减轻农民负担。当年的中共中央农村工作会议明确提出:"继续推进全国农村税费改革。要巩固和发展税费改革的成果,进一步减轻农民的税费负担,为最终实现城乡税制的统一创造条件。逐步降低农业税税率,二○○四年农业税税率总体上降低一个百分点,同时取消除烟叶外的农业特产税。"②从中可以看出,农村税费改革已经走出了减轻农民不合理负担、遏制农村"三乱"、规范政策法规的时期,步入了通过减免税收促进农民增收的轨道,预示着中央指导地方试点改革、"正税清费"阶段即将完成。

2004年3月,温家宝在第十届全国人大第二次会议上所做的政府工作报告中指出:应继续"巩固和加强农业基础地位,实现农民增收和农业增产","除烟叶外,取消农业特产税,每年可使农民减轻负担四十八亿元。从今年起,逐步降低农业税税率,平均每年降低一个百分点以上,五年内取消农业税。今年农业税率降低可使农民减轻负担七十亿元"。③ 2005年1月,随着湖南、青海、江西3省宣布免征农业税后,全国已有广东、江苏、河南等22个省(区、市)宣布全面停征农业税。3月,温家宝在第十届

---

① 陈锡文等:《中国农村改革30年回顾与展望》,人民出版社2008年版,第244页。
② 《十六大以来重要文献选编(上)》,中央文献出版社2005年版,第680页。
③ 《十六大以来重要文献选编(上)》,中央文献出版社2005年版,第832～833页。

全国人大第三次会议上做政府工作报告时讲:"合理调整国民收入分配格局,更多地支持农业和农村发展","明年将在全国全部免征农业税。原定五年取消农业税的目标,三年就可以实现"。① 2005年12月,第十届全国人大常务委员会第十九次会议决定:"第一届全国人民代表大会常务委员会第九十六次会议于一九五八年六月三日通过的《中华人民共和国农业税条例》自二〇〇六年一月一日起废止。"②自此,在中国农村社会中延续了两千多年的"皇粮国税"退出了历史的舞台。

农业税的终结,有助于缩小城乡收入差距,促进社会公平;保护农民利益,促进农民增收;符合边际效用递减规律,有助于扩大内需;有利于保护农业、提高农业竞争力的需要;深化农村制度变革,缓解农村社会矛盾。农业税的终结,开启了我国农村社会经济发展的新时代,符合广大农民的根本利益,符合党的以人为本的发展理念,符合当代中国的基本国情,不仅使国家、集体和农民的利益分配关系发生了重大变化,也对我国农业进步、社会发展有着巨大的推动作用。农业税的终结,是农业税费改革的终点,更是全面推进农村社会改革和乡村振兴的新起点。

三、全面推进县乡财政管理体制改革

改革开放以来,国家对财政体制进行了分税制等改革探索,确立了分级财政管理体制的总体框架,建立了划分收入支出、分设税务机构、实施转移支付和税收返还的制度。但是,这种制度对省级以下政府的事权关系并未做出明确界定。县乡财政是支撑我国县乡政府在广大县乡区域实施国家治理、向村镇居民提供基本公共服务与公共物品的物质基础,是实现城乡一体化改革目标的基础性环节。由于县乡两级政府收入上划,事

---

① 《十六大以来重要文献选编(中)》,中央文献出版社2006年版,第777页。
② 《十六大以来重要文献选编(下)》,中央文献出版社2008年版,第138页。

权下移，加之县级以下政府负责事务多、公共服务职能不断增多，这造成县乡财政收入大幅减少，无法保证机构正常运转、职能有效履行，促使基层政府另立名目繁杂的税费，成为20世纪90年代中后期农村税费激增、农民收入下降的原因之一。据统计，农村税费改革前，全国除江苏、广东、天津、北京、山东外的26个省（区、市）都存在赤字县。一些县乡仅能依靠上级政府的转移支付勉强维持。伴随着农村税费改革的深化深入，基层政府税源不断萎缩，尽管中央对地方不断增长的转移支付一定程度缓解了基层政府的财政透支，但基层政府的财政困难并未得到改善。为从根本上扭转这种现象，就需要完善和加快覆盖农村的公共财政制度。

（一）"省直管县"财政体制改革

"省直管县"，是指为发展县域经济，促进城乡统筹，达到"扩权强县"的目标，"在现行行政体制与法律框架内，为缓解基层财政困难，解决政府预算级次过多等问题，省级财政直接管理县（市）财政的一种方式"[①]，虽然在政府级次上县级政府仍受市级政府的管辖，但财政管理级次上县级与市级同等，省政府直接将转移支付资金下达到县级财政，预算指标考核等也直接到县。

"省直管县"改革发端于1987年山西省对雁北地区实行省直接对县财政包干体制的试点，1992年起全国13个省（市）陆续开始试点，2002年浙江省"强县扩权"下放一些县市的行政审批权，随后又在湖北、安徽等超过20个省（区、市）推行。2005年6月，温家宝在农村税费改革工作会议上指出，"具备条件的地方可推行'省直管县'试点"。2006年中央一号文件《关于推进社会主义新农村建设的若干意见》提出："有条件的地方可加快推进'省直管县'财政管理体制和'乡财县管乡用'财政管理方式的

[①] 《中华人民共和国第十一届全国人民代表大会第一次会议文件汇编》，人民出版社2008年版，第134页。

改革。"①2009年,财政部下达了《关于推进省直接管理县财政改革的意见》,提出到2012年底在全国除民族自治地区外的所有省(市)全面推进"省直管县"的财政管理体制改革。至2011年,中国已有26个省(市)970个县推行了"省直管县"财政管理方式改革。②

这些改革的模式大体有三种:一是保留市级行政管理权,只是将财政管理权上移至省级负责;二是通过扩大县级行政审批权限等方式,使其享有与市级相近的权力,直接由省级负责;三是在行政设置等方面实施全方位的"省直管县"。虽然"省直管县"改革的探索方式不同,但都在推进制度化改革的进程中,减少了政府层级,提高了行政效率,优化了县级职能定位,有利于县乡经济的发展,有利于缓解县乡财政出现的困难,为新时期进一步推进财政制度创新及体制改革奠定了实践基础。

从目前"省直管县"财政管理体制改革的实践来看,"省直管县"改革涉及省一级政府的管理幅度、地级市政府利益分配、行政区划调整、机构改革、人员分流等众多问题,是一项长期复杂的系统工程。推行"省直管县"需辅之以配套的综合改革方能奏效,如浙江省建立了财政的分税加增长分成的模式,省财政厅对改革加强了指导和监督,浙江地税与财政合署办公使得政府职能部门组织形式进一步完善,这些都是"省直管县"改革的重要支撑。中共十八大以来,一些试点地区把推进新型城镇化,建设中小城镇作为新的目标,出现了"省直管县"改革与新型城镇化发展结合的新趋势。

(二)"乡财县管"财政体制改革

"乡财县管",完整地说是"乡财县管乡用","在乡镇政府管理财政的

---

① 《中共中央国务院关于"三农"工作的一号文件汇编(1982—2014)》,人民出版社2014年版,第129页。
② 汪玉凯、〔德〕吉塞拉·菲尔伯尔:《中德行政体制改革比较研究》,人民出版社2014年版,第218页。

法律主体地位不变,财政资金所有权和使用权不变,乡镇享有的债权及负担的债务不变的前提下,县级财政部门在预算编制、账户统设、集中收付、采购统办和票据统管等方面,对乡镇财政进行管理和监督的一种方式"。①2002 年,国务院提出要进一步加强对乡财政的管理、约束乡政府行为,对经济欠发达、财政收入规模小的乡,其财政支出可由县财政统筹安排,以保障其合理的财政支出需求。2006 年,财政部印发《关于进一步推进乡财县管工作的通知》(财预〔2006〕402 号),对全面实施"乡财县管"工作提出了明确的要求。同年,山西省财政厅在全省 16 个县开展"乡财县管乡用"财政管理方式改革试点,2009 年试点县总数扩大到 81 个,占全省总数的 68%。据财政部对相关指标的统计,截至 2011 年底,全国实行"乡财县管"的乡镇有 2.93 万个,占全国乡镇总数的 86.1%。②

各省(市)在具体实施过程中路径各有异同。共同的做法是:基本取消了乡镇"金库",乡镇财政的预算内外收入全额缴入县级国库;县级财政部门根据县对乡镇财政体制或有关政策要求,对乡镇政府本级预算编制提出指导意见,乡镇政府依据县级意见编制和报批预算。不同的做法是:第一类,乡镇保留总预算会计岗位,核算乡镇财政预算会计业务(实际上金库设在县级,乡镇只核算名义收入数);第二类,乡镇只设置财务会计岗位,管理乡镇政府本级职能部门的财务支出,乡镇政府成为县级政府的一个部门预算单位;第三类,乡镇甚至取消了财务会计,只设出纳和报账员岗位,其账户开设和账务处理都在县级财政委托管理。因此,"乡财县管"后大部分乡镇财政逐步弱化为"半级财政"或"没有财政"。

从部分试点地区的效果来看,实行"乡财县管"改革的乡镇在坚持"三权"不变③的前提下,实行综合财政预算,集中和加强了乡镇收入管理,统一和规范了乡镇财务核算、收支行为,约束和控制了乡镇支出需求、债务

---

① 《中华人民共和国第十一届全国人民代表大会第一次会议文件汇编》,人民出版社 2008 年版,第 134 页。
② 谢旭人主编:《为国理财 为民服务——党的十六大以来财政发展改革成就(2002—2012)》,人民出版社 2012 年版,第 327 页。
③ 即预算管理权不变、资金所有权和使用权不变、财务审批权不变。

风险,明晰了资产和债务底数,遏制和缩减了乡镇债务规模,有利于根据全县财力,制定债务清偿计划,解决历史遗留问题。

第二节 城镇化建设与农村劳动力市场改革

改革开放以来,中国城市化水平低和城乡二元结构的存在,遏制了城市工业化对劳动力的需求,也限制了农民收入的增长,制约了城乡经济与社会的协调发展。因此,逐渐打破城乡二元结构的束缚,转移农村富余劳动力,加快城镇化进程和农村劳动力市场改革,是一项重要的农村改革课题。

一、发展多种经营与优化农村劳动力内部就业结构

拓宽农村劳动力就业空间的根本性举措就是加快农村经济和产业结构调整,提高农村劳动力内部就业水平,优化就业结构,推动农业产业化、现代化发展。

(一)大力发展特色农业

特色农业主要是指各地利用某些特定的农业资源,获得高质量、高经济附加值以及具有地域特色的农产品,并将这种特色发展壮大,形成一定规模的高效农业产业。一般可分为两大类:一类是具有地域特色或品种特色的特色农产品产业;另一类是依托当地特殊气候、地形地貌所发展起

来的休闲农业(含观光农业)等。2005年中央一号文件提出"大力发展特色农业",要求"发挥区域比较优势,建设农产品产业带,发展特色农业。各地要立足资源优势,选择具有地域特色和市场前景的品种作为开发重点,尽快形成有竞争力的产业体系"。①

1. 特色农产品产业

各地根据自身独特的自然地理条件和环境资源,大力发展茶叶、药材、果木等高效经济作物,海参、鱼虾、鲍鱼等特色养殖业,改变传统单一的农作物种植业。2005年中央一号文件提出:"建设特色农业标准化示范基地,筛选、繁育优良品种,把传统生产方式与现代技术结合起来,提升特色农产品的品质和生产水平。加大对特色农产品的保护力度,加快推行原产地等标识制度,维护原产地生产经营者的合法权益。整合特色农产品品牌,支持做大做强名牌产品。提高农产品国际竞争力,促进优势农产品出口,扩大农业对外开放。"②农业部相继出台《优势农产品区域布局规划(2003—2007年)》和《全国优势农产品区域布局规划(2008—2015年)》,以及《特色农产品区域布局规划(2006—2015年)》等区域规划。截至2011年,共形成苹果和柑橘2个优势区域布局,以及15个特色蔬菜、25个特色果品、4个特色饮料、3个特色花卉的特色农产品的区域布局。③

2014年1月,农业部印发了《特色农产品区域布局规划(2013—2020年)》,确定特色蔬菜、特色果品、特色粮油、特色饮料、特色花卉、特色纤维、道地中药材、特色草食畜、特色猪禽蜂、特色水产等10类114种特色农产品,重点予以扶持建设,尽快提高这些特色产品的市场竞争力,培植区域特色支柱产业,"加快培育一批特色明显、类型多样、竞争力强的知名

---

① 《中共中央国务院关于"三农"工作的一号文件汇编(1982—2014)》,人民出版社2014年版,第106页。
② 《中共中央国务院关于"三农"工作的一号文件汇编(1982—2014)》,人民出版社2014年版,第106页。
③ 韩长赋主编:《改革创新促发展 兴农富民稳供给——农村经济十年发展的辉煌成就(2002—2012)》,人民出版社2012年版,第68页。

品牌和专业村、专业乡镇,加快培育特色农产品知名品牌和优势产区,打造现代特色农业产业链,逐步形成合理的区域分工和专业化生产格局,拓展国内外市场,做精做强特色农产品产业,实现农民的农业经营收入稳步增长,为社会主义新农村建设奠定产业基础"[1]。

各级政府扶持建设了一批特色农产品基地和产业带,如建设生态园林基地、花卉基地、蔬菜大棚示范园、果树村、海产品培养基地等,不仅大量吸收了农村劳动力,而且实现了经济效益的增长,促进了当地农村的发展致富。此外,还大力发展特色产品加工业,提高产品附加值,对生产的农产品进行必要的加工和包装,获得更好的收益,也能够解决无特殊技能的农村劳动力的就业问题,实现经济和就业的双丰收。

2. 休闲农业

休闲农业是在有效利用现有农业资源的基础上,通过以旅游休闲为主题的设计与规划,把现代农业建设、农产品加工、农业展示、科学管理及游客的积极参与结合在一起,为游客提供休闲、度假、娱乐、体验等多种形式的一种新型生态旅游业。根据功能和内容不同,可以分为田园农业旅游、休闲度假旅游、民俗风情旅游、科普教育旅游、农家乐旅游等五种模式。休闲农业不仅能够吸收农村富余劳动力,增加农村的经济收入,而且与社会主义新农村建设的要求相契合,与餐饮、住宿、游乐、出行、购物等行业关联密切,带动多行业联动快速发展,更能展示现代农业的风采,促进乡村振兴。

我国休闲农业自 1980 开始萌芽,经过几十年的发展,大致经历了 3 个阶段。(1)20 世纪 80 年代的兴起阶段,靠近城市和景区的少数农村利用当地农业资源举办荔枝节、桃花节等农业观光旅游,以采摘形式为主,如广东深圳市的荔枝采摘节等。(2)20 世纪 90 年代的初期发展阶段,靠

---

[1] 《农业部关于印发〈特色农产品区域布局规划(2013—2020 年)〉的通知》,中华人民共和国农业农村部网,http://www.moa.gov.cn/nybgb/2014/dsanq/201712/t20171219_6105530.htm。

近大城市及经济开发区的农村居民开始兴办农业观光园,开展休闲、垂钓、采摘及野餐等多种形式旅游活动,如上海孙桥现代农业科技观光园、河北北戴河集发生态农业观光园等。(3)21 世纪以来的规范经营阶段,观光农业、休闲农庄、农家乐、乡村旅游等多种休闲农业均发展起来,同时旅游部门制定了评选标准,休闲农业开始走向正规化、产业化、规模化。为促进全国休闲农业与乡村旅游规范化、产业化发展,2013 年农业部、国家旅游局联合下发了《关于继续开展全国休闲农业与乡村旅游示范县和示范点创建活动的通知》,要求从 2013 年起,利用 3 年时间,创建 100 个全国休闲农业与乡村旅游示范县和 300 个全国休闲农业与乡村旅游示范点。目前,休闲农业呈现出景点众多、形式多样、功能齐全、规模较大的良好发展态势。截至 2015 年,全国休闲农业专业村 9 万个,休闲农业园超过 10 万家,各类经营主体超过 180 万家,年接待人数 11 亿人次,经营收入 3500 亿元,带动 3300 万农民受益。农业部牵头组织认定了 254 个全国休闲农业与乡村旅游示范县、636 个示范点,推介了 260 个中国最美休闲乡村、247 个中国美丽田园。①

(二)发展农村第三产业

农村第三产业是指农村中为农民生产和生活提供第三产业产品的部门,具体包括农村经济中除农业、工业和建筑业以外的商品流通业、交通运输业、食品服务业、物资仓储业、金融保险业、旅游业、咨询业、房地产管理业、居民服务业、卫生社会福利、科研和综合技术服务、乡镇经济组织管理等行业。其中批发零售、运输、仓储、餐饮和金融属农村第三产业中的传统行业,在农村第三产业中占主导地位。农村第三产业是连接生产与消费的桥梁和纽带,是农村经济的重要组成部分,有利于促进农业和乡镇工业的发展、解决农村富余劳动力的就业和加快城镇化的步伐,关系着农

---

① 《中国农业发展报告 2016》,中国农业出版社 2016 年版,第 4 页。

村经济的整体发展,也是衡量农村现代化程度的重要标志。①

1992年6月,中共中央、国务院发布了《关于加快发展第三产业的决定》,提出:"要在发展第一、第二产业的同时加快发展第三产业,促进国民经济每隔几年上一个新台阶。为此,第三产业增长速度要高于第一、第二产业,第三产业增加值占国民生产总值的比重和就业人数占社会劳动者总人数的比重,力争达到或接近发展中国家的平均水平。"而加快发展第三产业的重点之一就是"农村的第三产业,主要是为农业产前、产中、产后服务的行业,为提高农民素质和生活质量服务的行业"②。这对于农村第三产业的发展无疑起了积极推动作用,标志着发展农村第三产业的政策环境明显改善。1998年,我国农村第三产业产值达4529亿元,比1978年增加39.6倍。第三产业的快速增长,使其在农村经济中的地位从1978年的4.9%提高到1998年15.1%,使第三产业成为农村经济新的增长点。农村第三产业吸纳劳动力也越来越多。到1998年,全国农村第三产业就业人数已达3295万人,农村第三产业的就业人数占农村劳动力比重由1978年的0.47%上升至1998年的15.5%。农村第三产业已成为吸纳农业富余劳动力的重要渠道,为解决我国农村经济和社会发展的深层次问题做出了重要贡献。

2001年12月,国务院办公厅转发国家计委《关于"十五"期间加快发展服务业若干政策措施的意见》,提出农村"要适应当地市场需求,因地制宜地发展有优势的行业","加强服务业各类基础设施建设……特别要注意扩大农村基础设施的覆盖面,促进农民增加服务消费"③。2005年中央一号文件明确提出,要加强农村现代流通体系建设。农业部和商务部已连续多年采取措施,积极支持乡镇企业服务体系建设和农业七大支撑体系建设,支持农产品、农业生产资料和消费品连锁经营,建立以集中采购、统一配送为核心的新型营销体系;支持实施"万村千乡"市场工程,建设连

---

① 贺有利:《三产化:强国富民的必由之路》,人民出版社2007年版,第330~331页。
② 《十三大以来重要文献选编(下)》,人民出版社1993年版,第2092~2093页。
③ 《十五大以来重要文献选编(下)》,人民出版社2003年版,第2132页。

锁化"农家店"等。所有这些都与发展农村第三产业直接相关。2018年1月,中央一号文件《中共中央国务院关于实施乡村振兴战略的意见》提出了"构建农村一二三产业融合发展体系。大力开发农业多种功能"[①]。3月,李克强在十三届全国人大第一次会议上做的政府工作报告中提出"多渠道增加农民收入,促进农村一二三产业融合发展"。6月,《农业农村部关于实施农村一二三产业融合发展推进行动的通知》要求:"坚持'基在农业、惠在农村、利在农民'原则,以农民分享产业链增值收益为核心,以延长产业链、提升价值链、完善利益链为关键,以改革创新为动力,加强农业与加工流通、休闲旅游、文化体育、科技教育、健康养生和电子商务等产业深度融合,增强'产加销消'的互联互通性,形成多业态打造、多主体参与、多机制联结、多要素发力、多模式推进的农村产业融合发展体系,努力助推乡村产业兴旺,切实增强农业农村经济发展新动能。"[②]

二、城镇化建设与农村富余劳动力就地转移

改革开放以来,我国城镇化快速发展,已成为我国持续快速发展的重要标志和动力。从国民经济长期协调发展的目标出发,我国转移农村劳动力、实现农民就业非农化的基本政策和出路在于大力推进城镇化,实现农村劳动力就地向小城镇转移、有序地向大城市转移。城镇化是农村劳动力转移的重要途径。

(一)1978—1983年:逐步放开就地转移,严格限制异地转移

农村改革的主要目的是发展农业生产,活跃农村经济。将农村富余

---

① 《中共中央国务院关于实施乡村振兴战略的意见》,载《人民日报》2018年2月5日。
② 《农业农村部关于实施农村一二三产业融合发展推进行动的通知》,中华人民共和国农业农村部网,http://www.moa.gov.cn/govpublic/XZQYJ/201806/t20180607_6151373.htm。

劳动力转移到农村非种植业中去就是实现途径之一。为此,我国开始逐步放开农村富余劳动力就地转移。1978年中共十一届三中全会提出要坚决地、完整地执行农林牧副渔并举和"以粮为纲,全面发展,因地制宜,适当集中"的方针。① 这意味着我国开始允许农村富余劳动力一定程度的就地转移。1981年3月,中央提出了"决不放松粮食生产,积极开展多种经营"的方针②。1982年中央一号文件又明确提出:"逐步发展专业分工和专业承包,逐步改变按人口平均包地、'全部劳力归田'的作法,把剩余劳力转移到多种经营方面来。"③在"积极开展多种经营"的方针下,我国对家庭副业和专业户实行积极扶持的政策,并在农产品加工和销售、农村个体工商户雇工、农民个人或合伙长途贩运等方面放松了限制,极大地促进了农村富余劳动力的就地转移。到1984年底,专业户已占全国农户的14%,其中有200多万个食品加工专业户,205万个运输、建筑专业户,600多万个农村个体工商户。④ 需要说明的是,从事多种经营的农村劳动力并不被归入转移的统计中。如报载:1983年我国有1亿农民从插秧种粮中转移出来。其中3000万劳力进入社队企业;1.76亿户农户中,每10户有1户是专业户或重点户。⑤ 但这种转移在国家统计部门的统计中并没有体现出来(见表3-1⑥)。

表3-1　1978—1983年我国农村非农劳动力状况

年　份	农村非农劳动力/万人	所占农村劳动力比例/(%)
1978	2182.4	7.2
1979	1954.0	6.3

---

① 《新时期农业和农村工作重要文献选编》,中央文献出版社1992年版,第10页。
② 《中共中央国务院关于"三农"工作的十个一号文件(1982—2008年)》,人民出版社2008年版,第13页。
③ 《三中全会以来重要文件汇编(下)》,人民出版社1982年版,第1067页。
④ 李宗植、张润君:《中华人民共和国经济史(1949—1999)》,兰州大学出版社1999年版,第342页。
⑤ 《1亿农户离开粮田搞专业》,载《人民日报》1983年2月23日。
⑥ 中华人民共和国农业部:《中国农业发展报告'95》,中国农业出版社1995年版,第175页。

续表

年　份	农村非农劳动力/万人	所占农村劳动力比例/(%)
1980	2027.5	6.4
1981	1994.5	6.1
1982	2713.8	8.0
1983	3044.7	8.8

资料来源：中华人民共和国农业部：《中国农业发展报告'95》，中国农业出版社1995年版，第175页。

（二）1984—1988年：向乡镇企业就地转移农村富余劳动力

改革之初，我国政府就认识到发展乡镇企业（社队企业）对就地转移农村富余劳动力的重要作用。1984年3月，中共中央、国务院转发农牧渔业部和部党组《关于开创社队企业新局面的报告》的通知，再次强调"乡镇企业〔即社（乡）队（村）举办的企业、部分社员联营的合作企业、其他形式的合作工业和个体企业，下同〕，是多种经营的重要组成部分，是农业生产的重要支柱，是广大农民群众走向共同富裕的重要途径"，"乡镇企业发展，必将促进集镇的发展，加快农村的经济文化中心的建设，有利于实现农民离土不离乡，避免农民涌进城市"。① 1984年，费孝通在安徽小城镇建设会议上讲话时，用八个字概括了当时农村和小城镇的情形，即"人多地少，工农相辅"，这是解决人口僵化的重要出路问题，"把大量的人口放到小城镇，要有条件，就必须工农相辅，即农业维持工业，在农业繁荣的基础上发展乡镇工业；工业支持农业，以乡镇工业的资金和能力去补贴农业"。② 应该说，费孝通先生前瞻性地看到了农村人口转移的关键出路。

20世纪80年代乡镇企业异军突起，吸纳大量农村富余劳动力，使我国确立了依靠乡镇企业来就地转移农村富余劳动力的政策。1985年11

---

① 《十二大以来重要文献选编（上）》，人民出版社1986年版，第439～440页。
② 费孝通：《工农相辅发展小城镇》，载《江淮论坛》1984年第3期。

月19日,邓小平在会见巴基斯坦总理时说:"农村改革中的一大特点就是发展乡镇工业,乡镇工业兴起和发展了,才能容纳农业剩余劳动力,否则农村人口都要往大城市跑。这是我们农村改革的重要内容。看来,这个路子走对了。"①1987年8月,邓小平在会见意大利共产党领导人时指出:"农村实行承包责任制后,剩下的劳动力怎么办,我们原来没有想到很好的出路。长期以来,我们百分之七十至八十的农村劳动力被束缚在土地上,农村每人平均只有一两亩土地,多数人连温饱都谈不上。一搞改革和开放,一搞承包责任制,经营农业的人就减少了。剩下的人怎么办?十年的经验证明,只要调动基层和农民的积极性,发展多种经营,发展新型的乡镇企业,这个问题就能解决。"②

发展乡镇企业,促进农村富余劳动力就地转移的政策取得了较好的效果。1983年全国乡镇企业134.64万个、总产值1007.87亿元,1984年增加到606.52万个、总产值1697.78万元,1988年企业增加到1888.16万个、总产值7017.76万元。乡镇企业就业人数③1983年是3234.64万,1984年增加到5208.11万,1988年增加到9545.46万(见表3-2)。④这充分说明当时我国农村富余劳动力的主要解决途径就是以进入乡镇企业就业的方式来实现就地转移。

表3-2　1978—1988年全国乡镇企业总产值和就业人数表

年 份	乡镇企业总产值(亿元)	乡镇企业就业人数(万人)
1978	495.13	2826.56
1979	552.25	—
1980	665.10	2999.67
1981	739.65	2969.56
1982	849.26	3112.91

---

① 《邓小平思想年谱(一九七五—一九九七)》,中央文献出版社1998年版,第345页。
② 《邓小平文选(第三卷)》,人民出版社1993年版,第251~252页。
③ 乡镇企业就业人数是指乡镇企业年末在业人数。
④ 《中国乡镇企业年鉴　1993》,中国农业出版社1993年版,第142、146、147页。

续表

年　份	乡镇企业总产值(亿元)	乡镇企业就业人数(万人)
1983	1007.87	3234.64
1984	1697.78	5208.11
1985	2755.04	6979.0
1986	3583.28	7937.1
1987	4945.59	8776.4
1988	7017.76	9545.46

资料来源：《中国乡镇企业年鉴 1993》，中国农业出版社1993年版，第146、147页。

（三）1989—1997年：鼓励农村富余劳动力就地转移

1991年11月，中共十三届八中全会通过《中共中央关于进一步加强农业和农村工作的决定》，指出："要通过精耕细作，植树种果，发展畜牧业和水产业等多种途径，向农业广度和深度开发，争取在农村第一产业内部多吸纳一些劳动力。有计划地开拓和发展第二、第三产业，加强农村工业小区和集镇建设，开辟农业劳动力转移的门路。"①为确保就地转移为主政策的落实，我国确立了以下两种主要就地转移的渠道。一是鼓励农村富余劳动力向农业的广度和深度进军，实施农业综合开发。1993年8月，国务院制定了《九十年代中国农业发展纲要》，明确提出20世纪90年代农业综合开发的主要任务是："采取严格的管理措施，控制占用耕地，坚持占用一亩垦复一亩的原则，全国开荒要达到二百一十万公顷以上"；"改造中低产田一千八百万公顷，造林六百六十万公顷，建设人工草场和改良草场二千万公顷，改良中低产水面一百六十七万公顷"；"通过农业综合开发，要扩大粮食综合生产能力三百八十亿公斤、棉花综合生产能力四十万

---

① 《中共中央关于进一步加强农业和农村工作的决定（中国共产党第十三届中央委员会第八次全体会议1991年11月29日通过）》，载《人民日报》1991年12月26日。

吨"。① 二是扶持中西部乡镇企业的发展,促进农村富余劳动力就地转移。鉴于广大中西部地区的乡镇企业发展日益缓慢,难以吸纳当地的农村富余劳动力,1993年2月,国务院发布了《关于加快发展中西部地区乡镇企业的决定》,对中西部地区乡镇企业发展在产业政策、市场建设、资金投入、经济联合等方面提供了许多优惠政策,"通过加快发展乡镇企业,促进中西部地区经济腾飞,较快地增加农民收入,实现农村小康和国民经济翻两番的战略目标;更有力地支持和建设农业,推动农业向高产、优质、高效发展,逐步实现农业现代化;大批转移农村剩余劳动力,加快农村工业化和城镇化进程;为进一步促进我国工业和整个经济的改革与发展,做出更大的贡献"。② 1995年2月,国务院又批准了农业部提出的《乡镇企业东西合作示范工程方案》。这些对加快中西部乡镇企业发展起了积极的作用,也一定程度上促进了农村富余劳动力的就地转移。截至1996年,全国企业2336万个,总产值17659亿元,就业职工人数13508万③,分别较1988年增长了23.72%、151.63%、41.51%,乡镇企业的经济效益大幅提升,吸纳农村富余劳动力能力也显著增强。

(四)1998—2003年:促进农村富余劳动力就地和异地多渠道转移并举

由于1996年以后我国农产品总量供给基本平衡、丰年有余,当年我国粮食产量首次突破5亿吨大关,并在随后4年稳定在5亿吨左右,棉花产量稳定在400万吨左右④,而城镇下岗分流职工大部分得到了较好的安置,为就地转移日趋困难的农村富余劳动力提供了异地转移的良好契机。为此,1998年10月十五届三中全会指出:"粮食和其他农产品大幅度增

---

① 《十四大以来重要文献选编(上)》,人民出版社1996年版,第467页。
② 《十四大以来重要文献选编(上)》,人民出版社1996年版,第89~97页。
③ 《中国乡镇企业年鉴 1997》,中国农业出版社1997年版,第121页。
④ 中华人民共和国农业部:《中国农业发展报告2003》,中国农业出版社2003年版,第124~125页。

长,由长期短缺到总量大体平衡、丰年有余,基本解决了全国人民的吃饭问题……"①这就为我国加快农村富余劳动力转移,尤其是促进异地转移提供了前提条件。为此,1998年,中共十五届三中全会提出:"大力发展乡镇企业,多渠道转移农业富余劳动力。立足农村,向生产的深度和广度进军,发展二、三产业,建设小城镇。开拓农村广阔的就业门路,同时适应城镇和发达地区的客观需要,引导农村劳动力合理有序流动。"②这是我国首次放弃就地转移为主、异地转移为辅的口号,提出多渠道"引导农村劳动力合理有序流动"的方针。中共十六大强调:"就业是民生之本。扩大就业是我国当前和今后长时期重大而艰巨的任务。国家实行促进就业的长期战略和政策。"③2003年,中央农业和农村工作会议对多渠道转移政策进行了全面的阐述:从我国国情出发,转移农村劳动力要广开门路,多渠道并举。一要促进农村经济的发展,大力发展农村第二、第三产业和多种经营,拓展农村的就业领域;二要以现有的县城和少数中心建制镇为重点,加快小城镇发展步伐;三要加强对农民进城务工的引导和管理。④ 此后,大规模的"民工潮"兴起。

我国政府主要采取大力发展小城镇措施,促进农村富余劳动力就地转移。2000年6月,中共十五届三中全会通过《关于促进小城镇健康发展的若干意见》,全面阐述了小城镇对农村富余劳动力转移的重要作用:"发展小城镇,可以加快农业富余劳动力的转移,是提高农业劳动生产率和综合经济效益的重要途径,可以促进乡镇企业适当集中和结构调整,带动农村第三产业特别是服务业的迅速发展,为农民创造更多的就业岗位。"⑤在

---

① 《中共十三届四中全会以来历次全国代表大会中央全会重要文献选编》,中央文献出版社2002年版,第524页。
② 《十五大以来重要文献选编(上)》,人民出版社2000年版,第560页。
③ 《中国共产党第十六次全国代表大会文件汇编》,人民出版社2002年版,第29页。
④ 《认真贯彻十六大精神为推进农村小康建设而奋斗——胡锦涛在2003年中央农业和农村工作会议上的讲话》,载《人民日报》2003年1月16日。
⑤ 《十五大以来重要文献选编(中)》,人民出版社2001年版,第1290~1291页。

"三就地"原则①基础上发展起来的乡镇企业,空间布局极为分散,90%以上的乡镇企业散布在乡村以下,而集中投资带动的就业是分散办厂的1.5倍。空间布局的分散导致产业结构极不合理。因此,引导乡镇企业适当向小城镇集中,不仅有利于乡镇企业获得更好的发展环境,也有利于发挥城镇的积聚效应,从而带动第三产业发展,促进农村富余劳动力转移。在实施小城镇战略中,我国积极推行小城镇户籍制度改革。按照2001年3月国务院批转公安部《关于推进小城镇户籍管理制度改革的意见》的要求,2001年10月1日前,我国所有的镇和县级市市区户口放开。凡在小城镇有合法固定住所、稳定职业或生活来源的农民,本人和直系亲属均可办理城镇常住户口,并可保留其土地承包权。

积极推进农村城镇化有利于实现农民身份主动地由农民转化为市民,使居民的收入水平和消费水平相应提高,改善农民的生活质量,同时农村城镇化后形成的城镇聚集了教育、科学、交通、金融等各个产业,且小城镇存在数量多、分布地域广、发展潜力大等特点,对农村劳动力形成了较大的吸纳能力,有利于农村劳动力就业问题的解决和新农村建设目标的实现。

(五) 2004年至今:城镇化建设与农业就地转移人口市民化

2004年,《中共中央国务院关于促进农民增加收入若干政策的意见》第一次提出了"进城就业的农民工已经成为产业工人的重要组成部分"的科学论断,要求城市政府"切实把对进城农民工的职业培训、子女教育、劳动保障及其他服务和管理经费,纳入正常的财政预算,已经落实的要完善政策,没有落实的要加快落实。对及时兑现进城就业农民工资、改善劳动条件、解决子女入学等问题,国家已有明确政策,各地区和有关部门要采

---

① 由于改革初期我国城乡市场分割,以及担心社队企业的发展会与城市和国营企业抢市场、抢原料等原因,社队企业必须按照就地取材、就地加工、就地销售的三原则进行生产销售。

取更得力的措施,明确牵头部门,落实管理责任,加强督促检查。健全有关法律法规,依法保障进城就业农民的各项权益。推进大中城市户籍制度改革,放宽农民进城就业和定居的条件"①。长期以来,对农民工的研究一直囿于"农民"的范畴之内,在城市化和工业化的推进过程中,农民工所从事的职业、工作地点及收入形式证明了目前中国农民工已具备了工人阶级的基本特征。

2010年部署经济工作时明确了"要加快推进城镇化,坚持走中国特色城镇化道路,按照统筹规划、合理布局、完善功能、以大带小的原则,促进大中小城市和小城镇科学定位、协调发展,把加强中小城市和小城镇发展作为推进城镇化的重点,把解决符合条件的农业转移人口逐步在城镇就业和落户作为推进城镇化的重要任务,加强基础设施建设,提高基本公共服务能力,增强吸纳人口、发展产业、聚集资源、活跃市场的功能,提高城镇综合承载能力"②。首次在中央文件中使用"农业转移人口"提法。"农业转移人口"一词因简洁精炼、较"农民工"称谓更加中性,且十分符合我国国情而被广泛使用。"农业转移人口"更强调脱离农村劳动和农民身份,从年龄结构上看,既包括了农民工群体,也包括了一部分非适龄劳动人口;从户籍上看,既包括户籍仍在农村但往返于城乡之间工作和生活的群体,也包括因宅基地、承包地被征用等原因户籍已迁移到城镇的新市民。

2011年以来,农民工总量仍处于缓慢增长之中,但是总量增速呈下降放缓趋势(见表3-3)。从年龄结构看,50岁以上人口和1980年及以后出

表3-3 2011—2017年农民工总量及增速表

	2011	2012	2013	2014	2015	2016	2017
规模/万人	25278	26261	26894	27395	27747	28171	28652
增速/(%)	4.4	3.9	2.4	1.9	1.3	1.5	1.7

资料来源:《2016年农民工监测调查报告》《2017年农民工监测调查报告》。

---

① 《中共中央国务院关于"三农"工作的一号文件汇编(1982—2014)》,人民出版社2014年版,第86页。
② 《十七大以来重要文献选编(中)》,中央文献出版社2011年版,第457页。

生的新生代农民工都呈上升趋势。以 2017 年为例,进城务工的农业转移人口(即农民工)总量达到 28652 万人,比上年增加 481 万人,增长 1.7%,增速比上年提高 0.2 个百分点。在农民工总量中,外出农民工 17185 万人,比上年增加 251 万人,增长 1.5%,增速较上年提高 1.2 个百分点;本地农民工 11467 万人,比上年增加 230 万人,增长 2.0%,增速仍快于外出农民工增速。在外出农民工中,省内流动农民工 9510 万人,比上年增加 242 万人,增长 2.6%,占外出农民工的 55.3%,比上年提高 0.6 个百分点,自 2014 年以来占比逐年提高。统计显示,新增外出农民工主要在省内流动,省内流动农民工增量占外出农民工增量的 96.4%。从区域分布来看,东部地区省内流动的农民工占 82.5%,比上年提高 0.3 个百分点;中部地区省内流动的农民工占 38.7%,比上年提高 0.7 个百分点;西部地区省内流动的农民工占 49%,比上年提高 1.2 个百分点;东北地区省内流动的农民工占 76.4%,比上年下降 0.7 个百分点。从行业分布看,从事第二产业的农民工比重为 51.5%,比上年下降 1.4 个百分点。其中,从事制造业的农民工比重为 29.9%,比上年下降 0.6 个百分点;从事建筑业的农民工比重为 18.9%,比上年下降 0.8 个百分点。从事第三产业的农民工比重为 48%,比上年提高 1.3 个百分点。1980 年及以后出生的新生代农民工首次超过农民工总人数的 50%。[①]

三、统筹城乡关系与农村富余劳动力异地转移

改革开放以来,随着城市经济社会的发展,农村劳动力从限制向城市转移到引导有序流动,在统筹城乡关系中逐渐成为城市产业的重要生力军,为城市发展做出了重要的贡献。

---

① 《统计局发布 2017 年农民工监测调查报告》,中国经济网,http://www.ce.cn/xwzx/gnsz/gdxw/201804/27/t20180427_28968111.shtml。

（一）1978—1983年：动员已入城农民工返乡与严格限制农村富余劳动力异地转移

随着农村改革的不断推进,部分农村富余劳动力开始突破国家的限制,进入外地和城镇就业,一些国营和集体企业也招收一些农村富余劳动力作为临时工、合同工。针对这种情况,1979年,中央工作会议提出:"目前全国全民所有制单位在计划外使用的农村劳动力有五百万人,要做好细致的工作,把这部分人动员回农村,改变大批农村劳动力进城,而城镇又有大量人员待业的不合理现象,今后不经过国家劳动总局批准,不准从农民中招工。"①1981年10月,中共中央、国务院发布《关于广开门路,搞活经济,解决城镇就业问题的若干决定》明确规定:"严格控制农村劳动力流入城镇。对农村多余劳动力,要通过发展多种经营和兴办社队企业,就地适当安置,不使其涌入城镇。根据目前我国的经济情况,对于农村人口、劳动力迁进城镇,应当按照政策从严掌握。"②1981年12月30日,国务院又下发了《关于严格控制农村劳动力进城做工和农业人口转为非农业人口的通知》,再次强调各地区、各部门应大力清退来自农村的计划外用工,关停企业和停缓建单位使用的农村临时工,要全部清退回去,清退时不要许愿。

当然,这一阶段我国主要是严格限制农村劳动力进城务工,对于农村劳动力外出从事个体经营却并未完全禁止。1980年9月,中共中央印发《关于进一步加强和完善农业生产责任制的几个问题》认为:"要充分发挥各类手工业者、小商小贩和各行各业能手的专长","少数要求从事个体经营的,可以经过有关部门批准,与生产队签订合同,持证外出劳动和经营"。③

---

① 《三中全会以来重要文献选编(上)》,人民出版社1982年版,第132页。
② 《三中全会以来重要文献选编(下)》,人民出版社1982年版,第991页。
③ 《新时期农业和农村工作重要文献选编》,中央文献出版社1992年版,第62页。

限制异地转移的原因,一方面是源于中华人民共和国成立以来我国城乡二元结构中一直限制异地人口迁移的政策惯性,另一方面最现实的原因就是缓解当时城镇巨大的就业压力。改革初期,"文化大革命"中下放的大批知识青年陆续落实政策返城,造成城镇就业压力急速增大。1978 年我国城镇待业人员总数为 530 万,1979 年增加到 567.6 万。[①] 又适逢国民经济进行调整,关停并转了一批企业,停建缓建了一批基建项目,更加重了就业的压力。禁止异地转移就成为缓解这种压力的有效方法之一。另外,当时的商品粮和副食品供应能力还比较低,过多的农村人口涌入城市,不仅会加重城市的负担,而且会对农业生产造成不利的影响。

因此,从 1979 年起,我国农村非农劳动力人数连续三年都低于 1978 年的水平,1981 年农村非农劳动力人数仅占农村劳动力总数的 6.1%,同比 1978 年低一个百分点。这表明限制异地转移的政策是有成效的。其原因在于:一方面,多种经营迅速发展,为就地转移开辟了广阔的渠道,从而减弱了农村富余劳动力异地转移的动力;另一方面,在计划经济体制下政府对农村富余劳动力转移有较强的控制力,农村富余劳动力异地转移也还存在较大的制度障碍。

(二) 1984—1988 年:异地转移限制政策有所松动

从 1985 年起,粮食产量稳定增加,我国自 1961 年变为粮食进口国后,又重新变为粮食净出口国。而当时广大城乡中,零售商业、服务业的落后状况还没有根本改变,网点少、服务面窄,群众急需的许多事情无人去办。[②] 而且,城市就业压力已得到初步缓解。从 1979—1981 年,我国共安排了 2000 多万城镇待业人员就业,有一些城市和县镇基本上解决了待

[①] 袁志刚、方颖:《中国就业制度的变迁》,山西经济出版社 1998 年版,第 157 页。
[②] 《十二大以来重要文献选编(上)》,人民出版社 1986 年版,第 281 页。

业人员的就业问题。① 在这个背景下,我国开始松动对农村富余劳动力异地转移的限制。1984年中央一号文件要求:"各省、自治区、直辖市可选若干集镇进行试点,允许务工、经商、办服务业的农民自理口粮到集镇落户。"②1985年中央一号文件又提出:"在各级政府统一管理下,允许农民进城开店设坊,兴办服务业,提供各种劳务。"③在松动对农民进城务工经商限制的同时,允许城市中的一些行业(如煤炭、建筑、搬运等)及某些工种招收农民工,以补充城市劳动力的不足。城市中国营、集体企业的临时用工、季节用工也大部分由农村劳动力提供。为了加快贫困地区的经济开发,1987年10月中央提出要"有领导地组织劳务输出。劳务输出是投资少,见效快,既能治穷致富,又能开发智力的重要产业,要高度重视,大力发展"④。这是有序引导农村富余劳动力异地流动的开端。

政策的松动,促进了农村富余劳动力的异地转移。1981年我国进城务工经商的农村富余劳动力人数不会超过200万,到1988年初则已经达到2000多万人了。⑤ 为适应对流动人口管理的需要,1985年7月,《公安部关于城镇暂住人口管理的暂行规定》,"对暂住时间拟超过三个月的十六周岁以上的人,须申领《暂住证》。对外来开店、办厂、从事建筑安装、联营运输、服务行业的暂住时间较长的人,采取雇用单位和常住户口所在地主管部门管理相结合的办法,按照户口登记机关的规定登记造册,由所在地公安派出所登记为寄住户口,发给《寄住证》。"⑥城镇暂住人口管理制度既是对农村富余劳动力异地转移的认可,也在一定程度上限制了农村富余劳动力的异地转移。

---

① 《三中全会以来重要文献选编(下)》,人民出版社1982年版,第981页。
② 《十二大以来重要文件汇编(上)》,人民出版社1986年版,第435页。
③ 《十二大以来重要文件汇编(中)》,人民出版社1986年版,第617页。
④ 《新时期农业和农村工作重要文献选编》,中央文献出版社1992年版,第476页。
⑤ 柯兰君、李汉林:《都市里的村民——中国大城市的流动人口》,中央编译出版社2001年版,第305页。
⑥ 《公安部关于城镇暂住人口管理的暂行规定(一九八五年七月十三日)》,载《人民日报》1985年9月8日。

（三）1989—1999 年：对异地转移的规模和速度加以控制

20 世纪 80 年代末以来,农村富余劳动力就地转移日趋困难,区域之间、城乡之间的经济发展和收入水平差距拉大,1989 年以后,尤其是中共十四大以后,城市和沿海地区经济的迅速发展产生了对外来劳动力的大量需求,这些因素刺激着农村劳动力大量外出。1989 年,特别是 20 世纪 90 年代以来,形成了大规模的农村劳动力流动转移的现象,被称为"民工潮"。根据不同的研究估计,20 世纪 90 年代中期,"民工潮"的年流动规模在 8000 万到 1.2 亿人之间。①

"民工潮"规模持续扩大,流向地和流动时间集中,流动又带有较大的自发性和盲目性等特点,给城乡发展带来很多不安定因素。1989—1991 年的城市治理整顿在客观上又使得城镇劳动力就业形势更加严峻,待业队伍不断扩大。到 1989 年 12 月,全国全民、集体企业停工待工人员已达到 668 万人,1990 年城镇劳动力资源为 1100 万人,只能安排 600 万人。② 1993 年以后,我国大力推行国有企业改革,从而也导致企业职工大规模的下岗分流。此外,我国的粮食产量在 20 世纪 80 年代末 90 年代初出现了波动。1990 年全国粮食总产量为 44624 万吨,1994 年为 44510 万吨。不仅没有增加,反而减少了 100 多万吨。全国人均粮食占有量从 1990 年的 397 公斤降到 1994 年的 368 公斤。③ 这距离我国人均粮食占有量 400 公斤的目标差距拉大。

因此,到 20 世纪 80 年代末 90 年代初,我国采取限制农村劳动力异地转移的政策。1989 年 3 月,国务院办公厅发出《关于严格控制民工盲目外出的紧急通知》。同年 4 月 10 日,民政部、公安部联合发布《关于进一

---

① 蔡昉:《中国流动人口问题》,河南人民出版社 2000 年版,第 6 页。
② 《阮崇武部长在 1990 年全国劳动厅局长会议上的报告》,《走向社会主义市场经济的劳动就业》,中国劳动出版社 1993 年版,第 47~48 页。
③ 中华人民共和国农业部:《中国农业发展报告 1995》,中国农业出版社 1995 年版,第 191 页。

步做好控制民工盲目外流的通知》,要求各地人民政府采取有效措施,严格控制农村劳动力异地转移。农民工一度被称为"盲流"。1990年4月27日,《国务院关于做好劳动就业工作的通知》对农村富余劳动力异地转移予以明确规定:一、使农村富余劳动力就地消化和转移,防止出现大量农村劳动力盲目进城找活干的局面;二、对农村劳动力进城务工,要运用法律、行政、经济的手段,实行有效控制,严格管理;三、确定城市使用农村劳动力的规划,建立临时务工许可证和就业登记制度;四、重点清退农村来的计划外用工;五、对"农转非"实行计划指标管理,严格控制"农转非"过快增长。①

我国采取限制农村劳动力异地转移的政策,在当时的特殊情况下具有一定的合理性,对我国在计划经济向市场经济转轨的攻坚时期确保社会稳定有积极作用,也在一定程度上缓解了我国当时巨大的城镇就业压力。然而,这次对异地转移的限制政策并没有取得预期的效果。农村富余劳动力在经过1989年和1990年两年的短暂回流后,从1991年又开始大规模流动。

邓小平南方谈话和中共十四大以后,沿海地区出现了新一轮投资热。经济的迅速发展产生了对劳动力的较大需求,加上党和国家进一步认识到"妥善安排农村富余劳动力,是保持社会稳定的重大问题"②,也由于严格限制农村劳动力异地转移的政策在实践中难以实施,1992年以后,我国在某种程度上放松了对农村劳动力异地转移的严格限制,着力控制异地转移的规模和速度,促进农村劳动力流动的有序化。1993年,中共十四届三中全会提出:"鼓励和引导农村剩余劳动力逐步向非农产业转移和地区间的有序流动。"③1994年11月,劳动部出台了《关于农村劳动力跨

---

① 《国务院关于做好劳动就业工作的通知》,《走向社会主义市场经济的劳动就业》,中国劳动出版社1993年版,第14页。
② 《中共中央关于进一步加强农业和农村工作的决定(中国共产党第十三届中央委员会第八次全体会议1991年11月29日通过)》,载《人民日报》1991年12月26日。
③ 《十四大以来重要文献选编(上)》,人民出版社1996年版,第528页。

省流动就业管理的暂行规定》，首次对流动就业证卡制度进行了规范，要求农民工外出务工之前需要到本人户口所在地的劳动就业服务机构进行登记并领取外出人员就业登记卡，到用人单位后，凭外出登记卡领取当地劳动部门签发的外来人员就业证，并且"证卡合一"方能生效。[①] 1997年6月，国务院批转下发了公安部《小城镇户籍管理制度改革试点方案》和《关于完善农村户籍管理制度的意见》的通知，提出凡在县级市市区、县人民政府驻地镇及其他建制镇范围内有合法固定住所、稳定职业或生活来源的人员及与其共同居住生活的直系亲属，均可根据本人意愿办理城镇常住户口。[②] 这为符合一定条件的农村人口在小城镇办理常住户口提供了政策支持，吸引了大量农村富余劳动力就近有序转移。

（四）2000—2012 年：城乡统筹就业与推动农村劳动力有序流动

2000 年 7 月，劳动和社会保障部、国家计委、农业部、科技部、水利部、国务院发展研究中心联合发布《关于进一步开展农村劳动力开发就业试点工作的通知》，明确提出改革城乡分割体制，取消对农民进城就业的不合理限制。2001 年 3 月，《中华人民共和国国民经济和社会发展第十个五年计划纲要》强调，"打破城乡分割体制，逐步建立市场经济体制下的新型城乡关系。改革城镇户籍制度，形成城乡人口有序流动的机制。取消对农村劳动力进入城镇就业的不合理限制，引导农村富余劳动力在城乡、地区间的有序流动"，并要求"坚持城乡统筹就业的改革方向，推动城乡劳动力市场逐步一体化"。[③] 这是中央文件首次提出城乡统筹就业、推动城乡劳动力市场一体化的改革方向，具有很强的现实应对性。其背景是，1990 年代中后期，国有企业改革导致许多职工下岗分流，与农村富余劳动力转

[①] 赵曼等：《21 世纪中国劳动就业与社会保障制度研究》，人民出版社 2007 年版，第 63 页。
[②] 范恒山、陶良虎主编：《中国城市化进程》，人民出版社 2009 年版，第 60 页。
[③] 《中华人民共和国第九届全国人民代表大会第四次会议文件汇编》，人民出版社 2001 年版，第 60、72 页。

移发生叠加效应,很多城市政府为安置国企下岗职工,对外来劳动力(主要是农村富余劳动力)就业进行了严格限制,严重影响了农村劳动力异地转移,造成农民收入的下降,对农村经济发生了负面影响。于是,中央提出既要妥善安置下岗职工,又要合理促进农村富余劳动力转移的统筹就业政策。在城乡统筹就业政策的推动下,各地政府开始取消针对外来务工人员制定的限制性就业政策。如 2000 年,威海和常熟取消了用人单位招工时"先城市、后农村,先市内、后市外"的规定,而北京市也在 2000 年底取消了对外来务工经商人员的行业、工种限制。[①]

加快户籍制度改革,推动就业转移走向身份转换,也是鼓励农村富余劳动力转移的重要举措。2000 年 6 月,中共中央、国务院发布《关于促进小城镇健康发展的若干意见》,提出:"为鼓励农民进入小城镇,从二〇〇〇年起,凡在县级市市区、县人民政府驻地镇及县以下小城镇有合法固定住所、稳定职业或生活来源的农民,均可根据本人意愿转为城镇户口,并在子女入学、参军、就业等方面享受与城镇居民同等待遇,不得实行歧视性政策。对在小城镇落户的农民,各地区、各部门不得收取城镇增容费或其他类似费用。"[②] 城镇户籍制度的改革,开启了我国农村富余劳动力转移过程中从农民到市民的身份转换的通道。

数以亿计的跨区域流动的农民工成为中国经济社会发展中的一个突出现象,逐渐成为城市稳定和发展不可或缺的组成部分。但是,由于农村劳动力异地转移长期受到限制,农民工权益往往得不到应有的保护。为促进农村劳动力异地转移,保障异地转移的公平性,我国开始加强对农民工的服务和管理,如清理对农民工的乱收费、取消收容遣送制度、解决拖欠和克扣农民工工资问题、着手解决农民工子女就学难问题。2003 年,国务院办公厅发布《关于做好农民进城务工就业管理和服务工作的通知》,提出:农村富余劳动力向非农产业和城镇转移,是工业化和现代化的

---

① 白南生等:《回乡,还是进城?——中国农村外出劳动力回流研究》,中国财政经济出版社 2002 年版,第 175~176 页。
② 《十五大以来重要文献选编(中)》,人民出版社 2001 年版,第 1296 页。

必然趋势。农民进城务工就业,促进了农民收入的增加,促进了农业和农村经济结构的调整,促进了城镇化的发展,促进了城市经济和社会的繁荣。农民工已成为中国产业工人的重要组成部分,是工业化、城镇化、现代化的重要推动力量。文件提出了做好农民进城务工就业管理和服务的各项工作的"公平对待、合理引导、完善管理、搞好服务"四原则,并敦促地方政府取消对农民进城务工就业的不合理限制,切实解决拖欠和克扣农民工工资问题,改善农民工的生产生活条件,做好农民工培训工作,多渠道安排农民工子女就学,加强对农民工的管理。① 2008 年 1 月 1 日实施的《中华人民共和国就业促进法》明确规定:"国家实行城乡统筹的就业政策,建立健全城乡劳动者平等就业的制度,引导农业富余劳动力有序转移就业","农村劳动者进城就业享有与城镇劳动者平等的劳动权利,不得对农村劳动者进城就业设置歧视性限制"。②

对农村异地转移劳动力开展职业技能培训也是保障其平等劳动权利的有效途径。在 20 世纪 90 年代实施的农村劳动力开发就业试点工作中,我国就提出要"开展多种形式的培训,提高农村劳动者的素质"③。2003 年 10 月,国务院办公厅又转发了农业部等 6 部门联合制定的《2003—2010 年全国农民工培训规划》,确立了农村劳动力转移培训的指导思想和基本原则,制定了具体的农民工培训目标,对向非农产业和城镇转移的 1000 万农村劳动力开展转移就业前的引导性培训④,对其中的

---

① 郑功成等:《中国农民工问题与社会保护(上)》,人民出版社 2007 年版,第 106 页。
② 《中华人民共和国就业促进法》,人民出版社 2007 年版,第 8、11 页。
③ 如劳动部、农业部、国务院发展研究中心:《关于建立并实施中国农村劳动力开发就业试点项目的通知》(1991 年 1 月 26 日)、《劳动部、农业部、国务院发展研究中心印发中国农村劳动力开发就业试点项目指导小组〈关于在省一级开展农村劳动力开发就业试点工作的意见〉的通知》(1993 年 6 月 18 日)等。
④ 引导性培训是在各级政府支持下开展的公益性培训,主要对广大农民工开展基本权益保护、法律知识、城市生活常识、寻找就业岗位等方面知识的培训,提高其遵守法律法规和依法维护自身权益的意识,树立新的就业观念。

500万人开展职业技能培训①；对已进入非农产业就业的5000万农民工进行岗位培训。2006—2010年,对拟向非农产业和城镇转移的5000万农村劳动力开展引导性培训,并对其中的3000万人开展职业技能培训。同时,对已进入非农产业就业的2亿多农民工开展岗位培训。②

农村富余劳动力向城镇和非农产业大量转移,是人类社会发展的必然趋势,是工业化、城镇化和现代化的必然要求。多渠道转移政策促进了我国农村富余劳动力的又一次快速转移。据统计,农村非农劳动力在1978—2002年间由3149.5万增加到16536万,同期农业劳动力所占全社会劳动力的比重由73.8%下降为50%,下降了23.8%个百分点。③ 更重要的是,我国新时期农村富余劳动力快速转移,既极大地促进了城市经济繁荣,也促进了农村经济社会的发展。

（五）2013年至今：城乡一体化发展与农业转移人口市民化

中共十八大以来,党中央、国务院先后印发了《国家新型城镇化规划(2014—2020年)》《国务院关于进一步推进户籍制度改革的意见》《国务院关于进一步做好为农民工服务工作的意见》《国务院关于实施支持农业转移人口市民化若干财政政策的通知》等重要政策文件,确立了有序推进农民工市民化的总体目标和"四个着力"的工作布局。2013年,习近平在中央城镇化工作会议上讲话强调:推进农业转移人口市民化,"解决好人的问题是推进新型城镇化的关键,城镇化最基本的趋势是农村富余劳动力和农村人口向城镇转移。从目前我国城镇化发展要求来看,主要任务

---

① 职业技能培训是提高农村富余劳动力转岗工作能力和就业竞争力的重要途径和手段,在尊重农民意愿的前提下,按照国家职业标准,进行岗位基本技能和技术操作规程培训,并与技能鉴定工作相结合。
② 《2003—2010年全国农民工培训规划》,载《人民日报》2003年10月2日。
③ 中华人民共和国农业部计划司:《中国农业经济统计大全(1949—1986)》,中国农业出版社1989年版,第14～15页;中华人民共和国农业部:《中国农业发展报告2003》,中国农业出版社2003年,第115页。部分数据系笔者根据统计数据计算所得。

是解决已经转移到城镇就业的农业转移人口落户问题,努力提高农民工融入城镇的素质和能力,提高高校毕业生、技工、职业技术院校毕业生等常住人口的城镇落户率,而不是人为大幅吸引新的人口进城"。① 国务院专门成立了农民工工作领导小组,健全工作机制,完善统计监测,加强工作督察。县级以上地方政府也普遍成立了农民工工作领导小组,有力推动了农民工工作落实。

在支持农民工就业方面,有关部门将促进农民工就业与大学生就业并重,完善失业登记管理办法,全面建立就业服务信息系统,连续13年组织"春风行动"促进农民工与用人单位对接,大力开展农民工职业技能培训,五年来培训农民工超过1亿人次;大力开展就业扶贫行动,600.2万建档立卡农村贫困劳动力实现就业;大力开展对外劳务合作,促进农民工多渠道稳定就业。2017年农民工总量达到2.87亿人,比2012年增加2391万人,年均增长1.8%。

在维护农民工权益方面,制定出台全面治理拖欠农民工工资问题的意见,完善行政执法与刑事司法衔接制度,实行拖欠农民工工资"黑名单"管理制度和联合惩戒机制,定期开展专项执法检查和工作督查,健全处理农民工工资争议长效机制,加强对农民工法律援助等公共法律服务,被拖欠工资的农民工比重2017年下降到0.5%;积极推进工资集体协商,稳步调整最低工资标准,促进农民工工资水平合理增长,农民工月均收入从2012年的2290元增加到2017年的3485元,年均增长8.8%;大力实施全民参保登记计划,做好农民工跨地区流动就业社会保险关系转移接续等工作,大力推进建筑工程按项目参加工伤保险工作,2017年新开工建设项目参保率99.73%,累计将4000多万人次建筑业农民工纳入工伤保险保障;到2017年底,农民工参加职工基本养老保险6202万人、职工基本医疗保险6225万人、工伤保险7839万人、失业保险4897万人,比2012

---

① 《十八大以来重要文献选编(上)》,中央文献出版社2014年版,第593页。

年底分别增长36.5%、24.6%、9.3%、81.2%。

在市民化待遇方面,将持有居住证人口纳入基本公共服务保障范围,城镇基本公共服务常住人口覆盖率不断提高;积极统筹城乡义务教育,将坚持"两为主"扩大到"两纳入"①,约1400万农民工随迁子女实现"两免一补"②资金和生均公用经费基准定额资金可携带,随迁子女在公办学校接受义务教育的比例保持在80%以上;异地高考政策从无到有,除西藏外,各地普遍落实农民工随迁子女在输入地参加高考的政策,五年来在输入地参加高考人数达到41万人;积极推进基本公共卫生计生服务均等化,为农民工提供的健康教育、预防接种、孕产妇保健等服务水平不断提升。积极拓宽住房保障渠道,各地普遍把符合条件的农民工纳入当地住房保障范围。积极将农民工纳入常住地公共文化服务体系,大力开展示范性文化活动。各地在农民工相对集中的城市建设农民工综合服务平台,集中为农民工提供"一站式"服务。

在户籍制度改革方面,围绕推进以人为核心的新型城镇化,统筹推进户籍制度改革,明确推动1亿左右农业转移人口和其他常住人口在城市落户的目标,户籍制度改革政策框架主体基本形成;制定出台"人地钱"挂钩机制等一些关键性配套政策,完善支持农业转移人口市民化的政策体系,建立农业转移人口市民化奖励机制,中央财政仅2017年就下达奖励资金200亿元;全国31个省(区、市)均出台了户籍制度改革实施意见,普遍放宽了农民工进城落户条件,户籍人口城镇化率从2012年的35.3%增长到2016年的41.2%,8000多万农业转移人口成为城镇居民。

在政治权利保障方面,加强民主政治权利保障和人文关怀,农民工社会地位不断提升,积极推荐农民工当选各级党代表、人大代表和政协委

---

① "两为主",即以输入地政府管理为主、以全日制公办中小学为主。"两纳入",即将常住人口纳入区域教育发展规划、将随迁子女教育纳入财政保障范围。
② "两免一补",即对城乡义务教育学生免除学杂费、免费提供教科书,对家庭经济困难寄宿生补助生活费。

员,农民工在国家和社会治理中的参与度不断提高;加强农民工中的党工团组织建设,农民工加入工会人数从2012年的约1亿人增加到2017年的1.4亿人;推动省、市、县级工会配备农民工兼职副主席,截至2017年10月,北京等10个省(区、市)总工会配备了农民工兼职副主席。①

第三节 农村基础设施建设日益完善

农村基础设施建设作为基础设施建设的重要组成部分,是指为乡村居民进行社会生产或者生活提供公共服务的物质性公共设施,不仅在促进农村经济发展方面发挥了重大的作用,而且在促进文化的发展和传播方面提供了"软实力"。因此,农村基础设施建设对于农村的发展具有重要的意义。通过建设农村基础设施可为乡村居民提供生活中所需要的公共服务,以及促进乡村发展的服务项目。农村基础设施的研究一般将农村基础设施分为广义和狭义两类。狭义的基础设施主要是指以经济为基础的物质基础设施,包括交通运输、电力、通信、供排水等公共设施和公共工程等。广义的基础设施除此之外,还包括卫生、教育,等等。② 此处以狭义基础设施建设为研究对象。

---

① 《党的十八大以来农民工工作取得重大进展》,中华人民共和国人力资源和社会保障部网,http://www.mohrss.gov.cn/SYrlzyhshbzb/dongtaixinwen/buneiyaowen/201801/t20180129_287589.html。
② 季娜:《农村基础设施建设现状分析研究》,载《经济研究导刊》2017年第24期。

一、农业生产基础设施建设

农业生产基础设施是指为农业生产过程提供基础性服务的,以及从事农业生产的全过程中所必需的,对农业生产发展有重大作用的物质条件和社会条件,是在农业生产完成的各个环节所使用的劳动材料、劳动对象等生产力要素的总和[①],是发展现代农业、提高农业综合生产能力的关键。改革开放40年来,国家不断加大对农业支持力度,进一步巩固和加强农业基础地位,农业综合生产能力显著提高。

一是全面实施全国新增千亿斤粮食生产能力规划,抓好棉、油、糖等大宗农产品生产。推进菜篮子产品标准化生产,支持生猪、奶牛规模养殖场和畜禽良种繁育体系建设,加强重大动物疫病防控体系建设,增加渔政渔港等建设投入,支持发展远洋渔业。加快农产品质量安全检验检测体系建设,积极发展无公害农产品、绿色食品和有机农产品。

二是突出抓好农田水利基本建设。加大大型灌区续建配套节水改造、中部地区大型排涝泵站更新改造、病险水库除险加固工程等项目投入力度,大力扩大有效灌溉面积,改善农田灌排条件,提高水土资源的产出效率和效益。

三是支持农产品批发市场、粮食现代物流等项目建设,不断加强农村市场体系建设。2013年,根据有关专项规划和投资可能,继续加大对农业基础设施建设的支持力度。加快全国新增千亿斤粮食生产能力建设规划的实施进度,推进农业科技创新和推广,促进农业规模化、标准化生产。着力加强水利重点薄弱环节建设,加大对大型灌区改造与建设、大型排涝泵站更新改造、规模化节水灌溉增效示范等农田水利重点工程投资,进一

---

① 句芳、张正河、贾大猛:《政府对农业生产基础设施投资效应分析》,载《经济与管理》2007年第4期。

步稳定农业生产水利基础,提高农业生产规模化水平和综合生产能力。继续支持农产品批发市场等项目建设,建立适应现代农业发展要求的大市场、大流通。

提高农业综合生产能力,确保国家粮食安全是治国安邦的头等大事。2004年以来,中央出台了一系列扶持农业生产的新举措,形成了一整套新时期扶持农业生产的政策体系,粮食生产实现了历史罕见的"十二连增"。12年间,粮食产量从2004年的8614亿斤增至2015年的1.24万亿斤,增加3786亿斤。这不仅确保了国家粮食安全,而且为保持国民经济平稳较快发展奠定了坚实基础。其间,农业科技贡献率、耕种收综合机械化率、有效灌溉面积比例和灌溉水利用系数均首次突破50%,表明我国农业综合生产能力又迈上了一个新台阶。

在社会主义市场经济条件下推进农业和农村经济发展,必须面向市场,搞活流通。加强农产品流通基础设施建设,做好农产品市场流通工作,是建设现代农业、繁荣农村经济的重要环节,是农户小生产与大市场实现对接、增加农民收入的重要途径,是丰富城乡市场、保障农产品供给的重要载体。改革开放以后,农产品产量和商品量大幅提高,市场经营主体大量涌现,促进了农产品批发市场的发展和兴旺繁荣,农产品批发市场已经成为我国农产品流通的主要渠道。我国农产品批发市场设施不断完善,服务功能得到了提升。

二、农村发展基础设施建设

农村发展基础设施建设是新农村建设的重要内容,与人民群众的生产生活息息相关。在积极推进农田水利和重大水利项目建设的同时,国家大力支持农村饮水安全、电网、公路、沼气、危旧房改造等直接关系农村民生的小型基础设施建设,着力改善农村生产生活条件。国家统计局2016年第三次全国农业普查对全国31925个乡镇和596450个村的基础设施建设和基本社会服务进行了调查。

在交通设施方面,2016年末,在乡镇地域范围内有火车站的乡镇占全部乡镇的8.6%,有码头的占7.7%,有高速公路出入口的占21.5%。99.3%的村通公路,61.9%的村内主要道路有路灯。村委会到最远自然村、居民定居点距离以5公里以内为主(见表3-4)。

表 3-4　乡镇、村交通设施占比表　　　　　　　　　　　　　　　(单位:%)

指标		全国	东部地区	中部地区	西部地区	东北地区
有火车站的乡镇		8.6	7.6	8.3	7.7	18.0
有码头的乡镇		7.7	10.0	8.5	6.7	3.3
有高速公路出入口的乡镇		21.5	28.9	22.6	17.0	19.9
通公路的村		99.3	99.9	99.5	98.3	99.7
按通村主要道路路面类型分的村	水泥路面	76.4	76.4	86.1	70.2	59.3
	柏油路面	20.2	22.2	12.3	22.5	35.1
	沙石路面	2.3	0.6	1.0	5.3	3.3
按村内主要道路路面类型分的村	水泥路面	80.9	84.0	89.7	72.7	60.0
	柏油路面	8.6	11.1	3.4	9.0	15.9
	沙石路面	6.7	2.4	4.7	11.7	18.9
	村内主要道路有路灯的村	61.9	85.9	59.8	35.5	54.1
村委会到最远自然村或居民定居点距离	5公里以内	90.8	97.1	93.0	80.7	90.9
	6~10公里	6.6	2.3	5.5	13.0	7.1
	11~20公里	2.0	0.5	1.3	4.6	1.6
	20公里以上	0.6	0.1	0.2	1.7	0.4

数据来源:《第三次全国农业普查主要数据公报(第三号)》,国家统计局网,http://www.stats.gov.cn/tjsj/tjgb/nypcgb/qgnypcgb/201712/t20171215_1563589.html。

在能源、通信设施方面,99.7%的村通了电,11.9%的村通了天然气,99.5%的村通了电话,82.8%的村安装了有线电视,89.9%的村通了宽带互联网,25.1%的村有电子商务配送站点。

在教育设施方面,96.5%的乡镇设有幼儿园、托儿所,98.0%的乡镇设有小学,96.8%的乡镇拥有图书馆、文化站,11.9%的乡镇建有剧场、影剧院,16.6%的乡镇建有体育场馆,70.6%的乡镇建有公园及休闲健身广场,32.3%的村设有幼儿园、托儿所,59.2%的村建有体育健身场所,41.3%的村建有农民业余文化组织(见表3-5)。

表 3-5　乡镇、村文化教育设施　　　　　　　　　　（单位:%）

	全　国	东部地区	中部地区	西部地区	东北地区
有幼儿园、托儿所的乡镇	96.5	98.7	98.3	94.0	96.9
有小学的乡镇	98.0	98.7	99.5	97.3	95.2
有图书馆、文化站的乡镇	96.8	96.2	98.0	96.6	95.2
有剧场、影剧院的乡镇	11.9	18.5	14.4	7.9	5.9
有体育场馆的乡镇	16.6	20.5	19.4	13.5	12.1
有公园及休闲健身广场的乡镇	70.6	83.2	73.9	59.4	84.0
有幼儿园、托儿所的村	32.3	29.6	36.5	33.0	25.8
有体育健身场所的村	59.2	72.2	55.5	46.0	62.8
有农民业余文化组织的村	41.3	44.4	40.8	36.7	47.1

数据来源:《第三次全国农业普查主要数据公报(第三号)》,国家统计局网,http://www.stats.gov.cn/tjsj/tjgb/nypcgb/qgnypcgb/201712/t20171215_1563589.html。

在水资源利用设施方面,91.3%的乡镇集中或部分集中供水,90.8%的乡镇生活垃圾集中处理或部分集中处理,73.9%的村生活垃圾集中处理或部分集中处理,17.4%的村生活污水集中处理或部分集中处理,53.5%的村完成或部分完成改厕(见表3-6)。

表3-6 乡镇、村卫生处理设施 （单位:%）

	全国	东部地区	中部地区	西部地区	东北地区
集中或部分集中供水的乡镇	91.3	96.1	93.1	87.1	93.6
生活垃圾集中处理或部分集中处理的乡镇	90.8	94.6	92.8	89.0	82.3
生活垃圾集中处理或部分集中处理的村	73.9	90.9	69.7	60.3	53.1
生活污水集中处理或部分集中处理的村	17.4	27.1	12.5	11.6	7.8
完成或部分完成改厕的村	53.5	64.5	49.1	49.1	23.7

数据来源:《第三次全国农业普查主要数据公报(第三号)》,国家统计局网,http://www.stats.gov.cn/tjsj/tjgb/nypcgb/qgnypcgb/201712/t20171215_1563589.html。

在医疗卫生设施方面,99.9%的乡镇配有医疗卫生机构,98.4%的乡镇拥有执业(助理)医师,66.8%的乡镇建有社会福利收养性单位,56.4%的乡镇建有本级政府创办的敬老院,81.9%的村配有卫生室,54.9%的村拥有执业(助理)医师(见表3-7)。

表3-7 乡镇、村医疗和社会福利机构 （单位:%）

	全国	东部地区	中部地区	西部地区	东北地区
有医疗卫生机构的乡镇	99.9	99.9	100.0	99.8	99.7

续表

	全 国	东部地区	中部地区	西部地区	东北地区
有执业（助理）医师的乡镇	98.4	99.6	99.8	96.7	99.3
有社会福利收养性单位的乡镇	66.8	71.7	87.7	53.3	57.0
有本级政府创办的敬老院的乡镇	56.4	61.9	78.0	43.3	40.8
有卫生室的村	81.9	71.9	89.3	86.9	86.2
有执业（助理）医师的村	54.9	49.4	66.7	49.9	60.6

数据来源：《第三次全国农业普查主要数据公报（第三号）》，国家统计局网，http://www.stats.gov.cn/tjsj/tjgb/nypcgb/qgnypcgb/201712/t20171215_1563589.html。

在市场设施方面，68.1%的乡镇建有商品交易市场，39.4%的乡镇建有以粮油、蔬菜、水果为主的专业市场，10.8%的乡镇建有以畜禽为主的专业市场，4.3%的乡镇建有以水产为主的专业市场，47.5%的村配有50平方米以上的综合商店或超市，4.9%的村开展旅游接待服务，30.0%的村开设了有营业执照的餐馆（见表3-8）。①

表3-8 乡镇、村市场占比表　　　　　　　　（单位：%）

	全 国	东部地区	中部地区	西部地区	东北地区
有商品交易市场的乡镇	68.1	75.5	72.3	62.0	65.1
有以粮油、蔬菜、水果为主的专业市场的乡镇	39.4	40.2	43.8	36.2	40.7

---

① 《第三次全国农业普查主要数据公报（第三号）》，国家统计局网，http://www.stats.gov.cn/tjsj/tjgb/nypcgb/qgnypcgb/201712/t20171215_1563589.html。

续表

	全　国	东部地区	中部地区	西部地区	东北地区
有以畜禽为主的专业市场的乡镇	10.8	7.7	12.9	12.2	5.0
有以水产为主的专业市场的乡镇	4.3	5.3	7.2	2.5	1.7
有50平方米以上的综合商店或超市的村	47.5	50.2	54.8	34.0	65.6
开展旅游接待服务的村	4.9	3.8	4.6	6.9	3.2
有营业执照的餐馆的村	30.0	31.3	32.4	26.6	27.1

数据来源：《第三次全国农业普查主要数据公报（第三号）》，国家统计局网，http://www.stats.gov.cn/tjsj/tjgb/nypcgb/qgnypcgb/201712/t20171215_1563589.html。

三、农村生态环境建设

在农村改革和发展取得巨大成就、农村经济取得快速发展的同时，农村环境和生态问题越发突出。由于环境保护意识欠缺，地域和经济发展的局限，政府部门对生态文明建设的资金投入相对不足，相关的基础设施无法顺利运行，后勤保障工作无法顺利开展。而现代农村社会的生产、生活方式发生了巨大改变，传统的生态环境可承受的废弃物逐渐被塑料、电子产品、农药化肥等取代。这些新的废弃物需要相应的基础设施来处理。但是，我国农村地区并没有解决好农村生产、生活方式改变后带来的生态问题，大多数农村地区并没有建立污水处理厂、垃圾处理厂等相应的生态文明基础设施,农村地区环境保护、基础设施建设不能够适应农村生态文明建设的需要。

中国共产党在领导人民进行中国特色社会主义现代化建设时,不断探索农村生态文明建设的路径。在中共十七大报告中,首次对生态文明建设进行了重要的部署。中共十八大首次提出了"经济建设、政治建设、文化建设、社会建设、生态文明建设"中国特色社会主义五位一体的总布局。中共十九大首次为我们提出了美丽中国的建设目标。

"十一五"以来,天然林资源保护、退耕还林、退牧还草、京津风沙源治理、水土保持以及防护林体系建设等重点生态保护和建设工程稳步推进,并陆续启动了青海三江源自然保护区生态保护和建设、青海湖流域生态环境保护与综合治理、甘南黄河重要水源补给生态功能区生态保护与建设、岩溶地区石漠化综合治理、西藏生态安全屏障保护与建设等区域性重点工程,使我国生态保护和建设形成了"面上整体推进,点上重点突破"的基本格局。"十二五"时期,天然林资源保护、京津风沙源治理二期工程建设经国务院审批后正式启动实施。在重点工程的带动下,全国生态保护和建设取得了显著成效。

中共十八大将生态文明建设,尤其是农村生态环境建设纳入中国特色社会主义事业五位一体总布局,并放在了突出地位,提出要加大自然生态系统和环境保护力度。五年来,修复陆生生态,年均新增造林超过9000万亩。森林质量提升,良种使用率从51%提高到61%,造林苗木合格率稳定在90%以上,累计建设国家储备林4895万亩。恢复退化湿地30万亩,退耕还湿20万亩。"三北"防护林工程启动两个百万亩防护林基地建设。[①]

---

① 侯雪静、高敬:《推进美丽中国建设——党的十八大以来生态文明建设成就综述》,载《中国环境报》2017年8月12日。

第四节　农村金融体制改革不断推进

改革开放后的农村金融改革是一场围绕着更好地适应农村发展需要,更好地服务于农业发展和满足农民的信贷需求为目标的,全方位的、多层次的改革,不仅关乎我国整个金融体制的改革效能,关乎金融体系功能是否健全、金融整体改革的成败,也制约着农村市场经济乃至全国市场经济的确立和发展。因此,农村金融体制改革在经济体制改革和农村改革中的地位和作用至关重要。

一、农村金融体系的恢复与改革

农村金融体制改革的核心目标是重拾农村金融供给主体并重构现代农村金融体系。这一阶段的改革主要有以下三个方面。

(一)全面恢复与改革农村信用社

中国农村金融体系恢复是从农村信用社开始的。从1951年5月中国人民银行召开第一次全国农村金融工作会议,颁布《农村信用合作社章程准则(草案)》,标志着新中国信用合作组织在广大农村开始建立。1966年"文化大革命"开始后,一些地方的农村信用社由贫下中农管理委员会直接管理,农村信用社经历了从合作性质到官办性质的转变。早在1977年11月,国务院出台了《关于整顿和加强银行工作的几项规定》,对农村信用社的整顿与改革正式在全国范围内开展起来。此次改革明确了农村信用社的性质,并将农村信用社与人民银行的营业所合二为一,接受人民银行的管理和领导,给予了信用社"银行化"的职能。① 随着农村信用社的深入恢复,围绕农业银行的改革也逐渐提上了日程。1979 年,中国农业银行恢复后重新登上农村金融的历史舞台,领导农村信用社,发展农村金融事业。② 因此,无论是农村信用社恢复阶段隶属于人民银行还是农业银行,本质上走的仍旧是官办的道路,是国家银行的农村基层金融组织而已,农村信用社的性质并没有得到恢复。因此,如何恢复农村信用社的"组织上的群众性、经营上的灵活性、管理上的民主性"属性(即"三性")成为这一阶段农村信用社改革的主要内容和核心目标。

从 1982 年恢复农村信用社"三性"的管理体制改革试点启动到 1996 年《关于农村金融体制改革的决定》出台,农村信用社与中国农业银行脱钩,是中国农村信用社探索"去官办化"、恢复合作金融组织性质、建立独立经济实体的重要阶段。2003 年国务院发布《深化农村信用社改革试点方案》,农村信用合作社进入了合作制改革阶段,"以健全产权制度、理顺管理体制、转换经营机制、增强服务功能为改革内容的农村信用社试点在吉林等 8 省(市)展开"。③ 至此,农村信用社的性质恢复了最初的性质。但是,中国市场化经济体制的建立以及农村金融市场的特殊国情,使得恢复农村信用社合作制性质已不能适应农村发展的现实需要,农村信用社改革进入新的历史发展阶段。

为了更好地适应农村金融外部环境的变化,农村信用社及时调整了改革的方向和思路,从合作制转向以商业化为导引、以股份制为核心、以建立现代金融产权为目的。2003 年,以国务院发布《深化农村信用社改革试点方案》为标志,以"明晰产权关系,强化约束机制,增强服务功能,国

---

① 李德主编:《新中国金融业发展历程(上卷)》,人民出版社 2015 年版,第 129 页。
② 张晓山、李周主编:《新中国农村 60 年的发展与变迁》,人民出版社 2009 年版,第 327 页。
③ 《十届全国人大二次会议〈政府工作报告〉辅导读本》,人民出版社、中国言实出版社 2004 年版,第 76 页。

家适当支持,地方政府负责"为总要求的农村信用社改革正式启动,决定在县级联社的基础上成立省级联社。按照《方案》的要求,选择了吉林等8个省(市)作为农村信用社改革的试点单位,并在2004年的《关于进一步深化农村信用社改革试点的意见》中把试点单位覆盖到北京等21个省(市),2006年又在海南省试点。[1] 改革后,农村信用社的历史包袱和风险隐患得到有效化解,服务"三农"的主力军作用显著增强。截至2015年底,全国农村信用社实现利润2233亿元;不良贷款比例为4.3%,资本充足率为11.6%;涉农贷款余额和农户贷款余额分别为7.8万亿元和3.7万亿元。[2]

(二)恢复与改革中国农业银行

随着农村信用合作社恢复的深入,围绕农业银行的改革也逐渐提上了日程。1979年,中央出台《关于恢复中国农业银行的通知》,农业银行重新登上农村金融的历史舞台,农业银行领导农村信用合作社,发展农村金融事业。为了避免农业银行与人民银行撞车的悲剧重演,在管理归口上明确农业银行系国务院的直属机构。

中国农业银行恢复之后,成为农村地区唯一一家国家银行。中国农业银行的独家垄断引发了各种矛盾和冲突,引发了对中国农业银行的业务改革。1994年4月19日国务院发出通知,正式成立中国农业发展银行,政策性金融业务开始从中国农业银行剥离,并要求农村信用社与农业银行脱钩。1994年,根据国务院提出的国有专业银行应办成真正的国有商业银行的要求,中国农业银行确立了将自己改造成商业银行的发展战略,即收缩乡镇,巩固县城,拓展城区。1996年,农村信用社与中国农业银行脱钩。与农村信用社脱钩后,中国农业银行开始实行商业化发展

---

[1] 《十七大以来重要文献选编(下)》,中央文献出版社2013年版,第764~765页。
[2] 《中国农业发展报告2016》,中国农业出版社2016年版,第127页。

战略。

21 世纪以来,中国农业银行又面临着新的改革和市场定位。2007 年全国金融工作会议决定,农业银行改革要本着面对"三农"整体改制、商业运作、择机上市的整体原则,要求农业银行成为农村金融体系的骨干和支柱,更好地为"三农"和县域服务。2008 年 10 月,国务院原则审议通过《中国农业银行股份制改革实施总体方案》。截至 2008 年底,中国农业银行不良贷款率 4.3%,资本充足率 9.4%,基本完成财务重组工作。[①] 2009 年,农业银行由独资商业银行改制为股份有限公司。在农业银行转制过程中,农业银行"三农金融事业部制"改革试点工作稳步推进,2010 年出台了《中国农业银行三农金融事业部制改革与监管指引》,这是农业银行"三农金融事业部制"改革的纲领性文件。此后,《中国农业银行股份有限公司三农金融部管理章程》《中国农业银行三农金融事业部制改革试点实施方案》《关于扩大中国农业银行"三农金融事业部"改革试点范围等有关事项的通知》等规范性文件陆续出台,农业银行"三农金融事业部"改革工作有序推进。

为了适应农村经济社会发展的需要,农业发展银行改革也随之推进,只是与其他农村金融机构相比,农业发展银行改革的节奏较缓、速度较慢。事实上,从 2006 年开始,农业发展银行就已经着手改革,开展农业综合开发业务就是典型的改革样本。《中共中央关于全面深化改革若干重大问题的决定》明确提出"推进政策性金融机构改革"[②]以来,农业发展银行改革提上日程。2014 年,国务院常务会议审议通过《中国农业发展银行改革实施总体方案》,这标志着作为中国农村金融体系中最后一个改革的农业发展银行正式进入改革的快车道。

---

① 张晓山、李周主编:《新中国农村 60 年的发展与变迁》,人民出版社 2009 年版,第 327～329 页。
② 《十八大以来重要文献选编(上)》,人民出版社 2014 年版,第 518 页。

（三）构建现代化的农村金融体系

现代农村金融服务体系的提出是中国经济体制改革转轨的产物。1992年,中共十四大明确提出了建立社会主义市场经济体制,加速了农业和农村以市场经济为导向的改革。1993年11月,中共十四届三中全会通过的《中共中央关于建立社会主义市场经济体制若干问题的决定》,确定了我国金融体制改革的总体目标。12月,国务院出台了《关于金融体制改革的决定》,这是中国金融体制改革的总纲领,描绘了中国金融体制改革的宏伟蓝图,确立金融体制改革的目标是"建立在国务院领导下,独立执行货币政策的中央银行宏观调控体系;建立政策性金融与商业性金融分离,以国有商业银行为主体、多种金融机构并存的金融组织体系;建立统一开放、有序竞争、严格管理的金融市场体系"①。1996年,国务院正式出台《关于农村金融体制改革的决定》,提出"建立和完善以合作金融为基础,商业性金融、政策性金融分工协作的农村金融体系"②。至此,我国基本形成了农村信用社、农业银行、开办个人储蓄业务的邮局(1986年成立)、开展涉农信贷的国家开发银行(1994年成立)和发展农业政策性金融服务的农业发展银行(1994年成立)等五位一体,农村政策性、商业性和合作性金融"三足鼎立"的现代农村金融组织体系。尽管从1998年开始,坚持商业化导向的中国农业银行等四大国有商业银行陆续退出农村金融市场,但这并没有动摇现代农村金融体系的根基。

1996年8月,国务院发布《关于农村金融体制改革的决定》,提出"建立和完善以合作金融为基础,商业性金融、政策性金融分工协作的农村金融体系","在国务院、省、地、县四级设立农村金融体制改革协调机构,并相应设立办公室","国务院成立农村金融体制改革部际协调小组,由中国

---

① 《十四大以来重要文献选编(上)》,人民出版社1996年版,第593页。
② 《十四大以来重要文献选编(下)》,人民出版社1999年版,第1997页。

人民银行牵头,中国人民银行行长任组长,中央和国务院有关部门及中国农业银行、中国农业发展银行的主管领导参加,办公室设在中国人民银行"。①

中共十八大以来,我国确立了"为全面建成小康社会而奋斗"的目标,提出解决好农业、农村、农民问题是全党工作的重中之重,城乡发展一体化是解决"三农"问题的根本途径。2013年中央一号文件首次明确"优先满足农户信贷需求",要求"加强国家对农村金融改革发展的扶持和引导,切实加大商业性金融支农力度,充分发挥政策性金融和合作性金融作用,确保持续加大涉农信贷投放。创新金融产品和服务,优先满足农户信贷需求,加大新型生产经营主体信贷支持力度",明确农村金融的首要职能是服务、支持"三农"发展,优先满足"三农"资金需求。② 2014年1月,中共中央、国务院发布《关于全面深化农村改革加快推进农业现代化的若干意见》,首次专章对"加快农村金融制度创新"做出详尽规定,分别对各类金融机构提出服务"三农"的要求,要求发展新型农村合作金融组织,加大农业保险支持力度,切实发挥金融"支农"功能。③ 2015年中央一号文件的最大亮点在于提出推动农村金融立法。2015年11月,中共中央办公厅、国务院办公厅印发《深化农村改革综合性实施方案》,明确了今后深化农村改革的指导思想、目标要求、基本原则、重大举措和重要路径,提出了"加快农村金融制度创新"的指导方针和"适合农业农村特点的农村金融体系更加健全"的重要任务。2017年则再次强调积极推动农村金融立法。

截至2015年底,全国共组建以县(市)为单位的一级法人农村信用社1299家,农村商业银行859家,农村合作银行71家,组建村镇银行1270家,仅中西部地区村镇银行就达769家,覆盖了国内60%的县域。④

---

① 《十四大以来重要文献选编(下)》,人民出版社1999年版,第1997、2003~2004页。
② 《十八大以来重要文献选编(上)》,中央文献出版社2014年版,第98页。
③ 《十八大以来重要文献选编(上)》,中央文献出版社2014年版,第712页。
④ 《中国农业发展报告2016》,中国农业出版社2016年版,第127页。

二、农村金融供给与信贷约束

农村金融体制改革初步形成了以农村信用社为主、农业银行和农业发展银行分工合作的农村金融体系格局,但也存在不少问题。对农村融资来讲,资金供给严重不足。四大国有商业银行出于防范风险和盈利考虑,自1999年以来逐步从农村撤走,基本取消了县一级分支机构的放贷权,先后撤销了3100多家县以下金融机构。农业发展银行作为政策性银行,从事的业务和农户关系不大。农业银行出于商业动机,"非农化"趋势加剧。农村信用社在改革中强调风险防范及商业化的经营,也不愿多向农户放贷。据统计,2002年6月底,全国农村信用社的各项贷款中,农业贷款仅占40.5%。农村资金供给严重不足。1999年底,农业和乡镇企业贷款余额占金融机构各项贷款总额的比重仅为10.69%。2000年、2001年和2002年,这一比率分别为10%、10.8%和10.4%。① 与此同时,金融机构从农村抽走的资金却在增多。据估计,2001年国有商业银行以吸收存款方式从农村抽走的资金估计达3000亿元。② 近年来邮政储蓄一项每年从农村吸走的资金大约为6000亿元。信用社存贷余额不断扩大,也是从农村抽走资金的重要渠道。2001年和2002年,农村信用社的农业贷款与农户存款的比率也不足0.4%。③ 这说明农村资金非农化的趋势严重。统计表明,1996—2001年,农村信贷资金净流出从1912亿元增加到4780亿元,增长了1.5倍。④ 资金供给严重不足,而资金需求巨大。面对日益巨大的供需缺口,非正规金融发展有了巨大的空间。据学者2001年对中

---

① 《中国金融年鉴2003》,中国金融出版社2004年版。
② 杨少俊:《深化农村金融改革,改进农村金融服务》,载《文稿》2002年第3期。
③ 《中国金融年鉴2003》,中国金融出版社2004年版。农业贷款口径大于农户贷款口径,即便以农业贷款计算,农村信用社的贷存比也没有超过1984年。
④ 《中国金融年鉴2002》,中国金融出版社2003年版。

国东、中、西部共15个省24个市县的一些村庄所做的个案调查,发现民间借贷的发生率高达95%,高利息的民间借贷发生率达到85%。①

农村金融市场一方面面临着供给与需求失衡问题,一方面面临着农村民间资本的合法化难题。如何让民间资本合法进入农村金融市场成为21世纪以来农村金融改革的难题。2005年2月,国务院发布《关于鼓励支持和引导个体私营等非公有制经济发展的若干意见》提出"农村信用社要积极吸引农民、个体工商户和中小企业入股,增强资本实力"②,为农村民间资本进入农村金融市场奠定了基础。同年3月,政府工作报告中首次提出"金融机构所有制多元化"的概念,这就为农村金融资本进驻农村金融机构提供了政策基础。

中国农村信用社扩资入股改革就是典型的农村金融增量改革。农村信用社"扩资"式的增量改革门槛较高、空间有限,无法把农村民间资本真正盘活。为此,中央采取降低农村金融市场准入的方式引进农村金融组织。从2005年开始,进行了"农村小额信贷组织"试点工作。从2006年开始,中央陆续出台《关于调整放宽农村地区银行业金融机构准入政策更好支持社会主义新农村建设的若干意见》等文件,明确提出"积极支持和引导境内外银行资本、产业资本和民间资本到农村地区投资、收购、新设"包括村镇银行和社区性信用合作组织等在内的各类银行业金融机构③,并把农村资金互助社、村镇银行和贷款公司等纳入试点范围,首批试点工作在吉林、四川、内蒙古、青海等6省(区)开展。2007年,村镇银行等试点工作扩大到全国31个省(区、市)。

为了更好地规范和约束农村新型金融机构的发展,人民银行、银监会等部门陆续出台了《农村资金互助社管理暂行规定》(2007年)、《村镇银行管理暂行规定》(2007年)、《关于银行业金融机构大力发展农村小额贷

---

① 温铁军:《我国农村普遍发生高利贷的问题、情况与政策建议》。参见温铁军:《三农问题与世纪反思》,生活·读书·新知三联书店2005年版。
② 《十六大以来重要文献选编(中)》,人民出版社2011年版,第687页。
③ 李静、韩斌:《中国农村市场化研究报告》,东方出版社2011年版,第70页。

款业务的指导意见》(2007年)、《关于小额贷款公司试点的指导意见》(2008年)、《关于村镇银行、贷款公司、农村资金互助社、小额贷款公司有关政策的通知》(2008年)等文件,有效地推动了农村新型金融机构的发展,为中国农村金融增量发展提供了制度保障。从实践效果看,农村金融增量改革是中国农村金融改革成功的标本,具有可复制的经验和推广的价值。综合来看,基本形成了普适性、差异化的农村金融供给体系,在促进农村经济发展、减少农村贫困和实现农村社会公平方面成就斐然,整体实现了供需格局从低水平均衡向高水平均衡过渡。①

截至2015年底,银行业金融机构涉农贷款余额26.4万亿元,同比增长11.7%,涉农贷款余额在各项人民币贷款余额中的占比达28.1%,涉农新增贷款在全年新增贷款中占比32.9%。全国支农再贷款余额1962亿元,支小再贷款余额752亿元,再贴现余额1305亿元。②

三、民间金融活动的有效补充与风险

由于民间金融在一定程度上补充了农村正规金融市场的不足,国家在改革开放之初对待农村民间金融的态度是温和甚至鼓励的。1981年5月,国务院批转中国农业银行《关于农村借贷问题的报告》,明确提出:"对待农村的信用关系,在国家银行和信用社的信用占主导地位的条件下,允许集体与社员、社员与社员之间的正当借贷存在,作为银行、信用社信用的补充,对于发展农业生产是有好处的。""个人之间互通有无的借贷,将会长期存在,应当予以保护","必须严格区别个人之间的正常借贷与农

---

① 中国银行业监督管理委员会:《关于调整放宽农村地区银行业金融机构准入政策 更好支持社会主义新农村建设的若干意见》,http://www.cbrc.gov.cn/chinese/home/docDOC_ReadView/2923.html。
② 《中国农业发展报告2016》,中国农业出版社2016年版,第126页。

高利贷活动。对于个人之间的正常借贷利息偏高的,不能视为高利贷者"①。

在国家的正面肯定与支持下,农村民间金融取得了快速发展,不论是贫困地区还是富裕地区、粮食产区还是沿海渔区、偏远山区还是城市郊区都普遍存在,呈现出"地广、面宽、金额大"等特征。农村民间借贷资金的主要来源形式有社员的农业劳动收入,农民从事商业、服务业、运输业的劳务收入,以及从银行、信用社低利贷款转手放债等三种形式。这一时期民间借贷形式主要有社队向社员筹资、社队之间借贷(社队企业之间的相互借贷和资金占用,属于商业信用性质)、乡镇企业集资(以资代劳、以劳代资、入股分红、支付利息等形式)和个人间借贷(生产、生活借贷)等。伴随着农村民间金融的发展,摇会、标会、打会、私人钱庄以及扮演金融中介的"银中"等农村民间金融组织也悄然兴起。由于农村民间金融的日渐壮大,1985年中国调控信贷规模时,调控仅在农村信用社等农村正规金融组织范围内得以贯彻,相反,农村民间金融市场的调控不但没有取得应有的成效,反而进一步刺激了农村民间金融的发展。民间金融在快速发展过程中,也滋生了农村高利贷问题。高利贷违背了社会主义的性质,扰乱了金融市场,影响了社会主义经济的发展,助长了投机等不良社会风气,限制了农村信用社吸储业务的开展。为了鼓励农村经济社会的发展,不打消生产者的积极性,中央提出要审慎对待高利贷问题,强调应从资金的使用途径和效益上来界定高利贷,而不是仅仅从利率的高低来认定。

1987年1月,中共中央政治局通过《把农村改革引向深入》的文件,指出:"一部分乡、村合作经济组织或企业集体建立了合作基金会;有的地方建立了信托投资公司。这些信用活动适应发展商品生产的不同要求,有利于集中社会闲散资金,缓和农业银行、信用社资金供应不足的矛盾,原则上应当予以肯定和支持。"②这一精神推动了各地农村合作基金会等新

---

① 《中华人民共和国现行法规汇编(1949—1985)财贸卷》,人民出版社1987年版,第324~325页。
② 《十二大以来重要文献选编(下)》,人民出版社1988年版,第1232页。

的农村金融组织的成立和发展。

农村合作基金会①是建立在解决人民公社改制过程中集体资产流失、盘活乡社积累资本基础上,本着"清财收欠,以欠转贷"方针成立的新型农村金融组织。1984年,随着中国第一家农村合作基金会正式诞生,农村合作基金会犹如雨后春笋般在全国各地兴起。农村合作基金会的类型丰富、内容多元、形式多样,主要有社区性农村合作基金会、专业性农村合作基金会、企业性农村股份合作基金会②三种类型,包括以救灾扶贫为主要目的的互助储金会、以发展生产为目的的生产发展基金会、以服务农民信贷交易为主的农村资金拆借市场以及股份合作基金会、农村互助储金会等多种具体形式。农村合作基金会适应发展商品生产的不同要求,有利于集中社会闲散资金,缓和农业银行、信用社资金供应不足的矛盾③,在满足农业发展高产、优质、高效的需要等方面具有重要的作用。因此,从1992年到1993年,中央对农村合作基金会的发展持鼓励的态度,指出"允许农民和集体的资金自由地或有组织地流动,不受地区限制"④。

伴随着农村合作基金会等农村金融机构的快速发展,风险与问题也随之出现,并严重扰乱了金融市场秩序,国家开始对农村合作基金会进行整顿。对农村合作基金会的整顿最早可追溯到1994年。其后1996年通过的《关于农村金融体制改革的决定》明确提出要对社区性合作基金会进行整顿,把农村合作基金会纳入农村信用社管理体制,并于1997年开始全面整顿。1998年,《非法金融机构和非法金融业务活动取缔办法》出台,对农村合作基金会的整顿进一步深入。到1999年1月,农村合作基金会在全国范围内被统一取缔和撤销。2000年6月,朱镕基批示关于农

---

① 关于农村合作基金会的定义,农业部在1993年第八号文件中做出了界定:"农村合作基金会是在坚持资金所有权及其相应的收益权不变的前提下,由乡村集体经济组织和农户按照自愿互利、有偿使用的原则而建立的社区性资金互助合作组织。它的宗旨是:为农民服务,为农业生产服务,为发展农村集体经济服务。"
② 温铁军:《农村合作基金会的兴衰史》,《中国老区建设》2009年第9期。
③ 《十二大以来重要文献选编(下)》,人民出版社1988年版,第1232页。
④ 《十二大以来重要文献选编(上)》,人民出版社1988年版,第426页。

村合作基金会、信托投资公司等民间金融机构的债务"主要应由地方自力更生偿还(尽管人民银行失于监管,也有一定责任),并且认真清理、整顿,追究责任,追捕罪犯"①。至此,存续了16年的农村合作基金会正式告别历史的舞台,特别是2002年,中央出台《中国人民银行关于取缔地下钱庄及打击高利贷行为的通知》,中国农村民间金融发展进入了低潮时期。

　　随着市场经济的不断发育成长,市场经济要求各种要素自由流动,对资金不应人为地加以过多的限制,正规金融和非正规金融应该按照公平竞争的原则整合成一个更大的金融体系。2005年4月,国务院下发《关于2005年深化经济体制改革的意见》,要求"整合并规范发展地方中小金融机构,鼓励社会资金参与城市信用社和城市商业银行等金融机构的重组改造"。同年,中国人民银行决定在山西、四川、贵州、内蒙古和陕西5省(区)各挑选1个县(旗)进行小额贷款公司试点。2006年,中国银监会发布《关于调整放宽农村地区银行业金融机构准入政策 更好支持社会主义新农村建设的若干意见》,要求"按照商业可持续原则,适度调整和放宽农村地区银行业金融机构准入政策,降低准入门槛,强化监管约束,加大政策支持",并表示"本意见适用于中西部、东北和海南省的县(市)及县(市)以下地区,以及其他省(区、市)的国定贫困县和省定贫困县"。首批试点选择在四川、青海、甘肃、内蒙古、吉林和湖北6省(区)的农村地区。这个意见的出台,以及央行和银监会针对农村民间金融的试点工作,对于促进农村民间金融的合法化运作起到了重要的作用。②

---

① 《朱镕基讲话实录(第3卷)》,人民出版社2011年版,第515页。
② 李静、韩斌:《中国农村市场化研究报告》,东方出版社2011年版,第70页。

第四章

**健全乡村治理体系
建设管理民主的社会主义新农村**

> 中共十九大明确提出,推进乡村治理,实施乡村振兴战略。乡村治理是指以乡村政府为基础的国家机构和乡村其他权威机构给乡村社会提供公共服务的活动。推进乡村治理体系和治理能力现代化,加强农村基层民主政治建设,切实保障亿万农民群众当家作主的权利,是关系我国农村改革和发展、乡村振兴战略实施的重大现实问题,对中国实现社会主义现代化、全面建成小康社会具有重大意义。

第一节 创立发展"乡政村治"体制

中国乡村治理是从改革开放之初人民公社解体和乡镇机构改革开始的。改革的突出举措就是逐渐瓦解人民公社,确立"乡政村治"体制,并大量撤并乡镇机构。

一、人民公社解体

中国农村人民公社化运动自1958年8月兴起,人民公社在农村迅速占据了统治地位。人民公社实行的是政社合一的体制,既是农林牧副渔五业并举、一大二公的经济组织,发挥着集体经济组织的作用,又是工农商学兵五位一体、政社合一的农村基层政权组织,承担着原来乡人民政府的行政职能。长期以来,人民公社一直坚持"三级所有,队为基础"的基本制度。随着1978年一些地方家庭联产承包责任制的逐步实施,农村微观经济组织逐步演变为以家庭承包经营为基础、统分结合的双层经营体制。显然,人民公社政社合一的体制已经无法适应形势的发展,实行政社分离,乃至废除人民公社而重建基层政权组织就成了唯一的选择。

在这种背景下,一些地方开始了撤社建乡的试点。四川省广汉县①,位于成都平原东北部,在人民公社体制改革以前,共有21个公社、1个镇、264个生产大队、2365个生产队,人口478800人,耕地475000亩。最大的公社3.2万人,最小的公社1.2万人,其他的一般都是1.5万人至2万人。广汉县的改革于1979年4月启动,并选取向阳公社作为改革试点单位。在中共四川省委主要负责人的支持下,1980年4月,向阳正式摘掉人民公社的牌子,改为乡人民政府。不久,广汉全县都将人民公社改为乡,生产大队改为村,生产队改为合作社,除原城郊公社分为3个乡外,其余都是一社改为一乡,全县21个公社改为23个乡。在广汉进行人民公社体制改革的同时,四川邛崃、新都也进行了公社体制改革,只是在原生产队的名称上有所差异,广汉叫农业生产合作社,邛崃、新都仍叫生产队。②

然而,人民公社政社合一的体制是被载入宪法的。1975年四届全国人大第一次会议通过的《中华人民共和国宪法》规定:"农村人民公社是政社合一的组织","农村人民公社经济是社会主义劳动群众集体所有制经济,现在一般实行公社、生产大队、生产队三级所有,而以生产队为基本核算单位"。1978年在修改宪法时,上述内容基本上都被保留,而且还增加了"生产大队在条件成熟的时候,可以向大队为基本核算单位过渡"的内容。③ 这些规定显然已经不适应形势发展的需要。1982年12月4日,中共中央、国务院发出《关于〈中华人民共和国宪法〉(修正草案)中规定农村人民公社政社分开问题的通知》,指出宪法修正草案即将提交全国人大常

---

① 广汉县,1950年属绵阳专区,1953年改属温江专区,1983年3月划入成都市,同年8月划入德阳市,1988年撤县建市。
② 罗平汉:《农村人民公社史》,人民出版社2016年版,第478、479页。
③ 《中华人民共和国第五届全国人民代表大会第一次会议文件》,人民出版社1978年版,第61页。

委会讨论,提出改变现行的政社合一的人民公社体制,设立乡人民政府,人民公社为集体经济组织,不再兼负政权职能。①

在此前后,一些省、直辖市、自治区相继开展了政社分开、建立乡政权的试点工作。截至1982年8月,已有四川、安徽、山东、甘肃、江苏、河北、北京等省(市)的少数县的一些公社进行试点。各地做法各有不同,如四川省广汉,吉林省农安、怀德、榆树、敦化,安徽省凤阳,江苏省江宁、江都,河北省永清、抚宁、无极,北京市昌平、丰台等县区,基本上都是一社一乡。山东省菏泽县②将公社改为区,将公社下设的管理区改为乡。甘肃省古浪县在5个公社的基础上建立3个区,将生产大队加以调整,建立乡,一个区管辖4~8个乡,每个乡平均管辖5000人左右。福建省福鼎、明溪以生产大队为基础建乡,最大的乡管辖2000多人,最小的乡管辖的人口还不到300人。对于乡的组织结构,所有试点的地方都建立了乡党委和乡人民政府,但在经济组织的设置上则形式多样,如农工商联合公司、农工商联合生产合作社等,有的则作为集体经济组织形式保留人民公社名称。对于村一级组织的设置,按生产大队建立行政村、村公所、村政府或村民委员会等。

在各地试点探索的基础上,1982年12月,五届全国人大第五次会议通过了新的《中华人民共和国宪法》,改变人民公社政社合一的体制,设立乡政权,规定农村按居住地区设立的村民委员会是基层群众性自治组织。村民委员会的主任、副主任和委员由村民选举产生,村民委员会设人民调解、治安保卫、公共卫生等委员会,办理本居住地区的公共事务和公益事业,调解民间纠纷,协助维护社会治安,并且向人民政府反映群众的意见、要求和提出建议。③ 同时,这次会议还修订了《中华人民共和国地方各级

---

① 罗平汉:《农村人民公社史》,人民出版社2016年版,第481页。
② 菏泽县,1960年改为菏泽市(县级市),1963年撤市复县,1983年再改为菏泽市,2000年撤销山东菏泽地区和县级山东菏泽市,设立地级菏泽市。菏泽市设立牡丹区,以原县级菏泽市的行政区域为牡丹区的行政区域。
③ 《中华人民共和国宪法(1982)》,人民出版社1982年版,第48~50页。

人民代表大会和地方各级人民政府组织法》，对乡、民族乡、镇和以上的各级人民政府的职权做出了规定："(一)执行本级人民代表大会和它的常务委员会的决议，以及上级国家行政机关的决议和命令，规定行政措施，发布决议和命令，省、自治区、直辖市以及省、自治区的人民政府所在地的市和经国务院批准的较大的市的人民政府，还可以根据法律和国务院的行政法规，制定规章；(二)领导所属各工作部门和下级人民政府的工作；(三)改变或者撤销所属各工作部门的不适当的命令、指示和下级人民政府的不适当的决议、命令；(四)依照法律的规定任免和奖惩国家机关工作人员；(五)执行经济计划和预算，管理本行政区域内经济、文化建设和民政、公安等工作；(六)保护社会主义的全民所有的财产和劳动群众集体所有的财产，保护公民私人所有的合法财产，维护社会秩序，保障公民的人身权利、民主权利和其他权利；(七)保障农村集体经济组织应有的自主权；(八)保障少数民族的权利和尊重少数民族的风俗习惯，省人民政府并且帮助本省各少数民族聚居的地方实行区域自治，帮助各少数民族发展政治、经济和文化的建设事业；(九)保障妇女同男子有平等的政治权利、劳动权利、同工同酬和其他权利；(十)办理上级国家行政机关交办的其他事项。"① 从此，建立乡镇人民政府和村民委员会就有了法律依据。

为了推进政社分开和建立村民委员会，1983 年 4 月 21 日，载《人民日报》发表《进一步做好民政工作》的社论，认为实行政社分开，通过试点逐步建立起乡人民政权，是一项关系巩固我国基层政权组织，健全社会主义民主和法制，巩固人民民主专政的大事。居民委员会和村民委员会是民众自己管理自己事务的群众性自治组织。② 10 月 12 日，中共中央、国务院发出《关于实行政社分开建立乡政府的通知》，要求各地有领导、有步骤地搞好农村政社分开的改革，争取在 1984 年底以前大体完成建立乡政府的工作，改变党不管党、政不管政和政企不分的状况。③ 随后，人民公社政

---

① 《中华人民共和国法律汇编(1979—1984)》，人民出版社 1985 年版，第 415～416 页。
② 《进一步做好民政工作》，载《人民日报》1983 年 4 月 21 日。
③ 《新时期农业和农村工作重要文献选编》，中央文献出版社 1992 年版，第 220 页。

社分开、建立乡人民政府的工作在全国各地陆续展开。据不完全统计,到1983年10月中下旬,全国已有902个县(市、区)的9028个人民公社实行了政社分开,共建立了12786个乡人民政府。其中,176个县(市、区)在全县范围内全部建立了乡政府。截至1984年底,全国共建乡84340多个,新建村822000多个。全国已有28个省、自治区、直辖市全部完成建乡工作,已经实行政社分开的公社占公社总数的98.38%。各地在建立乡政府的同时,在相当于乡的少数民族聚居区开展了建立民族乡的工作。1984年底,全国已建立民族乡2700个。① 至此,全国政社分开、建立乡政府的工作基本结束,在中国农村实行了20多年的人民公社不复存在。

二、"乡政村治"体制确立

新时期中国农村改革最直接的目标和最重要的成果就是对人民公社体制的解体,中共十一届三中全会确定改革开放路线后,农村经济改革的深入发展涉及了乡村治理体制,农村实行了以家庭联产承包责任制为主要内容的农村经济体制改革,农户成为相对独立的生产经营者,家庭经济的兴起客观上使超经济力量的强制作用降低,国家权力开始从农村社会后退,"撤社建乡"逐渐在乡镇一级展开,而政社分设后产生的"乡政村治"体制也成了当代中国农村社会最基本的社会组织方式。

1982年12月通过的《中华人民共和国宪法》确定废除人民公社体制,建乡设村,第95条规定:"省、直辖市、县、市、市辖区、乡、民族乡、镇设立人民代表大会和人民政府";第111条规定:农村按居住地设立的"村民委员会是基层群众性自治组织"②,从此开启了"乡政村治"的农村基层治理模式。"乡政"是指乡镇政府作为国家最基层的一级政权,具有系统而完

---

① 罗平汉:《农村人民公社史》,人民出版社2016年版,第486~487页。
② 《中华人民共和国宪法》,人民出版社2018年版,第46、52页。

整的组织机构,掌握了农村社会最主要的政治、经济、社会和文化资源,在政治、经济、文化、社会等管理职能上控制和主导着农村的发展,突出于"政";"村治"是指村级组织在自治基础上对村域事务的具体管理,突出于"治"。"乡政村治"体制的形成主要经历了两个阶段。

(一) 1982—1987 年:"乡政村治"体制确立阶段

在这一阶段,以原有公社的管辖范围为基础建立乡(镇),大队和生产队相应改成村和组。1982 年 12 月新颁布的《中华人民共和国宪法》规定:乡、民族乡、镇是我国最基层的行政区域,乡镇行政区域内的行政工作由乡镇人民政府负责,设立人民代表大会和人民政府;乡镇人民政府实行乡长、镇长负责制,乡镇长由乡镇人民代表大会选举产生;乡人民政府建立后,要依法行使职权,领导本乡的经济、文化和各项社会建设。[①] 1983 年 10 月 12 日,中共中央、国务院发布《关于实行政社分开建立乡政府的通知》,指出:随着农村经济体制的改革,现行农村政社合一的体制显得不适应,当前的首要任务是把政社分开,建立乡政府,同时按乡建立乡党委,并根据生产的需要和群众的意愿逐步建立经济组织,乡的规模一般以原有公社的管辖范围为基础,其编制不得超过现在公社的人员编制。[②] 之后,全国各地的乡镇普遍建立了完备的党委、人大、政府及政协等政权组织。这些组织机构分别从党务、立法、行政和统战等系统强化着国家政权,以保证国家权力从中央到地方的统一性。1987 年 11 月,全国人大常委会通过了《中华人民共和国村民委员会组织法(试行)》,对村民委员会的性质、地位、职责、产生方式、组织机构和工作方式以及村民会议的权力和组织形式等做了规定,村民委员会和村民小组是基层群众性自治组织,依法自治,它与乡(镇)之间在法律上不再是行政上的上下级和直接的"领导关

---

① 《中华人民共和国宪法》,人民出版社 2018 年版,第 47 页。
② 《新时期农业和农村工作重要文献选编》,中央文献出版社 1992 年版,第 220 页。

系",而是"指导关系",从而使村民自治作为一项新型的群众自治制度和直接民主制度在法律上确立起来。① 1982—1988年,全国各地普遍建立了村委会。尽管还没有实行村干部的民主选举,但村级组织建设开始规范,村级干部也在精简。

(二) 1988年至20世纪90年代末:"乡政村治"体制成熟并完善阶段

这一阶段主要强调村的自治权,全国普遍开展了村级民主选举、村务公开、建章立制等自治活动,并在全国建立起一批示范县。1998年11月4日,九届全国人大常委会第五次会议修订通过了《中华人民共和国村民委员会组织法》,其制定的宗旨是"保障农村村民实行自治,由村民群众依法办理自己的事情,发展农村基层民主,促进农村社会主义物质文明和精神文明建设";对村民委员会的性质、设置、职能、工作原则、工作机构等做了具体规定,"村民委员会是村民自我管理、自我教育、自我服务的基层群众性自治组织,实行民主选举、民主决策、民主管理、民主监督",村民委员会的主要职能有"办理本村的公共事务和公益事业,调解民间纠纷,协助维护社会治安,向人民政府反映村民的意见、要求和提出建议"等;规定"村民委员会主任、副主任和委员,由村民直接选举产生。任何组织或者个人不得指定、委派或者撤换村民委员会成员"②。村委会不再是国家政权的组成部分,也不像公社时期直接支配个人,乡镇政权与村民委员会是指导与被指导的关系,乡村事务在村一级形成了村民"民主选举、民主决策、民主管理、民主监督"的民主自治机制。

"乡政村治"体制重新构建了农村基层的行政组织与管理体系,力图重新划定国家权力与社会权力、农村基层政府与农村基层自治组织的权力边界,形成国家(乡镇)行政权力—村民自治权利(村党支部和村委

---

① 《中华人民共和国法律汇编(1987)》,人民出版社1988年版,第53~55页。
② 《中华人民共和国法律汇编(1988)》,人民出版社1989年版,第98~100页。

会)—村民的三重互动构架,为乡村社会的自我组织和管理提供一定的社会和政治空间,也为农民群众的经济自主和政治民主提供制度和组织框架,增强了基层社会的自主性、民主性,对于培育农村市场经济和发展乡村民主有着深远的影响和意义,特别是家庭联产承包制调动了广大农民的生产积极性,农村经济迅速发展,农民生活水平有较大提高,减少了对国家和集体的依附从而增强了农民的个体意识。同时,"乡政村治"格局下的村民自治体现了国家权力对中国地方传统乡贤自治和"权力文化网络"的尊重,注重国家政治与文化、现代性与地方传统性的交互与融合,国家在这个过程中能更好地实现对乡村的控制,而地方也由此获得更多自主权、自治权。这些都有利于社会资源配置的有效性以及乡村社会的稳定和发展。

但是,在实践运行中,公社体制遗留下的"党政不分"、高度集权等问题在"乡政村治"体制下仍然存在,再加上财权、事权不对称的财税体制等制度性障碍的综合作用,"乡政村治"面临困境。如,在中国的分税制财政体制之下,乡镇政权体制一体化运作和政府职能残缺并存。上面各级政府把财权上收、事权下沉,县乡之间的"财政承包体制"使主动权始终掌握在县级政府手中,乡政府则处于被动、服从的不平等地位。在中央对地方和基层财政的支持和转移支付的能力有限的情况下,乡镇财政紧缺是一个普遍的现象。为了顺利、按时、足额完成上级分配的各种任务(特别是税收任务),应付上级的目标绩效考核,以确保自身利益和通往权力之路不受影响,乡镇干部不得不纷纷扩张机构,增加人员。而在事权与财权不对等的情况下,乡镇政府把财政负担转嫁到农民身上,通过控制村委会,将县级的各项指标下达到村、到户,将压力转嫁到村民身上,特别是有些地方为了缓解乡镇财政的负担或乡镇干部自己获利,采取各种名目增加农民负担,并在与民争利时出现了各种非法的失范行为;财政紧缺还导致乡镇政府在提供公共产品和公共服务方面"不作为"或"消极作为",这就从体制上促成了"乡政"向国家经纪人的蜕变,乡镇政府成为国家政权在地方的代表。这些问题,实际上是国家权力与村庄自治权、社区组织与村民个人权利的边界不清的问题,任何组织性权力的边界模糊都会导致主体的权利和义务关系的不确定性。"乡政村治"实质上已是"村务乡治",层层承包式的"经济—政治"体制,实质上是一种"县—乡镇—村(党支部)"连坐制度加上"分灶吃饭"式的财税体制和"分税制"改革,乡村政权最终完成了向"国家经纪人"角色的转换。这不仅妨碍了乡村社会的发展,更主要的是它直接损害了国家在乡村的合法性基础。

由于农村治理体制不协调,20世纪90年代末,某些地区乡镇政府向农民转嫁财政危机,导致了农村的进一步贫困化,干群矛盾凸显。国家试图通过强调"村民自治"来制约乡村干部的权力,解决地方政权内卷化带来的问题,但是农村治理体制既无法从个案上逐一疏导,又难以在利益驱动下从根本制度上予以缓解,大多数积极的改革举措被各种消极因素化解并消于无形,"三农"危机从某种程度上也反映了乡村基层治理模式的不适应性。

三、撤乡并镇并村与乡镇机构改革

20世纪90年代末开始,在农村税费改革的影响下,政府主导开展大规模的撤并乡镇机构。20世纪80年代初,我国乡镇数量超过7万个,到1999年减少到44741个,到2006年末仅存34756个,减少了一半左右。值得注意的是,农村总人口在1992—2004年的12年里逐步减少的情况下,乡镇平均人口和行政村平均人口都有所增加,然而一些自然村消失了。以浙江为例,2003年开始,一年多时间里大规模并村,村庄的数量已从原来的4万多个缩减到20世纪初的3.8万个。丽水的400多个自然村消失了,温州撤并了500多个自然村。①

表4-1所示为1992—2006年中国乡村人口、就业和基层组织情况。

---

① 党国英:《乡镇撤并基本完成 实际效果还须检验》,载《人民论坛》2006年第3期。

表 4-1 1992—2006 年中国乡村人口、就业和基层组织情况

年 指标	1999	2000	2002	2003	2004	2006
乡镇数/个	44741	43735	39054	38028	36952	34756
村委会/个	737429	734715	694515	678589	652718	637011
人口/万人	79563	80837	78241	76851	75705	
行政村平均人口/人		1100	1127	1133	1160	
乡村户数/万户	23810.5	24148.7	24569.4	24793.1	24971	20016
乡村从业人员/万人	46896.5	47962.1	48526.9	48971	49695	47852

资料来源:《中国统计年鉴(1997)》《中国统计年鉴(2005)》《中国统计年鉴(2007)》。

2004 年,中央一号文件对撤乡并镇并村提供了政策支持,要求"进一步精简乡镇机构和财政供养人员,积极稳妥地调整乡镇建制,有条件的可实行并村,提倡干部交叉任职"[①]。2006 年 3 月 14 日,十届全国人大第四次会议批准的《中华人民共和国国民经济和社会发展第十一个五年规划纲要》中提出,要"巩固农村税费改革成果,全面推进农村综合改革,基本完成乡镇机构、农村义务教育和县乡财政管理体制等改革任务"[②]。机构改革的主要做法是:党、政和人大机构实行合署办公,通过主要领导兼职,减少领导职数;精简机构,减少干部职数,一个乡镇党政机构的数量通常是 2~5 个;传统的"七站八所"的职能实行分解,公共服务职能转移到县级业务部门,其他职能实行市场化运转,县级业务部门可以通过有偿委托站所开展业务的办法实现其公共服务职能;乡村中小学调整布局、压缩校点。

随后,各地积极展开撤乡并镇并村工作。如,浙江省温州市做出了"人口达不到 500 人的小村庄一般都予以撤并"的决定;云南省政府 2004

---

① 《中共中央国务院关于"三农"工作的一号文件汇编(1982—2014)》,人民出版社 2014 年版,第 90 页。
② 《中华人民共和国国民经济和社会发展第十一个五年规划纲要》,人民出版社 2006 年版,第 18 页。

年8月做出决定,到2005年底,全省乡镇总数在原有基础上减少15%左右;四川省成都市2004年9月开始乡镇行政区划调整,短期内将乡镇数量由316个减少到240个,调整比例达到24%。地方政府在撤乡并镇并村方面表现积极,究其原因主要是农村城镇化的推动和取消农业税所产生的财政压力。

进入21世纪以来,中央在2000年末发布的《关于市县乡人员编制精简的意见》与2003年3月发布的《关于全面推进农村税费改革试点工作的意见》,进一步推动乡镇合并,精简机构和人员,将机构中的闲置人员派遣到人员紧缺的岗位和部门,提高了工作效率,完善了服务体系,同时也减轻了老百姓的农业税负担,调动了人民群众的劳动积极性。到2004年1月,除烟叶外的农业特产税全部取消,通过中央下达的重要方针政策,全国乡镇机构和税收的改革大刀阔斧地进行。2006年10月,国务院发布《关于做好农村综合改革工作有关问题的通知》,指出推进乡镇机构改革的总要求是:"坚持因地制宜、精简效能、权责一致的原则,转变政府职能,精简机构人员,提高行政效率,建立行为规范、运转协调、公正透明、廉洁高效的基层行政管理体制和运行机制。"[1]要求各地要积极稳妥地合理调整乡镇机构,改革和整合乡镇事业站所,精简富余人员。

第二节　完善农村民主管理制度

改革开放以来,中国共产党领导亿万农民在推进农村民主管理建设方面进行了伟大的探索,以村民自治为核心的农村民主获得了极大发展,

---

[1] 《十六大以来重要文献选编(下)》,中央文献出版社2008年版,第643页。

亿万农民日益走上经济富裕、政治民主、社会和谐的中国特色社会主义发展道路。

一、加强党的农村基层组织建设

改革开放 40 年来,党的农村基层组织建设根据组织设置、管理方式和党员队伍建设的变化,可以划分为三个阶段。

(一) 1978—1988 年:调整和创新组织

农村实行了家庭联产承包责任制和村民自治制度,适应经济和社会的变化,农村基层组织的设置也随之进行了调整。党的农村基层组织设置的调整主要是以下三个方面。

一是村党支部由按生产大队设置改为按行政村设置。1987 年中共十三大通过的《中国共产党章程部分条文修正案》,要求凡有正式党员 3 人以上的基层单位,都应当成立基层党组织。① 这样,我国农村党的基层组织按乡(镇)、村来设置,以党内法规的形式被确定下来。

二是在新经济联合体中设立党支部。随着乡镇企业和村办企业的迅速崛起,为了加强对这些新经济组织的领导,1986 年,中共中央组织部发出《关于调整和改进农村中基层组织设置的意见》,对乡镇企业,跨村、跨乡、跨县的经济联合体,以及村办企业、个体工商户等 4 类经济组织中的党组织进行了明确规定,要求在这些经济组织中有党员 3 人以上的都要建立党支部,50 人以上的建立党总支。

三是在外出务工流动党员中设立党支部。改革开放后,农村的大批劳动力开始外出务工、经商。为了加强对外出务工、经商的农民工党员的

---

① 《中国共产党章程》,人民出版社 1987 年版,第 41 页。

管理工作,1986年中共中央组织部颁布实施了《关于调整和改进农村中基层组织设置的意见》,对农民工流动党员的组织设置和隶属关系做出了明确的规定,要求在农民工流动党员人数相对集中的地方设立流动党员党支部,由所在乡镇或村组织领导;对于外出人数分散的农民工党员,要求流出地党组织负责为其转组织关系,监督他们返乡后参加组织生活,或者参加流入地党组织的活动;还对流动党员流入地党组织的工作提出了新要求,"各城乡党的基层组织,对外地党员按规定转来的组织关系应予以接纳,并及时将他们纳入党的组织,参加党的活动"。①

(二)1989—2001年：确立围绕经济工作抓党建的工作中心

1989年6月,中共十三届四中全会后逐渐形成了全党抓党建的新形势,党的农村基层组织建设进入一个新阶段。

一是设立党的基层组织,加强党的组织建设。这一时期,党的农村基层组织的建设主要是围绕有利于发展生产、有利于开展党的工作的原则,对党组织的设置进行合理的调整。由原来规定的行政村只可以设立村党支部,改为可以根据党员人数的多少成立党总支或党的基层委员会,并明确了隶属关系,规定村党委受乡党委领导;为了加强党支部的统一领导和提高办事效率,规定党支部、村委会、集体经济组织领导成员可适当交叉任职;关于村级党组织的设置,要求有正式党员3人以上的村应当成立党支部,党员人数50人以上的村可以成立总支部,党员人数100人以上的村,根据县级地方党委批准,可以成立党的基层委员会。

二是实行责任制,形成齐抓共管的工作格局。1994年中共十四届四中全会通过了《中共中央关于加强党的建设几个重大问题的决定》,提出"各级党委都要健全抓好基层党组织建设的责任制",把农村基层工作的

---

① 杨群红:《改革开放30年农村基层党组织建设的实践与探索》,载《中州学刊》2008年第5期。

好坏,作为考核县委和县委书记实绩的一个重要依据。① 按照1994年全国农村基层组织建设会议的要求,全国各地党组织制定了农村基层组织建设规划,全国99.7%的县市委建立了农村党建责任制,初步形成了"党委结合中心任务抓,党委书记带头抓,常委分工负责抓,有关部门一起抓"②的工作格局。

三是创新用人制度,选拔优秀党支部领导班子。改革开放以来的农村工作实践证明,凡是奔小康走在前面的村,都有一个好的党支部。"要想富,就得有个好支部","帮钱帮物,不如建个好支部",这是一个得到普遍证实的经验。这一阶段,农村基层党组织建设的重点放在党支部领导班子建设上。各地按照干部队伍"四化"方针和德才兼备的原则,从具有一定文化科技知识、懂得经营管理的知识青年、退伍军人、乡镇企业骨干、致富能手以及外出务工经商的党员中,选拔一批符合基层干部条件的优秀分子担任村级组织领导工作。因此,先后涌现出一批像河南濮阳西辛庄的李连成、山东邹城李官桥村的雷士贤、江西分宜湖泽镇水川村的袁国剑、江苏华西村的吴仁宝等带领群众共同致富的先进党支部书记。③

(三) 2002—2012 年:着力加强领导班子能力建设

进入21世纪后,中国开始了全面建设小康社会的新时期,确立了"生产发展,生活宽裕,乡风文明,村容整洁,管理民主"的新农村建设目标。这一时期的农村基层组织建设,围绕新农村建设的任务和要求,以提高广大党员干部的自富能力、带领群众共同致富能力为主要目标,适应农业产业化、农村现代化发展的要求,适时调整组织设置,加强组织建设。

一是实现党的建设与农村经济社会发展的交互融合。适应农业产业化发展的需要,各地积极探索依托专业合作社、各种协会等新经济、新社

---

① 《十四大以来重要文献选编(中)》,人民出版社1997年版,第967页。
② 张明楚:《中国共产党基层党组织建设史》,福建人民出版社2008年版,第138~154页。
③ 杨群红:《改革开放30年农村基层党组织建设的实践与探索》,载《中州学刊》2008年第5期。

会组织设置党组织,即依托专业协会设置党小组,依托农业示范基地设置党小组,依托村民理事会分类设置民事调解、治安巡逻、新村建设理事等党小组,依托党员的流动特点设置党小组。支部的组织形式根据行业特征、产业链的地域分布幅度而定。通过依托新经济组织、新社会组织建党组织的形式,不仅扩大了党组织的覆盖面,而且采取"支部联建"的方式建立联合党组织,发挥先富带后富的带动作用,实现了党建与富民的交互融合,保障了党对这些新经济组织、新社会组织的领导核心地位。

二是加强了基层组织的干部队伍建设。在保持共产党员先进性教育活动中,全国许多农村地区创新了党组织的选人用人方法,培养和选拔了一批自富能力强、带领群众实现共同富裕能力强的党员干部,创新选人用人方法。如甘肃天水市组织部组织实施"双培双带"工程,把党员培养成致富带头人,把致富带头人中的先进分子培养成党员;河南省委组织部实施了"双强工程"(带头致富能力强、带动群众共同致富能力强),即把优秀致富能手培养发展为党员,把党员培养成致富能手,把"双强"党员培养成村干部,把优秀"双强"党员干部培养成村党支部书记人选。这些措施的实施,有效地解决了农村基层党组织领导干部人才缺乏的问题。在实施大学生村干部计划中,为农村基层组织注入新活力,解决新农村建设中高素质和强能力领导人才最紧缺的问题,各地开始招聘大学生担任农村基层干部。1995年,江苏率先开展大学生村干部计划。截至2008年2月底,全国共有28个省(市、区)启动大学生村干部计划,其中17个省(市、区)启动了村村有大学生村干部计划。从2008年开始,中央组织部等有关部门决定用5年时间选聘10万名高校毕业生到村任职。截至2013年底,全国报名当村干部的大学毕业生累计近300万名,共选聘41万名大学生村干部,在岗大学生村干部22.1万名,覆盖了全国1/3以上的行政村,其中少数民族3.3万名,占15%;女性12.2万名,占55.2%。[①] 大学生进入村级领导班子,对农村基层干部队伍思想观念的更新、新知识的学

---

① 苏醒:《共青团思想政治工作的优良传统研究》,人民出版社2017年版,第63页。

习、工作方法的改进、工作效率的提高都起到了一定的推动作用。该计划的实施有效地改善了农村基层干部队伍的年龄、文化结构,为新农村建设增添了蓬勃的生机和活力。经过在农村和基层锻炼的大学生村干部流动到社会各个领域,成为社会发展运行的重要力量。

2007年,中共十七大报告提出,要充分发挥基层党组织推动发展、服务群众、凝聚人心、促进和谐的作用。这是十七大根据新的形势和任务对发挥基层党组织战斗堡垒作用做出的新概括、提出的新要求。这四个方面是相互联系的有机整体。2008年,中共十七届三中全会全面深刻地总结了30年农村改革发展的伟大实践和宝贵经验,对新形势下进一步加强农村基层组织建设提出了新的、更高的要求。

(四) 2013年至今:切实发挥农村党组织领导核心作用

中共十八大以来,习近平不断强调:"党的工作最坚实的力量支撑在基层,经济社会发展和民生最突出的矛盾和问题也在基层,必须把抓基层打基础作为长远之计和固本之举,丝毫不能放松"[1],"农村工作千头万绪,抓好农村基层组织建设是关键"[2],为加强农村基层党建提供了强大的思想武器。2016年、2017年中央一号文件均强调要完善村党组织领导的村民自治有效实现形式。各地切实发挥农村基层党组织领导核心作用,实现农村党的领导和村民自治的统一,带领群众在自治实践中自觉贯彻落实党的路线方针政策,保证中央各项决策部署落实到"最后一公里"。[3]

各地不断探索创新农村基层党组织的组织设置、工作内容和领导方式,强化党组织在农村自治、经济、社团等各类组织中的领导力。各地针对一些新的经济社会服务组织中党组织"空白点",一些村改社区党组织

---

[1] 《习近平关于全面从严治党论述摘编》,中央文献出版社2016年版,第138页。
[2] 《十八大以来重要文献选编(上)》,中央文献出版社2014年版,第684页。
[3] 《中共中央国务院关于深入推进农业供给侧结构性改革加快培育农业农村发展新动能的若干意见》,人民出版社2017年版,第29页。

运行不畅,一些跨村、跨乡、跨县的经济联合体党组织隶属关系不明等问题,加大在农民合作社、农业企业、农业社会化服务组织等建立党组织的力度,加大在农民工聚居地建立党组织的力度,合理调整党组织设置,理顺隶属关系,做到全覆盖、有效覆盖。"党建+电商""党建+乡村旅游""党建+创业"等一系列行之有效的党建工作方式的全面推广,使党建工作全面深入到基层角角落落,成为推动基层党组织发展的红色引擎。大批党组织推荐的人选通过法定程序进入村(居)民委员会班子,成为村、社区带头人,为党的路线方针政策在基层落地见效提供了有力保证。

截至2016年底,全国27个省(自治区、直辖市)实现了村民委员会换届选举统一届期、统一部署、统一指导、统一参与,参选率在90%以上,优化了村民委员会班子结构。全国村民委员会中党员人数约占成员人数的57.78%;村党组织书记和村民委员会主任"一肩挑"的约占村民委员会主任人数的34.23%。[1] 2016年新当选的村党组织书记中,致富带头人占54%,高中以上学历的占71%,整体素质明显提升。开展基层党组织书记集中轮训,重点培训村、社区党组织书记60余万人次。全国在岗大学毕业生村干部总数10.3万人,进入村"两委"班子的人数比2012年增加了15.3%。[2]

改革开放40年来,农村基层组织建设不断加强,探索构建了城乡统筹的农村基层党组织建设的新格局,创新了活动方式,推进了载体建设,进一步探索了农村基层党组织党内民主的实现形式,为确保农村地区全面建成小康社会发挥了领导核心作用。

---

[1] 中共民政部党组:《党的十八大以来中国特色基层民主建设的显著成就》,载《求是》2017年第11期。
[2] 李海涛、石亚楠:《旗帜遍乡野 堡垒村村强——党的十八大以来农村基层党建综述》,载《农民日报》2017年10月18日。

二、实行村民自治制度

村民自治制度是指广大农民群众在党的领导下,以民主选举、民主决策、民主管理、民主监督为核心,依法办理自己的事情,创造自己的幸福生活,实现自我管理、自我教育、自我服务的一项基本社会政治制度。

(一)村民自治制度的演进

我国村民自治制度是在人民公社制度解体及家庭联产承包责任制实施后逐步建立起来的。20世纪70年代末80年代初,随着人民公社制度的解体,我国农村社会一度出现了管理涣散、治安恶化、公益事业无人办的局面。在这种情况下,1980年初,广西宜山县①果作村自发产生了村民自治组织。与此同时,四川、河南、山东等省的一些农村也陆续出现了类似的村民组织。这些村民组织建立之初的功能是填补因人民公社解体出现的农村基层社会组织空白,并维护集体水利设施及社会治安等,后来逐步扩大为对农村基层政治、经济、文化、社会生活中诸多事务的自我管理、自我教育和自我服务。农民自发产生的这些做法迅速引起了党和国家的重视和肯定。1982年,"村民委员会"这一组织形式被写进了修改后的宪法条文,明确规定村民委员会是群众性自治组织。之后,全国各地农村普遍建立了村民委员会。

在总结各地实践经验的基础上,1987年11月,《村民委员会组织法(试行)》经六届全国人大常委会第二十三次会议审议通过。村民自治从此有了具体的法律保障。该法试行期间,全国大部分地区都普遍实现了

---

① 宜山县,于1949年12月成立,1993年9月撤销,设立宜州市(县级市),2016年12月撤销县级宜州市,设立河池市宜州区。

村民自治,并取得了令人瞩目的成就。1998年11月4日,九届全国人大常委会第五次会议修订通过了《村民委员会组织法》,充实了加强党的领导、选人、议事、监督等方面新的内容,进一步明确了村民委员会的性质、职能等相关问题,为村民自治的发展提供了重要的法律依据。①

2007年10月,中共十七大进一步提升了基层群众自治制度的地位,首次将其纳入了中国特色社会主义民主政治制度的范畴,成为中国特色社会主义民主政治建设的四项制度之一,强调"必须作为发展社会主义民主政治的基础性工程重点推进"。2010年10月28日,十一届全国人大常委会第十七次会议通过了《中华人民共和国村民委员会组织法(修正草案)》,村民自治制度进一步完善。

中共十八大以来,为切实解决"就党建抓党建"、党建与发展"两张皮"问题,农村基层党组织切实担起了推动经济发展、推动改革、促进民生改善的责任。通过带动群众、服务群众,进一步密切了党和群众的血肉联系。党员干部们坐在百姓炕头,问询群众冷暖;走进田间地头,帮助发展致富,通过为农民解决一件件的烦心事,让群众更加信赖党组织。由中央选派的19.5万名优秀干部来到农村,以"第一书记"身份,成为脱贫攻坚一线的"领头雁",并在加强基层党组织、提升治理水平等方面发挥重要作用,使党的凝聚力、战斗力在基层显著提升。如,在黑龙江省,组建起来的"驻村第一书记联合会"有效地整合了各类资源,在脱贫攻坚中发挥了核心作用。目前,联合会有成员185人,来自省、市、县机关单位,分布在全省各贫困县,引进落实扶贫项目680个,帮助销售贫困村的农产品1100多万元,解决群众实际困难1万多个。在脱贫攻坚第一线,涌现出一大批党员先锋和先进典型。仅在贵州,就有用生命向贫困宣战的"全国脱贫攻坚模范"姜仕坤、开山凿出幸福路的"当代女愚公"邓迎香、6年扎根贵州屋脊的"第一书记"杨波、在绝壁上开凿出生命渠的老党支部书记黄大发

---

① 《中华人民共和国法律汇编(1988)》,人民出版社1989年版,第98~100页。

等。① 农村基层党组织的凝聚力和向心力越来越强，村民自治的民主实践越来越生动鲜活。

（二）村民自治制度的重要意义

村民自治是我国社会主义民主政治的一项重要制度，这项制度的确立和实行是中国共产党领导亿万农民建设中国特色社会主义民主政治的伟大创造，具有极其重大的意义。一是激发了农民政治参与的热情，真正保证了人民当家作主的权利。村民自治改变了我国数千年来农村地区的政治权力结构和权力运作方向，村干部不再由上级任命，而是要经过村民的民主选举产生，选举产生的村干部也必须首先向下对村民负责，因此，村级治理必须依靠最基层的村民的认可和同意，这必将极大激发农民政治参与的热情。二是密切了干群关系，促进了社会稳定。实行村民自治后，村民通过"四个民主"直接行使民主权利，村干部由村民直接选举产生，干群之间容易建立起更加亲密信任的关系，也有利于群众监督村干部，提高村庄治理绩效。三是提高了农民素质，促进了农村基层政治的制度化和法治化。村民自治要求村民自我管理、自我教育、自我服务，自己管理社区的公共事务和公益事业，并且明确规定了农民参与村民自治的权利制度和程度，从而把农民制度化地推到了民主实践的前台，又在真实的实践过程中逐渐赋予了民主更加丰富的内容。四是拓展了农村选人用人渠道，提高了农村社会的管理水平。通过竞争民主选举的村委会干部，普遍党员比例高、能人比例高、文化程度高、平均年龄低。绝大多数人责任感强，工作干劲大，群众威信高，促进了农村社会管理水平的提高。五是形成了对村干部的制约和监督，有助于推进社会主义新农村建设。六是提供了丰富的实践启示，推动了国家整体的民主建设进程，引起了国

---

① 李海涛、石亚楠：《旗帜遍乡野 堡垒村村强——党的十八大以来农村基层党建综述》，载《农民日报》2017年10月18日。

际社会的广泛关注,树立了中国良好的国际形象。

三、推进农业农村法治建设

中共十一届三中全会以来,我国法治建设进入了蓬勃发展的新阶段,农业立法也逐步受到党和国家的重视。改革开放初期,对农业和农村的管理还是以政策为主,党和国家出台了一系列有关农业的政策,如稳定和完善以家庭联产承包为主的生产责任制和统分结合的双层经营体制,改革农产品统派统购制度,支持和鼓励乡镇企业发展等。这些政策有力地推动了农村改革,加快了农业和农村经济的发展。党和国家在依靠政策调整农业和农村经济关系的同时,逐步重视运用法律手段保障和促进农村经济发展。

(一)农村法治建设历程

1978年邓小平在《解放思想、实事求是,团结一致向前看》的重要讲话中指出:"应该集中力量制定刑法、民法、诉讼法和其他各种必要的法律,例如工厂法、人民公社法、森林法、草原法……"[1]1983年中央一号文件指出:"加强立法工作。建议国家机关对农村各类经济形式及其活动,加强法律管理,制定相应的法规。"[2]此后,中央有关文件多次对农业立法进行具体部署,提出明确要求。20世纪90年代,尤其是1993年7月2日八届全国人大常委会第二次会议审议通过《农业法》以后,农村法治建设从以前主要依靠行政管理转向既依靠政策调整、又依靠法律规范的新阶段,农业立法工作也进入了蓬勃发展的新阶段。在国家确立建设社会主义市场

---

[1] 《三中全会以来重要文献选编(上)》,人民出版社1982年版,第26页。
[2] 《十二大以来重要文献选编(上)》,人民出版社1986年版,第269页。

经济体制目标和中共十五大提出依法治国方略后,国家立法机关和行政机关都把农业立法摆上重要位置,农业立法步伐明显加快,农业立法质量不断提高。

中共十五届三中全会决定提出,要抓紧制定确保农村土地承包关系长期稳定的法律法规,赋予农民长期而有保障的土地使用权。根据这个决定精神,在1999年的《宪法修正案》中明确规定:"农村集体经济组织实行家庭承包经营为基础、统分结合的双层经营体制。"①2003年3月1日实施的《农村土地承包法》和新修订的《农业法》等法律也都对农村土地承包关系、土地承包的期限、承包期限内能否调整土地、承包土地的流转、与二轮承包工作的衔接等重大问题,做出了明确的规定。此后,《畜牧法》和《农产品质量安全法》等法律的问世,对保障和促进农业和农村经济持续、快速、健康发展,保护农民合法权益起到了积极的作用。

农业部(2018年3月改称农业农村部)是国务院农业行政主管部门,为做到依法决策、依法管理农业和农村经济,农业部党组坚持把法制工作摆在部里工作的重要位置,把加强法制建设作为农业部门转变职能的一项重要内容来抓。除按照全国人大常委会和国务院的立法规划承担有关农业领域的法律起草工作外,还高度重视农业法规体系建设,在深入贯彻落实国务院《全面推进依法行政实施纲要》的基础上,积极采取措施,开展专题调研,广泛征求意见,及时制定和完善各项配套制度,将实践证明行之有效的政策和措施法律化、制度化,不断加快农业立法进程,农业立法工作取得重大进展。截至2008年10月16日,农业领域共制定现行有效行政法规24件,主要包括为推进农业科技研发和推广应用的《植物新品种保护条例》,加强对农业自然资源和环境保护的《基本农田保护条例》《渔业法实施细则》《水产资源繁殖保护条例》《渔业资源增殖保护费征收使用办法》《野生植物保护条例》《水生野生动物保护实施条例》,以及为保障农业生产安全和农产品质量安全的《种畜禽管理条例》《农药管理条例》

---

① 《中华人民共和国宪法》,人民出版社2004年版,第48页。

《兽药管理条例》《饲料和饲料添加剂管理条例》《乳品质量安全监督管理条例》等,这些行政法规的颁布施行,对保障和促进农业和农村经济持续、快速、健康发展,保护农民合法权益起到了积极的作用。①

十八大以来,我国农村法治建设取得了可喜的成绩。农村的法治建设一直是我国法治建设过程中的薄弱环节,但是随着我国法治建设的不断推进,农业农村法律体系更加完善,农业综合执法稳步推进,基层法律服务更加健全,农民的法律意识不断提升。2017年12月,施行十年的《农民专业合作社法》迎来了首次修改,增加"农民专业合作社联合社"一章,明确其成员资格、注册登记、组织机构、治理结构、盈余分配及其他相关问题。《种子法》《农药管理条例》《农产品质量安全法》等新颁布或修订的法律填补了乡土中国的法治空白,正带领农民迈入一个良法善治的新时代。

(二)农村法治建设的主要成就

经过改革开放40年的努力,我国农业法治建设取得了重大成就,农业和农村经济的主要领域基本实现了有法可依,一个以《农业法》为核心、适应社会主义市场经济要求的农业法律体系的框架基本形成。农民是我国最庞大的社会阶层,从某种意义上讲,农民的利益就是最广大人民的利益。农民的合法权益能否得到保护,事关农村改革、发展、稳定的大局,也是检验法律是否体现和保护绝大多数人根本利益的重要标准——农业立法惠及9亿农民,最大限度保护农民权益。

一是把保护和调动农民积极性的行之有效的政策和重要措施,以及实践中的成功经验和做法,上升为法律规范,最大限度地保护农民合法权益,解放和发展农村生产力。1991年12月7日,国务院颁布了《农民承担费用和劳务管理条例》,明确规定了村提留、乡统筹费和劳务的标准和使

---

① 《百部法律法规构筑三农法制框架——改革开放30年农村法制建设综述》,载《农民日报》2008年12月23日。

用范围、提取和管理以及其他涉及农民利益项目的监督管理，使对农民负担的管理工作走向了法治化的轨道。① 1984 年制定的《森林法》规定，全民所有和集体所有的宜林荒山荒地可以由集体或者个人承包造林。1985 年 6 月颁布的《草原法》规定："全民所有的草原，可以固定给集体长期使用。全民所有的草原、集体所有的草原和集体长期固定使用的全民所有的草原，可以由集体或者个人承包从事畜牧业生产。"② 1993 年颁布的《农业法》，对保护农民权益的主要政策进一步通过立法做了具体规定："任何机关或者单位不得以任何方式向农民或者农业生产经营组织进行摊派。除法律、法规另有规定外，任何机关和单位以任何方式要求农民或者农业生产经营组织提供人力、财力、物力的，属于摊派。农民和农业生产经营组织有权拒绝任何方式的摊派。"这些规定明确禁止乱收费、乱摊派、乱罚款、乱集资等造成农民负担过重的行为，明确禁止生产销售假劣农业生产资料损害农民利益的行为，并规定了相应的法律责任。③ 根据新时期保护农民权益的需要，2002 年新修订的《农业法》还专门设立了"农民权益保护"一章。不仅明确规定在农业和农村经济结构调整、农业产业化经营和承包土地使用权流转等过程中，不得侵犯农民的土地承包经营权的内容，还增加了禁止达标、升级、验收活动，禁止平摊税款，禁止通过学校向农民乱收费，禁止截留、挪用征地补偿费等；规范了向农民筹资筹劳的决定程序；强调了当农民的权益受到侵犯时，为农民提供行政或司法救助的措施等内容。④ 这是现行农业法律中在农民权益保护方面规定最全面的一部法律。⑤ 2002 年修订发布的《草原法》，在确立草场家庭承包经营基本制度的基础上，强化了在草场征用、占用中对农牧民承包经营权的保护，保护了草原所有者和使用者的合法权益。这些规定，有利于增强农民对土

---

① 《中共中央关于农业和农村工作若干重大问题的决定学习辅导讲座》，人民出版社、经济科学出版社 1998 年版，第 193 页。
② 《中华人民共和国法律汇编(1985—1989)》，人民出版社 1991 年版，第 33 页。
③ 《中华人民共和国法律汇编(1993)》，人民出版社 1994 年版，第 158 页。
④ 《中华人民共和国法律汇编(2002)》，人民出版社 2003 年版，第 251～253 页。
⑤ 《中华人民共和国法律汇编(2002)》，人民出版社 2003 年版，第 263～264 页。

地、草原投入的预期,不断提高土地生产效益。

二是稳定和完善土地承包关系,保障农民权益、促进农业发展、保证农村稳定的制度基础。1991年,中共十三届八中全会通过的《关于进一步加强农业和农村工作的决定》提出:"把以家庭联产承包为主的责任制、统分结合的双层经营体制,作为我国乡村集体经济组织的一项基本制度长期稳定下来,并不断充实完善。"①因此,1993年3月通过的《宪法修正案》规定:"农村中的家庭联产承包为主的责任制和生产、供销、信用、消费等各种形式的合作经济,是社会主义劳动群众集体所有制经济。"②土地承包经营制度被写入宪法,这表明这项制度已经成为我国农村经济的一项基本制度。在第一轮承包合同普遍将要到达15年的期限时,1993年11月,中共中央、国务院发布《关于当前农业和农村经济发展的若干政策措施》,提出为了稳定土地承包关系,在原定的耕地承包期到期后,再延长30年不变;开垦荒地、营造林地、治沙改土等从事开发性生产的,承包期可以更长。③此后,党中央、国务院又在一系列文件中重申了这一政策。1998年8月,九届全国人大常委会第四次会议修订《土地管理法》时,根据这一政策精神,对家庭承包经营的土地承包经营权的期限做出了明确规定,即"农民集体所有的土地由本集体经济组织的成员承包经营,从事种植业、林业、畜牧业、渔业生产。土地承包经营期限为三十年"。④1998年,中共十五届三中全会决定提出,要坚定不移地贯彻土地承包期再延长30年的政策,同时要抓紧制定确保农村土地承包关系长期稳定的法律法规,赋予农民长期而有保障的土地使用权。根据这个决定精神,在1999年的《宪法修正案》中明确规定,农村集体经济组织实行家庭承包经营为基础、统分结合的双层经营体制。

2002年8月,九届全国人大常委会第二十九次会议颁布实施的《农村

---

① 《中共中央关于进一步加强农业和农村工作的决定》,人民出版社1991年版,第6页。
② 《中华人民共和国宪法》,人民出版社2004年版,第44页。
③ 《十四大以来重要文献选编(上)》,人民出版社1996年版,第481页。
④ 《中华人民共和国法律汇编(1995—1999)》,人民出版社2000年版,第1103页。

土地承包法》,把维权作为核心内容,明确规定农村集体经济组织成员有权依法承包由本集体经济组织发包的农村土地,任何组织和个人不得剥夺和非法限制农村集体经济组织成员承包土地的权利;明确农民依法享有承包地使用、收益和承包经营权流转的权利,享有自主组织生产和处置产品的权利,享有承包收益的继承权,承包地被依法征占用的,享有获得相应补偿的权利;明确承包期内发包方不得收回承包地,不得调整承包地,严格界定了调整承包地的条件和程序。《农村土地承包法》以法律形式赋予农民长期而有保障的农村土地使用权,依法规范承包当事人的行为,标志着农村土地承包走上了法制化轨道。《农村土地承包法》对农村妇女土地承包权的保护也做出了特别规定,明确规定农村土地承包中,妇女与男子享有平等的权利。妇女结婚的,在承包期内发包方不得收回其承包地。妇女离婚的,已取得的土地承包经营权在承包期内依法受到保护,可以作为家庭财产处理。①

2015年11月,中共中央办公厅、国务院办公厅发布《深化农村改革综合性实施方案》,明确了深化农村改革的指导思想、目标任务、基本原则、关键领域、重大举措和实现路径,是十八大以来农村改革重要的指导性、纲领性文件,对深化农村改革发挥了重大的推动作用。深化农村改革的关键性领域是:农村集体产权制度、农业经营制度、农业支持保护制度、城乡发展一体化体制机制和农村社会治理制度。这五大领域的改革,对健全符合社会主义市场经济要求的农村制度体系,具有"四梁八柱"的作用。② 全面深化农村改革的一项基础性工作就是以"三权分置"为主要内容的土地制度改革。处理好农民与土地的关系,是农村改革一以贯之的主线。在总结改革开放以来全国各地农村改革实践经验的基础上,2016年,中共中央办公厅、国务院办公厅印发《关于完善农村土地所有权承包权经营权分置办法的意见》,确立了农村承包地坚持集体所有权、稳定农

---

① 《中华人民共和国法律汇编(2002—2004)》,人民出版社2005年版,第794～801页。
② 《做好农村改革的整体谋划和顶层设计》,载《人民日报》2015年11月3日。

户承包权、放活土地经营权的"三权分置"。① 这是继家庭联产承包责任制后我国农村改革的又一大创新举措,为推动农村土地产权制度改革奠定了坚实的基础。在坚持集体所有制的前提下,一方面稳定承包权,保障农民的基本权益,注重公平。习近平在中共十九大上宣布:"保持土地承包关系稳定并长久不变,第二轮土地承包到期后再延长三十年。"②另一方面放活经营权,突出效率,提高土地要素配置效率。稳定农户的承包权,首要的是做好确权颁证工作。

三是为了使广大农民更多地分享改革开放和现代化建设的成果,从改革中得到实实在在的利益,全国人大常委会针对当前农民收入水平总体偏低、农民负担过重的状况,出台法律调整国家财政收入法律体系。2005年12月29日,十届全国人大常委会第十九次会议经过表决,通过了《关于废止〈中华人民共和国农业税条例〉的决定》。有关专家指出,新中国实施了近50年的《农业税条例》被依法废止,不仅意味着中国农民承担了2600多年的"皇粮国税"正式成为历史,还有利于减轻农民负担,增加农民收入。免征农业税、取消除烟叶外的农业特产税后,可减轻农民负担500亿元左右。

由于我国农业的市场化发育具有滞后性,农业生产活动和农业资源有其特殊性,农民这一弱势群体还没有成为成熟的市场主体。因此,我国农业立法的重点之一就是促进市场发育,保障市场机制在生产力发展和生产要素配置上的作用。如通过农业立法,明确农村土地流转过程中各主体的权利义务,进一步规范农村土地流转制度;积极推进农业产业化经营,提高农民进入市场的组织化程度和农业综合效益;国家采取措施,引导、支持和鼓励发展多种形式的农业产业化经营;加快农业和农村经济结构调整;强化对农业的投入和扶持以支持农业和农民参与市场竞争等,有

---

① 《中共中央办公厅、国务院办公厅印发〈关于完善农村土地所有权承包权经营权分置办法的意见〉》,载《人民日报》2016年10月31日。
② 习近平:《决胜全面建成小康社会 夺取新时代中国特色社会主义伟大胜利——在中国共产党第十九次全国代表大会上的报告(2017年10月18日)》,载《人民日报》2017年10月28日。

力地促进了农业的发展和农村市场化的进程。2016年12月,中共中央、国务院发布《关于稳步推进农村集体产权制度改革的意见》,在明晰农村集体产权、引导农民发展股份合作的同时,也注重完善集体产权权能,赋予农民对农村集体资产股份占有、收益、有偿退出及抵押、担保、继承等相关权能。① 这是向全国逐步推行农村集体产权制度改革的重大标志性事件。

第三节 新时期乡村治理的现实困境与创新

以村民自治为核心的农村基层民主模式已在全国实行了近40年。随着农村经济社会的快速变革,农村基层治理环境发生了深刻改变,给以村民自治为主的乡村治理带来了新的挑战和问题,包括现有自治单元难以发挥作用、农村家庭矛盾增多、乡村环境问题日趋严重。

一、"乡政村治"模式下乡村治理的现实困境

改革开放以来,随着农村现代化进程的加快,农村社会经济发生着深刻变革,以村民自治为主体的基层治理面临新的挑战。概括起来,主要有以下几个方面。

---

① 《中共中央国务院关于稳步推进农村集体产权制度改革的意见》,载《人民日报》2016年12月30日。

（一）村组合并导致村民自治作用发挥受限

自20世纪80年代人民公社制度解体后，我国农村采取了"乡政村治"的治理模式，代表着国家政权的机关设在乡镇，而乡镇以下则推行以村民自治为主体的制度，即以行政村为单元的自治制度。进入21世纪，为了减轻农村税费改革后农民的负担和国家财政的压力，大力推行合村并组，行政村的数量急剧减少。民政部统计数据显示：我国村民委员会从2000年到2014年，由73.5万个减少到58.5万个，总数减少了1/5，平均每年大约减少1万个村民委员会，每天大约有30个行政村消失。[①] 行政村的合并有利于减少农村治理的经济成本，为农村土地流转创造空间。

但是，村组合并使行政村的管理范围扩大，给乡村治理带来了更大的挑战。首先，强化了村民自治组织的行政化倾向，弱化了村民自治组织的自治制度设计。合村并组后，威胁农村社会稳定的因素增加，一些乡镇政府出于维护农村稳定的考虑，通过各种途径和方式影响新的村庄政治。如为了平衡原来各村组间的人事、减少矛盾，在村支两委成员的选举中乡镇政府直接出面劝退一些竞选人，乡镇政府与村级组织的指导关系就变成了直接的行政干预。此外，新的村干部由于对合并后新村的村情村委缺少了解，缺乏治理权威，因而在工作中也希望能够借助乡镇政府的权威。由此，深化了乡镇政府对村级组织的行政干预，挤压了以村民为主体的自主性治理空间。其次，强化了村民的空间迁移，弱化了村庄管理的社会基础。合村并组后，增加了信息了解的难度，离散了村庄原有的组织架构，摧毁了原来的"熟人""半熟人"社会，改变了村民长期以来形成的对集体的认知。村庄管理范围的扩大使原有的小范围的熟人社会关系网络割裂，村庄治理的社会关联被削弱，村民间的利益整合和集体共识达成更困

[①] 民政部：《2014年社会服务发展统计报告》，中华人民共和国民政部网，http://www.mca.gov.cn/article/sj/tjgb/201506/201506158324399.shtml。

难。在此情况下,村民之间的矛盾冲突和利益纠纷增多,农村治理的绩效大打折扣。上述问题表明,以行政村为自治单元的自治制度难以发挥作用,村民自治制度进入发展瓶颈。

(二)农村"空心化"导致传统观念弱化、农村家庭矛盾突显

传统乡村社会表现为"差序格局",是一个礼治社会,是以传统的人伦道德为依据建立起来的共同体,乡土社会秩序的维护不需要靠外力维持,而是以从教化中养成的礼来维持。在此环境中,良风美俗成为一种重要的社会治理资源,使乡村社会秩序井然。但当前的农村,情况却发生了很大变化,农村大量青壮年劳动力外出打工,导致农村"空心化"、传统观念弱化和良风美俗被侵蚀。

维系农村社会和谐的家庭秩序被打破,农村家庭矛盾增多,主要有以下三个方面。一是"留守""空巢"老人赡养问题。人口流动带来的空巢老人养老问题不容小觑,根据民政部统计:截至2014年底,60岁以上老年人口超过2亿,空巢老人突破1亿,失能半失能老人达到3500万。按照相关统计计算,到21世纪中叶,每3个中国人就会有1个老人。在中国,养老基本上倾向于家庭养老,农村尤其如此。受市场经济浪潮的影响,利益追求已成为外出务工年轻人的新价值观,传统文化中的孝道几乎被涤荡干净,加上空间上的隔离,年轻一辈要尽孝道,基本不太可能。留守老人基本都是自食其力,繁重的农活、疾病的困扰、精神的空虚,都不利于老年人的晚年生活。二是留守儿童问题。据全国妇联调查显示:目前全国有农村留守儿童6100多万,占农村儿童的37.7%,占全国儿童的21.88%,重庆、四川、安徽、江西等地的留守儿童占农村儿童的比例已达到50%。[1]由于父母外出,孩子在家由老人看管,不仅得不到细致的照料,反而还要过早地分担家务。父母对孩子仅仅是物质上的满足,在心理健康、文化教

---

[1] 刘声:《200多万农村儿童独自留守》,载《中国青年报》2015年3月14日。

育以及安全保障等方面关心不足。近些年来,关于留守儿童意外伤害、意外死亡、留守女童遭受性侵等事件频频发生。三是婚姻关系不牢,离异增加。婚姻关系牢固、家庭稳定是社会和谐的基础。然而,由于农村人口流动的关系,夫妻天各一方,空间上的隔离使夫妻失去了共同生活的重要基础,同时留守妇女在家劳动强度大、精神压力大、缺乏安全感,也容易出现精神和行为上的出轨。这势必影响婚姻关系的牢靠,由于夫妻长期分居而离异的事件在农村地区已不足为奇。

(三)环境保护意识淡漠、政策滞后导致乡村环境污染问题日趋严重

随着传统农业向现代农业、传统农村向新农村社区的转变,促进了农村社会经济发展,也为乡村环境的改善提供了坚实的物质基础,与此同时,还给农村的生态环境带来了不容忽视的负面影响。一是生活垃圾。随着农村居住地集中、生产方式的转变,农村环境的分解能力遭到一定程度的破坏,农村社区缺乏统一的垃圾处理中心,大量的塑料产品、玻璃产品等无法自然分解的生活垃圾随意丢弃,造成了农村社区生活垃圾污染严重。二是工业污染。随着新农村建设的推进,越来越多的乡镇企业兴起,许多乡镇企业都是低技术含量的粗放型发展,以牺牲环境为代价;有一些城市将污染严重的企业直接转移到农村,城郊村直接成为城市工业污染的转移地,给乡村环境构成了极大的威胁。三是水资源和土壤污染。农业现代化的发展推动了农药、化肥、汽油等农业生产要素的使用,其残留物留在土壤和水源中,影响农产品质量和农村居民的健康。过量化肥的使用,短时间能够有效提升土壤肥力,但从长远来看,容易降低土壤活性以及产生大量重金属物质,使得土壤养分下降、污染严重。规模化养殖业的出现,给农民带来了大量的经济利益,同时也给环境污染埋下了隐患。人们大规模修建各种养殖场、养鸡养鸭等,产生的污水以及动物粪便未经处理就直接排向自然,严重影响了大气环境以及村庄周边的水源。

此外,随着城市化的快速扩张,城市周边的农田、山林、河流等被占用,成为"水泥森林"而失去了原有的田园风光。一些生态、植被在开发过程中遭到严重毁坏,有的则处于无人管理、自生自灭的状态。农村地区存在的脏、乱、差和种种污染情况表明乡村环境治理迫在眉睫。①

二、国家治理现代化视域下乡村治理创新的路径

我国的农村基层治理面临着新的挑战和困难,同时也面临着新的机遇。完善农村基层治理可通过以下路径予以创新。

(一)统筹乡土社会资源,重构乡村核心价值体系

我国农村最主要的两种社会资源就是现代乡贤和宗族规范,充分利用它们有利于将"原子化"②的农民凝聚起来。在传统乡村秩序受到冲击、传统社会纽带严重松弛的情况下,乡贤在整合乡土社会、凝聚乡民共识方面起着关键作用。乡贤对传统和现代都有一定的了解:一方面,他们扎根乡土,对乡村情况和传统风俗比较了解;另一方面,他们具有新知识、新视野,对现代社会的知识、价值观念有一定的了解,因而,成为连接传统与现代的桥梁。乡贤在村庄地位较高,村民们大都能听得进去他们的意见,他们能够利用村民接受的方式来传递现代文明,让现代的法律知识和精神

---

① 王菲、任中平:《农村基层治理的现实困境与改进路径》,《山西大同大学学报(社会科学版)》2016 年第 1 期。
② "原子化":社会学用于人与社会关系的概念,指个人与社会的疏离,强调个体被社会转型的大环境甩出,主要是指社会转型期因人类社会最重要的社会联结机制——中间组织的解体或缺失而产生的个体孤独、无序互动状态和道德重组、社会失范等社会危机,侧重于分析社会联结的断裂。参见邹英、向德平:《风险理论视域下原子化社会的个体危机及其化解途径》,载《新视野》2016 年第 6 期;田毅鹏:《社会原子化与转型期中国城市社会管理之痛》,载《信访与社会矛盾问题研究》2013 年第 3 期。

与传统的价值和伦理有效协调,重构乡村传统文化。另外,还应正确引导和利用宗族组织,发挥这一传统资本在乡村治理中的重要作用。过去的乡土社会是一个宗法、礼治社会,同一姓氏将村民连接起来,宗族组织在乡村发展和村民日常生活中发挥着重要作用,宗族规范是维系乡村社会稳定发展的重要动力。宗族处理公共事务采取的协商、民主等方式都是现代社会提倡的价值观念。可利用宗族规范来约束村民,借用宗族的凝聚力来培育村民的认同感和责任感,使乡村治理有序进行。还应特别注意,部分宗族规范内容存在与法律相悖离的情况,应正确处理宗族治理与依法治理的关系。同时对于宗族组织可能带来的负面影响,如贿选、某一宗族组织势力庞大等阻碍民主发展的方面更应加以正确的引导,使其更好地发挥服务村庄治理的作用。因而,需整合利用现代乡贤、宗族组织等乡土社会资本,凝聚乡民对于乡土社会的认同感和归属感,达到传统与现代的连接,重构乡土精神和传统伦理,最终使乡村治理和谐有序进行。

(二)鼓励基层自治路径创新,提升农村组织治理能力

自20世纪90年代后期以来,随着城乡一体化进程的加快以及农村产权制度改革,城乡之间以及农村内部的流动增加和分化加剧,原有的以行政村为单位的自治组织难以发挥作用,迫切需要实现村级治理模式的转型。为解决这一难题,迫切需要突破原有的村级治理模式,实现基层自治单元创新。近年来,各地在实践探索中充分利用现有的村庄资源,按照"地域相近、利益相关、文化相连"的原则,在保留行政村一级自治组织的基础上,将自治重心下沉,逐渐形成"两级村民自治"的基层治理格局。如,湖北省秭归县在农村社区治理改革不彻底的情况下,按照"地域相近、产业趋同,利益共享"等原则,划小自治单元、设立村落自治的经验具有普遍的借鉴意义。其主要做法:将行政村划分为居住农户30～80户左右、地域面积为1～2平方公里的许多小村落;村落内部搭建村落理事会平

台,设立"一长八员"①分类管理,"一长八员"主要为服务性质,不收取工作报酬;村落内部的公共事务由群众共同讨论、决策、执行。② 涉及村落外部的事务以及村落之间的公共事务,则由理事会向行政村提出,行政村负责协调解决。这一自治组织弥补了行政村单元过大的缺陷,充分发挥了村落内部成员的自治作用,同时严格界定了村落与行政村的关系,避免了村落受到来自行政村的行政干预,保证了村民充分的自治。又如,都江堰柳街镇在统筹城乡发展的背景下,以散居院落整治为契机,实现以党组织引导建立院落自治管理机制,成立院落党小组,在院落党小组的指导下按相邻组合的原则成立院落业主管理委员会,制定院落自治章程,通过召集群众民主议事,实现院落居民的自我管理、自我教育、自我服务。以村落、院落为自治单元的创新实践,提升了村级组织的治理能力,促进了村民自治的落实,有力地推动了基层治理创新探索。③

(三)创新公共产品供给体制,畅通多元协作供给渠道

面对农村基础设施建设落后和公共服务供给不足的困境,在统筹城乡发展进程中,迫切需要改革创新农村公共产品的有效供给机制。一是发展多元化公共产品供给主体。农村公共产品的供给存在"政府失灵""市场失灵"等多种状况,说明单靠某一种供给模式是不可行的,应建立"多元化"的供给机制。在公共产品的供给方面,除了政府外,还要发挥企业、民间团体等非政府组织的作用,共同参与农村公共产品的提供,以减轻政府负担,有效满足农村、农民对公共产品的多样化需求。在实现主体多元化的过程中,政府应承担主要责任,明确分层提供的类别。二是拓展

---

① "一长八员",即理事长、经济员、宣传员、帮扶员、调解员、维权员、管护员、环保员、张罗员。
② 王爱平:《浅谈村落"一长八员"在农村社区建设中的作用》,人民网,http://yuqing.people.com.cn/n/2013/0402/c244089-21002613.html。
③ 王菲、任中平:《农村基层治理的现实困境与改进路径》,载《山西大同大学学报(社会科学版)》2016年第1期。

多样化公共产品筹资手段。财力是公共产品供给的最基本保障,直接影响公共产品的供给水平。在主体多元的基础上,应拓宽农村公共产品的资金来源渠道,实行多元筹资手段。除了财政支出和专项转移支付等基本筹资手段外,应充分吸纳社会资本参与其中。对于邮政服务、环境卫生等业务,以承包经营的方式由企业来组织实施;对于农村基础设施建设,以财政贴息的方式引导金融系统投资;对于农业技术推广、农村文化娱乐等投资少、见效快的基础设施和公共服务,以成立各类农民合作组织的方式鼓励农民合作集资。三是精准调查、对接公共产品需求。构建农村公共产品供给中农民的公共需求偏好有效表达机制,让农民能充分表达其对公共产品的真实需求,从而使政府能够根据农民的需求迫切程度和财力的实际情况,更加精准地供给农村公共产品,提升公共产品的质量和效率。应构建多元协作供给模式,完善农村基础设施建设,提升公共服务水平,以此来解决改善乡村环境的问题。

第五章

**坚持绿色发展理念
建设美丽宜居乡村**

中国农村自然资源和环境资源是随着中国城市化、工业化进程的不断加快,资源与环境的压力日益增加而不断改进的,即它与经济社会发展水平具有非常密切的相关性。改善农村人居环境、建设美丽宜居乡村,是实施乡村振兴战略的一项重要任务,事关全面建成小康社会,事关广大农民根本福祉,事关农村社会文明和谐。2015年中央一号文件明确指出:"我国农业资源短缺,开发过度、污染加重,如何在资源环境硬约束下保障农产品有效供给和质量安全、提升农业可持续发展能力,是必须应对的一个重大挑战",要"建立健全农业生态环境保护责任制,加强问责监管,依法依规严肃查处各种破坏生态环境的行为"。[①] 习近平总书记也多次指出:"绿水青山就是金山银山"[②],保护生态环境就是保护生产力。可以看出,中央已经将生态环境保护和农村环境治理提到一个新的高度。

第一节 我国农村环境治理政策演进

改革开放以来,我国农村环境问题从无到有、从不显著到日益凸显。与之对应,政府对农村环境问题日益重视,并出台了一系列较有针对性的治理政策。从新时期农村环境问题的特性来看,既有明显的时代性的环

[①] 《十八大以来重要文献选编(中)》,中央文献出版社2016年版,第273、277页。
[②] 《习近平谈治国理政(二)》,外文出版社2017年版,第393页。

境问题(如乡镇企业引致的环境污染),又有长期存在的环境问题(如化肥农药引致的面源污染),这也使得我国的农村环境治理政策具有一定的阶段性特征。

一、1978—1980年：农村环境问题萌发,政策关注滞后

为最大限度地激发农民从事农业生产的积极性,1978年中央对农业生产体制进行改革,以家庭联产承包责任制取代生产队的集体生产体制。这一时期,提升国内的农业生产水平、解决全国人民的温饱问题是主要政策目标。这时的农村环境问题略有呈现,以新农村规划和建设中的卫生问题为主,主要指水污染问题。对此,各界并未给予高度关注。1979年颁布的《中华人民共和国环境保护法(试行)》在法律层面上对污水灌溉进行了界定:"积极发展高效、低毒、低残留农药。推广综合防治和生物防治,合理利用污水灌溉,防止土壤和作物的污染。"①为节约用水、缓解干旱地区的农业用水紧张问题,国家从法律层面鼓励采用工业和城市的生活污水灌溉农田,这一对策导致了农田大面积污染。

二、1981—1989年：乡镇企业污染现象突出,政策关注渐显

20世纪80年代初,我国城镇化进程加速,由于当时农村的环境保护意识不强,城市工厂可以将一部分宜在农村加工的产品或零部件有计划地扩散给社队企业经营,这给城市工业的"三废"②等污染进入农村地区提供了渠道。一些高污染的行业如造纸、化工等则以联营、分厂等名义进入

---

① 金书秦、韩冬梅:《我国农村环境保护四十年:问题演进、政策应对及机构变迁》,载《南京工业大学学报(社会科学版)》2015年第2期。
② "三废"一般是指工业污染源产生的废水、废气和固体废弃物。

农村地区,带来了严重的环境污染。① 为此,1981年国务院发布了《国务院关于在国民经济调整时期加强环境保护工作的决定》;1982年颁布了《征收排污费暂行办法》;1983年,国家城乡建设环境保护部②在广东顺德县③主持召开全国第一次研究乡镇企业环境污染问题的会议,它是中国环境保护工作拓展到农村的标志;1983年发布了《国务院关于结合技术改造防治工业污染的几项规定》《防止船舶污染海域管理条例》;1984年颁布了《国务院关于加强乡镇、街道企业环境管理的规定》《国务院关于环境保护工作的决定》,前者是第一个关于乡镇企业环境管理的规定;1985年农业部在乡镇企业局设立了农村环境保护管理机构,主要负责乡镇企业的环境管理和污染防治工作,提出防治对策,起草法规,开展乡镇企业污染调查、乡镇企业环境保护宣传教育和技术培训,推广"三废"综合利用和防治措施,组织经验交流;1985年农业部组织了第一次全国性的乡镇企业环境污染普查;1989年,国家环境保护局、农业部和国家统计局共同组织了第二次全国性的乡镇企业环境污染普查。此外,这一时期农村的乡镇企业蓬勃发展,在促进乡镇建设和农村劳动力转移的同时,带来了新的环境问题。如乡镇企业未经处理排入环境中的"三废",导致了水、土壤和空气的污染;乡镇企业为扩大规模,大量砍伐森林,占用耕地,造成水土流

---

① 朱章玉等:《实践中的一种城郊农业生态工程模式》,载《城市环境与城市生态》1988年第3期,第13~15页。
② 1974年10月,国务院环境保护领导小组正式成立。1982年5月,第五届全国人大常委会第二十三次会议决定,将国家建委、国家城建总局、建工总局、国家测绘局、国务院环境保护领导小组办公室合并,组建城乡建设环境保护部,部内设环境保护局。1984年5月,成立国务院环境保护委员会,委员会主任由副总理兼任,办事机构设在城乡建设环境保护部(由环境保护局代行)。1984年12月,城乡建设环境保护部环境保护局改为国家环境保护局,仍归城乡建设环境保护部领导,同时也是国务院环境保护委员会的办事机构。1988年7月,成立独立的国家环境保护局(副部级),作为国务院直属机构,也是国务院环境保护委员会的办事机构。1998年6月,国家环境保护局升格为国家环境保护总局(正部级),撤销国务院环境保护委员会。2008年7月,国家环境保护总局升格为环境保护部,成为国务院组成部门。2018年3月,组建生态环境部,不再保留环境保护部。
③ 顺德县,1992年3月撤县设顺德市(县级市),隶属佛山市;2003年1月,撤县级市设佛山市顺德区。

失和土壤沙化①；乡镇企业过于分散，导致监管难度加大；由于缺少合理的乡镇企业规划以及必要的监控手段，使得乡镇企业引致的污染愈发严重。

从污染范围和程度来看，乡镇企业引致的污染成为社会关注的重点。因此，《中华人民共和国国民经济和社会发展第七个五年计划》明确提出："对乡镇企业的发展，要积极扶持，合理规划，正确引导，加强管理。各地兴办乡镇企业，应当主要依靠自身的资金积累，量力而行，稳步前进，减少盲目性，并注意防止对环境的污染。"同时，还明确了"继续贯彻不放松粮食生产，积极发展多种经营的方针"，并提出了主要农作物的产量指标，即"粮食，平均每年产量41500万吨（其中1990年42500万～45000万吨），比'六五'期间平均年产量增长12%。棉花，平均每年产量425万吨（其中1990年425万吨），略低于'六五'期间的平均水平。油料，平均每年产量1712万吨（其中1990年1825万吨），比'六五'期间平均年产量增长42%。糖料，平均每年产量6385万吨（其中1990年6875万吨），比'六五'期间平均年产量增长40%"。② 第七个五年计划期间，由于当时的农业生产多以粗放型为主，增加化肥、农药等要素投入是提升单产的重要手段，这势必给农业环境带来压力，新的环境污染问题显现。化肥、农药使用量的急剧增加导致了湖泊、海域等水体的富营养化加重和渔业资源种群的生态恶化；剧毒农药污染蔬菜导致的中毒事故频繁发生；土壤中的"六六六""滴滴涕"等有毒物质残留难以完全降解。因此，出台一些相关的重要法律法规的呼声愈加强烈。为稳定农业生产，提升农民种粮积极性，《关于一九八六年农村工作的部署》明确指出："稳定农用生产资料的销售价格，继续实行对农用生产资料的补贴，对有困难的小化肥厂减免税收，以便降低化肥销价。"③在修改和完善1979年试行的《中华人民共和国环境保护法（试行）》基础上，1989年《中华人民共和国环境保护法》正式

---

① 张笑兰：《发展农业生产与保护生态环境》，载《生态与农村环境学报》1986年第3期，第32～33页。
② 《十二大以来重要文献选编（中）》，人民出版社1986年版，第988、990页。
③ 《十二大以来重要文献选编（中）》，人民出版社1986年版，第870页。

颁布,但遗憾的是该法并未对化肥、农药等要素的施用做出约束性规定。

三、1990—1999年：三大污染叠加，治理政策出台频度加大

20世纪90年代,乡镇企业污染、城市工业的"三废"以及农业农村自身的污染是这一阶段农村三大环境污染源,且呈现愈演愈烈之势,主要表现是化肥、农药、地膜的使用量迅速上升,农村生活污染问题突出,畜禽粪便污染排放量巨大。1991—1993年,中国农业科学院土壤肥料研究所连续对我国北方14个县的水质进行了监测,发现这些地区地下水和饮用水中硝酸盐的超标率达50％,反映出我国农田因氮肥过量施用引致的水资源污染问题已非常严重。据估算,1990年,全国畜禽粪便产生量达2448吨,有979吨都排入环境中。2003年,我国农村地膜用量已超过60万吨。据浙江省环保局调查,被调查区地膜平均残留量为3.78吨/平方公里,造成减产损失达到产值的1/5左右。农村每年生活垃圾产生量为1.2亿吨,几乎全部露天堆放;每年直接排放的生活污水超过2500万吨。[①]针对这些问题,我国陆续出台了一系列相关的政策法规。为控制乡镇企业带来的污染问题,防止城市的工业"三废"向农村转移,1996年专门颁布了《中华人民共和国乡镇企业法》,从法律层面限制乡镇企业的污染行为,规定:"乡镇企业必须遵守有关环境保护的法律、法规,按照国家产业政策,在当地人民政府的统一指导下,采取措施,积极发展无污染、少污染和低资源消耗的企业,切实防治环境污染和生态破坏,保护和改善环境。地方人民政府应当制定和实施乡镇企业环境保护规划,提高乡镇企业防治污染的能力。"[②]针对农业自身的农药、化肥、农膜过量使用引致的污染问题,1990年12月,国务院出台了《关于进一步加强环境保护工作的决定》,强

---

① 苏杨:《农村现代化进程中的环境污染问题》,载《宏观经济管理》2006年第2期。
② 《十四大以来重要文献选编(下)》,人民出版社1999年版,第2121页。

调要"控制农药、化肥、农膜对环境的污染"。随后的1991年和1993年分别颁布了《中华人民共和国水土保持法》和《中华人民共和国农业法》,从法律层面约束化肥和农药的使用。1995年,国家环境保护局、农业部、财政部和国家统计局联合开展第三次全国性的乡镇企业环境污染普查。1996年的《国务院关于环境保护若干问题的决定》和1998年的《中共中央关于农业和农村工作若干重大问题的决定》对以上问题均进行了强调。1997年和1998年国家分别制定和修订了《农药管理条例》和《基本农田保护条例》。针对农村的生活污染和畜禽养殖污染问题,1993年中央制定了《村庄和集镇规划建设管理条例》。1995年专门颁布了《中华人民共和国固体废物污染环境防治法》,试图寻求法律层面的治理对策。可见,中央对农村环境污染治理非常重视,出台的一系列政策对农村的污染减缓起到了一定的作用。但是,受农村污染源分散、监管难度大、政府污染治理的资金投入不足等因素的影响,我国农村的环境污染问题未得到根治。

四、2000年至今：农业面源污染严重，以奖促治，政策不断创新

进入21世纪以来,我国农村的环境问题更加严重,出现"点源污染和面源污染共存、生活污染与生产污染叠加、乡镇企业污染和城市转移污染同在"的不利局面。由于乡镇企业的污染具有一定的时代性,以及工业和城市污染得到一定程度的遏制,从演变的趋势来看,农业农村自身的排放逐渐占据了农村环境污染的主要地位,许多地区面源污染占污染负荷比例甚至超过工业污染。[①] 农业农村自身的污染表现为化肥、农药、农膜、农业生产废弃物、畜禽粪便和农村生活污染,它们对农村环境的危害越来越

---

① 苏杨、马宙宙:《我国农村现代化进程中的环境污染问题及对策研究》,载《中国人口·资源与环境》2006年第2期。

严重。

　　为应对日益严重的农业面源污染问题,中央将对农村的环境保护提到了前所未有的高度,强调从农业生态文明建设的高度看待农村环境保护。因此,这一时期除了密集出台一系列政策法规外,还多次在中央一号文件中就农村环境治理做出重要决策部署。2005年中央一号文件提出"推动改水改厕等农村环境卫生综合治理"①;2006年中央一号文件提出"加大力度防治农业面源污染","引导和帮助农民切实解决住宅与畜禽圈舍混杂问题,搞好农村污水、垃圾治理,改善农村环境卫生"②;2007年中央一号文件提出"加快实施乡村清洁工程,推进人畜粪便、农作物秸秆、生活垃圾和污水的综合治理和转化利用","加强农村环境保护,减少农业面源污染"③;2008年中央一号文件提出"加大农业面源污染防治力度";2009年中央一号文件提出"安排专门资金,实行以奖促治,支持农业农村污染治理"④;2010年中央一号文件提出"实行以奖促治政策,稳步推进农村环境综合整治,开展农村排水、河道疏浚等试点,搞好垃圾、污水处理,改善农村人居环境。采取有效措施防止城市、工业污染向农村扩散"⑤;2012年中央一号文件提出"把农村环境整治作为环保工作的重点,完善以奖促治政策,逐步推行城乡同治","加快农业面源污染治理和农村污水、垃圾处理,改善农村人居环境"⑥。

　　中共十八大以来,农村环境治理和保护工作力度加大,政策创新和关注领域有所拓展。2013年中央一号文件提出"积极开展农业面源污染和畜禽养殖污染防治","加强农作物秸秆综合利用。搞好农村垃圾、污水处理和土壤环境治理"⑦;2014年中央一号文件提出,"加大农业面源污染防

---

① 《十六大以来重要文献选编(中)》,中央文献出版社2006年版,第530页。
② 《十六大以来重要文献选编(下)》,中央文献出版社2008年版,第145、148页。
③ 《十六大以来重要文献选编(下)》,中央文献出版社2008年版,第839、840页。
④ 《十七大以来重要文献选编(上)》,中央文献出版社2009年版,第829页。
⑤ 《十七大以来重要文献选编(中)》,中央文献出版社2011年版,第347页。
⑥ 《十七大以来重要文献选编(下)》,中央文献出版社2013年版,第737页。
⑦ 《十八大以来重要文献选编(上)》,中央文献出版社2014年版,第97、106页。

治力度,支持高效肥和低残留农药使用、规模养殖场畜禽粪便资源化利用、新型农业经营主体使用有机肥、推广高标准农膜和残膜回收等试点"①;2015年中央一号文件提出"加强农业面源污染治理","开展秸秆、畜禽粪便资源化利用和农田残膜回收区域性示范","建立健全农业生态环境保护责任制,加强问责监管,依法依规严肃查处各种破坏生态环境的行为"②;2016年中央一号文件提出"基本形成改善农业环境的政策法规制度和技术路径,确保农业生态环境恶化趋势总体得到遏制,治理明显见到成效。实施并完善农业环境突出问题治理总体规划。加大农业面源污染防治力度,实施化肥农药零增长行动,实施种养业废弃物资源化利用、无害化处理区域示范工程"③;2017年中央一号文件提出"开展土壤污染状况详查,深入实施土壤污染防治行动计划,继续开展重金属污染耕地修复及种植结构调整试点。扩大农业面源污染综合治理试点范围"④,开始更加关注土壤污染;2018年中央一号文件提出"加强农业面源污染防治,开展农业绿色发展行动,实现投入品减量化、生产清洁化、废弃物资源化、产业模式生态化。推进有机肥替代化肥、畜禽粪污处理、农作物秸秆综合利用、废弃农膜回收、病虫害绿色防控。加强农村水环境治理和农村饮用水水源保护,实施农村生态清洁小流域建设"⑤。

这一时期的15个中央一号文件,在涉及农村环境污染治理方面,可谓创新不断。一是实施新制度。2015年中央一号文件提出"落实畜禽规模养殖环境影响评价制度","建立健全农业生态环境保护责任制,加强问责监管",2016年首次提出"化肥农药零增长",2017年开始更加关注土壤

---

① 《中共中央国务院关于"三农"工作的一号文件汇编(1982—2014)》,人民出版社2014年版,第281页。
② 《十八大以来重要文献选编(中)》,中央文献出版社2016年版,第277页。
③ 《2016年中央一号文件》,中华人民共和国农业农村部网,http://www.moa.gov.cn/ztzl/2016zyyhwj/2016zyyhwj/201601/t20160129_5002285.htm。
④ 《2017年中央一号文件》,中华人民共和国农业农村部网,http://www.moa.gov.cn/ztzl/yhwj2017/zywj/201702/t20170206_5468587.htm。
⑤ 《2018年中央一号文件》,中华人民共和国农业农村部网,http://www.moa.gov.cn/ztzl/yhwj2018/zyyhwj/201802/t20180205_6136441.htm。

污染。二是推广新技术手段。2005年中央一号文件提出"推广测土配方施肥"技术;2006年中央一号文件提出"重点推广废弃物综合利用技术";2013年中央一号文件提出"强化农业生产过程环境监测,严格农业投入品生产经营使用管理";2015年中央一号文件提出"实施农业环境突出问题治理总体规划"。三是实施新项目。2007年中央一号文件提出"加快实施乡村清洁工程";2012年中央一号文件提出"加强农村沼气工程建设"。四是贯彻新理念。2009年中央一号文件提出"实行以奖促治"的污染治理政策;2012年中央一号文件提出"逐步推行城乡同治";2015年中央一号文件提出"开展秸秆、畜禽粪便资源化利用和农田残膜回收区域性示范,按规定享受相关财税政策"。

党中央、国务院高度重视农村环境保护工作。从2008年开始至2017年6月,中央财政投入农村环保专项资金375亿元,一共整治了11万多个村庄,大约有2亿农村人口从中受益,一批严重危及群众健康、社会媒体反映强烈的农村环境突出问题得到有效整治或改善,农村村容村貌和环境质量得到明显改善。除此之外,还加强农村生态环境保护的监管,把防止城市污染向农村转移作为一个重点在推进。农业部、环保部等部门还在积极推动畜禽养殖污染防治、秸秆综合利用、农药化肥污染防治。[①]

第二节 农村环境污染成因分析

中国农村环境污染问题的萌发及严重是中国经济社会发展过程中诸多因素交织而生成的,分析其原因有助于我们精准施策。其原因主要有

---

① 《聚焦十九大:着力解决好农村环境污染问题》,载《农民日报》2017年10月14日。

以下几个方面。

一、粗放的生产方式造成农业生产的污染严重

农业生产污染,是指在农业生产过程中由于农药、化肥等有机物的不合理使用,过度的畜禽水产养殖而排放的粪便,农用地膜(塑料)、农作物稻秆等农田废弃物的不当处置以及其他工业污染物的农业利用等,造成农业系统中水体、土壤、大气、生物的污染的总称。

在农药污染方面,我国是世界上农药生产和使用的大国,农药生产仅次于美国居世界第二,农药使用量则排名世界第一。在农药应用中,农药品种所占的比例往往能衡量一个国家整体的农药发展水平和污染状况,相比于发达国家的 30%～40% 杀虫剂使用比例,我国杀虫剂使用比例在 70% 以上,其中高毒农药有机磷杀虫剂又占 70% 以上。[1]

在化肥污染方面,根据《中国农业年鉴》,我国每公顷耕地的化肥施用量从 1980 年的 130.8 kg 增加到 1999 年的 425.05 kg[2],远远超过发达国家为防止化肥污染而设置的安全上限。在化肥肥料的配比上,氮、磷、钾三类要素的比例却严重失调,氮肥用量偏高,重化肥,轻有机肥,造成土壤酸化、地力下降等不良现象。

在农膜污染方面,我国是世界上农膜使用量最多的国家,地膜覆盖面积早在 1985 年就已居于世界首位。目前我国使用的农膜多为不可降解的塑料薄膜,它们在土壤中的半衰期长达 100 年,自然分解则需 200 年以上。当土壤中残膜数量超过土壤的容量时,将降低土壤的水分传导、存储以及毛细管的功能,从而影响植物根系的生长发育、水肥吸收,并导致作物减产、农产品品质下降。

---

[1] 刘树庆:《农村环境保护》,金盾出版社 2010 年版,第 144 页。
[2] 《中国农业年鉴 2005》,中国农业出版社 2005 年版,第 145 页。

在养殖废弃物污染方面,畜禽养殖产生的废弃物已成为我国农业生产污染的主要来源之一。2002年,畜禽养殖业废弃物产生量高达41亿吨,2005年畜禽养殖业废弃物产生量达到工业有机污染物产生量的4倍以上。此外,除畜禽养殖外的水产养殖业,由于饲料、肥料以及鱼药的输入,残留物质超出水体的自我净化能力,也会造成一定的水域污染。

在种植物废料污染方面,我国每年产生的各类农作物秸秆约6.5亿吨,其中约50%用作肥料,30%用作工业原料和燃料,还有约20%未被有效利用;而在发达地区,由于燃料结构变化,化肥的广泛使用,秸秆的利用率甚至不到30%。大量秸秆随处堆放或就地焚烧,不仅浪费了宝贵的生物资源,还直接造成大气污染,威胁航空、公路、铁路等交通运输安全,还有部分丢入水域的直接造成了水体污染。

上述五大类农业生产污染对农村环境的损害既有其各自的特性,也有其共同导致的危害,总的来说农业生产污染产生的危害造成严重的耕地质量下降,损害人体健康,使农产品质量下降,阻碍农业与农村经济的可持续发展。农业生产污染对我国农村的经济发展产生了极大的影响,不论是直接经济损失或是间接经济损失,都十分严重。据1997年世界银行《碧水蓝天:展望21世纪的中国环境》的报告估算,我国每年因水污染造成的经济损失为330亿元人民币,占当年GDP的0.44%;亚洲开发银行认为,我国农业面源污染的直接经济损失占全国GDP的0.5%~1%。[1]

二、较差的基础设施导致生活污染问题突出

随着我国农村经济发展迅速,尤其是一些经济发达地区,农村社会经济结构发生了巨大变化,务农人口所占比重大幅下降,家庭养殖也越来越

---

[1] 国务院发展研究中心国际技术经济研究所:《我国农业污染的现状分析及应对建议》,载《国际技术经济研究》2006年第9期。

少,人口居住相对集中。随着生活水平的提高,抽水马桶等用水器具的普及,生活垃圾、污水产生量也在迅速增加,而且组成成分日趋复杂,分散式就地消纳方式的作用越来越弱,农村生活污染对农村环境的影响日益凸显。

农民收入的增加导致农民生活方式和消费方式发生了显著的变化。水冲厕所、各类洗涤剂以及塑料制品等一次性用品的使用,大大增加了农村生活污水和生活垃圾的排放量。另一方面,由于中国农村基础设施比较落后,普遍缺乏基本的排水和垃圾清运处理系统,农村生活污染处置和管理处于无序状态。此外,由于中国农村和村镇有沿河沿湖岸堆放垃圾的习惯,这些垃圾在暴雨时会直接冲入河道,形成更直接、危害更大的非点源污染。总体而言,我国农村生活对农村环境的污染日益加剧。

从我国农村生活垃圾和农村生活污水产生总量的分布来看,2003年中国农村生活垃圾和农村生活污水排放量分别为1.7亿吨和117.8亿吨。主要集中在人口密集而城镇化比例相对较低的地区,包括重庆、河南、山东、贵州、四川、江西以及安徽和江苏的部分地区。

据调查,2003年,中国农村生活污染向水体排放的COD(化学需氧量)、TN(总氮量)和TP(总磷量)分别为31万吨、17万吨和4万吨,其中来自生活污水的污染物分别占100%、95%和78%。污染物的排放量与当地生活垃圾和生活污水的产生量成正比,也与当地农业人口成正比。污染物排放量最大的20个地市(含直辖市)为重庆,河南的周口、南阳、驻马店、商丘、信阳,安徽的淮北和黄山,山东的临沂、菏泽、潍坊、济宁,贵州安顺和遵义,四川成都和南充,江西的赣州,江苏的徐州,浙江的温州,湖北的黄冈。[①]

农村生活污染不仅给水土环境带来了巨大污染,还破坏了农村的景观,降低了农村居民的生活品质。由于大多数农村还没有指定的堆放垃

---

① 钱易、陈吉宁主编:《中国区域农业资源合理配置、环境综合治理和农业区域协调发展战略研究:农业环境污染的系统分析和综合治理》,中国农业出版社2008年版,第108、116页。

圾场所和专门的垃圾收集、运输、处理及处置系统,加上农村部分村民环境保护意识较差,许多生活垃圾和固体废弃物常常被随意倒在田头、路旁、山脚和溪边,严重影响了农村的生活环境,侵占了大量土地,对农田破坏严重,有的还造成了地表水和地下水的严重污染。而露天粪坑和堆放的垃圾臭气熏天,混合垃圾腐烂、发臭以及发酵甚至发生反应,大量的氨和硫化物向大气释放,严重影响了农村的生存环境、公共卫生状况和农民的身体健康。

三、落后的技术设备导致乡镇企业污染加剧

乡镇企业的环境污染是指由于乡镇企业的生产活动而导致直接或间接地向环境排放超过其自净能力的物质或能量,从而使环境的质量降低,对人类的生存与发展、生态系统和财产造成不利影响的现象。具体包括:水污染、大气污染、噪声污染、放射性污染等。中国曾经对乡镇企业污染环境状况分别于1989年、1995年进行过两次官方调查,即"全国乡镇工业主要污染行业污染源调查"。调查统计显示,1995年,全国乡镇工业烟尘排放量849.5万吨,占全国工业排放总量的50.3%;工业粉尘排放量1325.3万吨,占全国工业排放总量的67.5%;二氧化硫排放量441.1万吨,占全国工业二氧化硫排放总量的23.9%。同1989年调查结果相比,烟尘排放量增加了56%,工业粉尘排放量增加了18.2%,二氧化硫排放量增加了23%。全国乡镇工业废水排放量为59.1亿吨,占当年全国工业废水排放总量的21%,废水中化学需氧量排放量为6113万吨,占全国工业化学需氧量排放总量的44.3%。同1989年调查结果相比,工业废水排放量增加了12.1%;化学需氧量排放量增加了24.6%。全国乡镇工业固体废物排放量1.8亿吨,占全国工业固体废物排放总量的88.7%;全国乡镇工业固体废物产生量3.8亿吨,占当年全国工业固体废物产生总量的37.3%。同1989年乡镇工业污染源调查结果相比,工业固体废物排放量

增加了55.2%,工业固体废物产生量增加了39.6%。[1]

2000年之后,中国在每年的《中国环境状况公报》和《全国环境统计公报》中取消了"乡镇企业"这一统计类别,使得近几年的乡镇企业污染数据难以得到。2006年9月,国家环保总局和国家统计局联合举办新闻发布会,发布《中国绿色国民经济核算研究报告2004》,数据显示,2004年全国因环境污染造成的经济损失为5118亿元,占当年GDP的3.05%。其中,乡镇工业污染损失值超过50%,乡镇工业已经成为中国环境污染的重要主体。虚拟治理成本为2874亿元,占当年GDP的1.8%。[2] 究其原因,主要是由于乡镇企业地理环境的自身脆弱性、相关利益者的不作为、乡镇企业的环境产权不明晰。因此,造成的结果是,能够产生正外部性的环境资源(如树木、草坪、环境基础设施等)出现供给不足,而接纳负外部性的环境资源(如大气、水体、土壤等)则被过度污染。

四、二元的城乡结构导致污染矛盾转嫁

城乡环境污染转嫁,就是通过人类的行为把城市的污染转移到农村地区,从而在一定程度上减轻城市的环境污染的程度,把污染的损害后果转移给农村的一种行为或者形式。[3] 城乡污染转嫁不仅没有从根本上消除污染,反而使污染由城市向农村蔓延和扩散,形成了新的污染危害,对农村居民的生命、健康以及财产造成损害,侵害了农村居民应当享有的环境权、生命健康权和财产权。

城乡污染转嫁主要体现在两种形式上:一是随着经济高速发展和工

---

[1] 陈洪燕、汤鹏主:《乡镇企业的环境污染问题及其对策分析》,载《经济研究导刊》2012年第31期。
[2] 中华人民共和国国家统计局编:《中华人民共和国统计大事记(1949—2009)》,中国统计出版社2009年版,第427页。
[3] 晏妮、邓乐:《论环境污染的城乡转移与政策保护》,载《生态经济(学术版)》2008年第1期。

业化进程的加快,城市环境保护问题日益突出,已影响到中国经济社会的可持续发展,全国各大城市都开始整体性地将那些不具有竞争优势、能耗高、污染大、技术含量低的产业和产品生产企业通过联营、委托加工、技术转让等方式向农村搬迁,造成污染源由城市向农村的移动,将污染转嫁给农村;二是城市的大量生活垃圾和生产垃圾向农村的人为转移,造成对农村生态环境的直接和间接污染。客观来看,相对于地域狭窄而又人口密集的城市,广大农村地域广阔,人口居住分散,环境容量大,把一些企业转移到那里,减轻了城市污染,保障了城市居民环境权益和安全而且还可以促进当地经济发展。但是,这种现象的存在主要是由于受中国长期形成的城乡二元结构影响、相关法律制度的空缺以及环境意识的差异化。在农村,由于经济发展水平较低,人们生活水平较低,有些地方甚至连温饱问题都未解决,使得农村居民更加关注经济发展,发展经济成为其第一要务,而对于环境保护则漠不关心,这为农村环境的恶化埋下伏笔。[①]

五、不够完善的法治体系导致环境治理监管不力

在我国农村的环境管理体系中,由于责任主体过于分散,导致在划分责任时,很难找到明确的界限。另外,缺乏责任主体的现状,不但不能够对环境污染者起到很好的约束和限制作用,也会使环境污染处于一种恶性循环当中。尽管我国对农村的环境污染治理给予了很大的支持,但是,相关的政策支持却少之又少。另外,与我国的城市人口相比,农村的人口相对较为分散,这也在一定程度上增加了环境治理的难度。因此,为了提高广大群众的环境保护意识,应该加强对相关政策上的支持。另外,国家在制定相关的政策时,也要考虑到农村分布的实际情况,以便更好地为治理农村环境服务。

---

① 樊晶晶、张小红:《对当前城乡污染转嫁问题的研究》,载《经济研究导刊》2012年第36期。

目前,在我国农村的环境管理体系中,镇级以下的行政中,根本就没有设置环境保护的部门。也就是说,最基层的环境保护部门,也只是设置在县级政府当中。由此可见,在我国的农村环境管理体系中,还没有一个专门进行环境保护的部门。

从法律的角度来看,关于农村环境保护的法律法规还不够健全和完善。另外,在制定相关的法律法规时,也要考虑到我国农村环境遭到破坏的实际情况,并结合我国农村环境管理体系的现状进行制定,这样才能够更有效发挥约束作用。①

第三节 打造生态宜居美丽乡村的路径选择

中共十九大描绘了建设美丽中国的美好蓝图。没有生态宜居的美好乡村就不可能有美丽中国,而生态保护则是美丽乡村建设的重中之重。2018年的中央一号文件指出,乡村振兴,生态宜居是关键。国家持续加大生态保护力度,加强农村基础设施建设,让农村成为安居乐业的美丽家园。②

一、增强农村生态保护的责任主体意识是核心

加强乡村的生态保护,需要从环境与资源两个方面着手。环境方面主要是保护农村的空气、土壤、河流免受污染;资源方面主要是节约土地

---

① 孙晓雷:《我国农村环境管理体系分析》,《资源节约与环保》2016年第7期。
② 《中共中央国务院关于实施乡村振兴战略的意见》,中华人民共和国农业农村部网,http://www.moa.gov.cn/ztzl/yhwj2018/zxgz/201802/t20180205_6136444.htm。

资源，防止在耕地区域违建工业建筑。这都要求政府和农民在乡村生态保护上加强责任意识和生态意识。

农村基层组织是上级政府与村民之间的桥梁，农村基层组织的行为也影响建设生态宜居美丽乡村的成效。一方面，农村基层组织传达和执行上级政府关于建设生态宜居美丽乡村的相关政策；另一方面，农村基层组织要协调和解决建设生态宜居美丽乡村过程中面临的困境与难题。由此，既要监督农村基层组织的政策执行情况，扎实推进建设生态宜居美丽乡村政策，也要约束农村基层组织行为，不能在政策执行过程中损害农民利益。

基层党组织、基层政府要积极开展环保工作的执行和监督、宣传，对农户的生产生活进行必要的环保监督；农民需要自觉树立环保意识，积极主动担起保护农村生态的重任；企业则是农村生态保护的直接参与力量，要承担起乡村生态保护的社会责任，利用科技手段，走绿色发展之路。以秸秆的综合利用为例，甘肃省张掖市高台县就探索出了资源化利用农业废弃物的第三方环保治理新模式。该地农户以上交秸秆的方式来换取农作物有机肥，上交的秸秆则由当地的生物科技公司回收用作生产天然气、有机肥的原料。[①] 这种循环治理模式能够很好解决农户焚烧秸秆产生的污染问题，利用秸秆换取有机肥不仅让农户获得了实惠，让企业获得了生产原料，同时也保护了农村的生态环境，一举多得。这种绿色、循环、低碳、可持续的发展模式，正是企业在其中发挥了重要作用，为建设生态宜居乡村贡献了力量。

二、改善乡村人居环境建设是基础

生态宜居是对农村人居环境治理提出的新目标，人居环境的改善关

---

① 银燕：《秸秆"变身"天然气和有机肥》，载《人民日报》2017年11月25日。

系到农民的切身利益,影响着农民的生活品质。因此,建设生态宜居乡村,重点应放在改善乡村的人居环境方面。2014 年国务院办公厅印发了《关于改善农村人居环境的指导意见》,提出到 2020 年,全国农村居民住房、饮水和出行等基本条件明显改善,人居环境基本实现干净、整洁、便捷,建成一批各具特色的美丽宜居村庄的要求。① 2017 年 11 月,第十九届中央全面深化改革领导小组第一次会议通过了《农村人居环境整治三年行动方案》,要求开展农村人居环境整治行动,统筹城乡发展,统筹生产、生活、生态,以建设美丽宜居村庄为导向,以农村垃圾、污水治理和村容村貌提升为主攻方向,动员各方力量,整合各种资源,强化各项举措,加快补齐农村人居环境突出短板。要注意因地制宜,保护、保留乡村风貌。②

人居环境的治理要在尊重乡村发展规律的基础上展开,村庄的整体布局要因地制宜,符合当地发展实际。如武汉市小朱湾村邀请中国乡建院专家,根据本村的发展实际,对村子进行统一设计、改造。通过对当地基础服务设施、生态和卫生状况的治理,小朱湾村的人居环境得到很大优化。人居环境得到改善后,乡村的吸引力变大,城镇居民慕名来村租住农房,带动了当地经济的发展。③

可见,人居环境的改善要尊重乡村发展规律,统一规划,才能取得良好的效果。得到改善后的人居环境不仅意味着生态的振兴,更有力地回应了乡村振兴战略其他方面的要求。人居环境的改善除了要对乡村发展进行整体规划,不断完善农村的水、电、路等基础服务设施,同时也需要努力解决农村中的厕所、生活垃圾处理、污水排放等民生小事。

以农村厕所改建为例,长期以来厕所都是影响农村人居环境改善的一道难题。早在 2015 年习近平同志就提出新农村建设不断推进的过程

---

① 《国务院办公厅关于改善农村人居环境的指导意见》,中华人民共和国中央人民政府网,http://www.gov.cn/zhengce/content/2014-05/29/content_8835.htm。
② 《习近平主持召开十九届中央全面深化改革领导小组第一次会议强调:全面贯彻党的十九大精神 坚定不移将改革推向深入》,人民网,http://politics.people.com.cn/GB/n1/2017/1120/c1024-29657602.html。
③ 田豆豆等:《乡村振兴,先聚人气(关注改革最后一公里)》,载《人民日报》2017 年 11 月 30 日。

中要来场"厕所革命",让农民群众用上卫生的厕所。十九大后习近平同志又对厕所问题进行了重要批示,指出厕所问题不是小事情,是城乡文明建设的重要方面,不但景区、城市要抓,农村也要抓,要把这项工作作为乡村振兴战略的一项具体工作来推进,努力补齐这块影响群众生活品质的短板。① 在乡村厕所治理过程中,河南省永城市演集镇改造的"双瓮漏斗式"厕所提供了很好的示范性。② 这种厕所不仅卫生便捷,而且解决了乡村传统厕所的蚊虫和异味问题,大大改善了乡村人居环境。

在最基本的生活方面,推进农村生活垃圾治理、开展厕所粪污治理、推进农村生活污水治理等工作,就是提升村容村貌、加强村庄规划管理,建设好生态宜居美丽乡村的重要任务。

三、以文化建设促进生态环境治理是重要手段

生态宜居不仅表现在环境上,也表现在文化上。建设生态宜居乡村,一方面需要注重保护农村生态,改善人居环境;另一方面也要注重保留乡村的文化气息,营造农耕文化,构建充满美丽乡愁的精神家园,以文化软建设促进生态环境治理与建设。在乡村长期发展过程中,不仅形成了独具特色的生产和生活结构,也形成了各具特色的文化传统,民风、民俗、乡规民约,这些都对当地村民的精神文化生活产生着潜移默化的影响。这是中华民族发展过程中形成的独特文化基因,也是乡村治理的重要智慧来源和共同文脉纽带。

乡村生态建设的过程中不能忽略乡村的文化底蕴。要注重挖掘乡村丰富的历史文化,留住乡风民俗、留住乡愁。乡村的手工艺制作、民谣等非物质文化遗产都是建设生态宜居乡村所需要的精神财富。生态宜居乡

---

① 《坚持不懈推进"厕所革命"努力补齐影响群众生活品质短板》,载《人民日报》2017年11月28日。

② 丁艳:《让厕所革命成为改善民生的生动样本》,载《光明日报》2017年12月5日。

村的建设并不是简单复制,而需要创新理念,打造出"一村一景""一村一品""一村一韵"的效应,防止出现"千村一面"。这些都是对生态宜居乡村建设提出的更高要求。浙江新昌县东茗乡后岱山村在进行乡村建设的过程中,专门请新昌布袋木偶戏非物质文化遗产传承人来担任后岱山的"文化专员",乡村文化生活经过她的精心规划,布袋木偶戏和民间绍剧又"活"了,不仅丰富了村民的文化生活,也为后岱山乡村旅游提供了文化支撑。生态宜居不仅需要在生态和人居环境硬件上下功夫,也需要在文化软环境上为村民精神生活提供更多的选择,增强农民文化认同感和自豪感。①

四、完善法治监督管理体系是保障

除积极进行硬件基础设施建设,重视软性责任主体意识、文化软环境建设外,还要加大有关农村环境保护立法的力度,建立健全有关农村环境保护的政策、法规、标准体系,制定具有强制性的国家和地方防治农村环境污染的政策法规,织好制度的篱笆,如,《土壤污染防治法》(2018)、《畜禽规模养殖污染防治条例》(2013)以及约束各级政府干扰环境执法行为等方面的法规,并严厉打击各类环境违法行为,加大处罚力度,从源头上防范农村环境污染问题的发生。同时,还应以法律形式确定城乡居民与农村环境保护之间的利害关系,明确征收污水处理费、垃圾收运费等不属于乱摊派、乱收费的范围,将缴纳环境治理的相关费用规定为城乡居民应尽的环境保护义务。

农村生态保护还通过建立相应的法律法规来对农业生产者进行规范和约束。更重要的是建立健全激励机制,使农民从绿色发展中看到绿水

---

① 杨苹苹:《乡村振兴视域下生态宜居乡村的实现路径》,载《贵阳市委党校学报》2017年第6期。

青山,得到金山银山,进而使绿色生产转化为农民的自觉行动。针对农村中的环境问题,环境保护部、财政部制定了《关于加强"以奖促治"农村环境基础设施运行管理的意见》《中央农村节能减排资金使用管理办法》等相关方案。在技术指南和规范方面也发布了有关农村生活污染防治、饮用水水源地环境保护的相关文件。这些都从制度上为农村的生态保护提供了支持,也为乡村生态宜居工程建设提供了新思路。

五、统筹利用好政策、资金、技术、人才资源是重要支撑

资金支持、技术支持和人才支持是建设好生态宜居美丽乡村的重要基础,其关键在于政策支持。

政策支持是建设好生态宜居美丽乡村的基本保障。如从资金支持角度来看,建立农村自然资源收益用于建设生态宜居美丽乡村的政策,就可以充分挖掘并利用农村自然资源的价值。加大中央和地方政府的财政投入力度的政策,也可以为生态宜居乡村建设提供资金保障。

在资金利用方面,离不开充分运用、积极引导金融部门的资金支持。通过抵押贷款以及市场化运作方式为建设生态宜居美丽乡村提供资金支持,还可引入农业 PPP(public private partnership)模式,引导社会资本积极参与生态宜居美丽乡村建设。2015 年,农业部参与安排农业建设投资 299.74 亿元,比上年增长 10.39 亿元,增加 3.6%;安排农业综合开发资金 387.67 亿元,比上年增加 26.96 亿元,增长 7.5%。①

从技术支持角度来看,高校以及企事业单位应积极研发改善农村人居环境的关键技术。如地膜、残膜回收技术应用方面,仅 2015 年,中央投资 1.6 亿元,在新疆、甘肃等 6 个省(区)及新疆生产建设兵团的 49 个示

---

① 《中国农业发展报告 2016》,中国农业出版社 2016 年版,第 54 页。

范县实施地膜回收利用示范,新增残膜加工能力约4.6万吨,回收地膜面积约80.8万公顷;在北京、河北等11个重点省(市)启动实施可降解地膜对比试验,筛选应用效果好的可降解地膜用于示范推广。在沼气建设和秸秆综合利用方面,2015年农业部会同国家发展改革委下达中央预算内沼气投资20亿元,建设规模化大型沼气工程项目386个,规模化生物天然气工程试点项目25个。①

从人才支持角度来看,可通过培训农村基层管理人员或农民、引入高技术人员为建设好生态宜居美丽乡村提供人才支持。截至2015年,农业部联合教育部成立了中国现代农业校企联盟,已成立现代农业、现代畜牧业、都市现代农业、现代农业装备和现代渔业五大教育集团,吸纳涉农企业、职业院校、科研院所500余家,举办农学结合弹性学制中等职业教育,招收务农农民学员6万人。新型职业农民教育规模扩展到4个省及其他省份的21个市和487个示范县,全年培育100万人。②

---

① 《中国农业发展报告2016》,中国农业出版社2016年版,第101~102页。
② 《中国农业发展报告2016》,中国农业出版社2016年版,第89页。

第六章

坚持共享发展理念
完善农村社会保障体系

> 农村社会保障是指为改善和提高全体农民的物质生活水平,由国家依法建立、政府主导的各种具有经济福利性的农民生活保障性制度、措施、系统。农村社会保障制度涉及教育、医疗、社会救助等事关民生和群众获得感、幸福感的诸多领域,是调节收入分配、缩小贫富差距、保障低收入者的基本生活及缓和社会矛盾的重要手段,也是促进农业现代化、实现农业第二个飞跃的基本条件。

第一节 城乡一体化发展与农村教育改革

长期以来,农村教育一直是我国教育事业发展的薄弱环节,它不仅关乎教育事业发展的全局,而且关乎国家现代化的整体走向。目前,我国农村教育已经实现了由"地方负责、分级办学"向"省级统筹、以县为主"的体制的重大转变,农村教育面貌为之焕然一新。

一、农村学校布局调整与农村基础教育发展

从20世纪70年代末至80年代中期以来,我国确立了教育优先发展的基本国策,同时基础教育的地位也日益明确。基础教育是使我国从人口大国转变为人力资源强国的奠基工程。1990年,我国政府领导人参加了联合国教科文等国际组织在泰国召开的世界全民教育大会和1993年

在印度召开的九个人口大国全民教育会议,同意《世界全民教育宣言》的目标,签署了《德里宣言》,就20世纪末中国普及义务教育向全世界做了承诺。1998年,《中共中央关于农业和农村工作若干重大问题的决定》指出:"发展农村教育事业是落实科教兴农方针、提高农村人口素质的关键。必须从农村长远发展和我国现代化建设全局的高度,充分认识发展农村教育的重要性和紧迫性。"①

进入21世纪以来,中国经济社会发展水平不断提升,国家财政投入到农村基础教育的总量以及各级财政承担比例都有显著增加。2001年,《国务院关于基础教育改革与发展的决定》指出:"基础教育是科教兴国的奠基工程,对提高中华民族素质、培养各级各类人才,促进社会主义现代化建设具有全局性、基础性和先导性作用","加强农村义务教育是涉及农村经济社会发展全局的一项战略任务","要依靠大力发展农村教育,提高劳动者整体素质的思想,切实重视和加强农村义务教育。"②但是,我国农村大部分地区经济落后,教育基础薄弱,城乡基础教育发展不均衡,严重制约着农村经济社会的发展。2003年,《国务院关于进一步加强农村教育工作的决定》提出,到2007年,争取全国农村义务教育阶段家庭经济困难学生都能享受到"两免一补",努力做到不让学生因家庭经济困难而失学。"两免一补"、营养餐工程、寄宿制学校等政策切实体现了国家承担农村基础教育的努力和决心。进城务工人员的子女教育问题的解决在近些年也取得新进展,确定了"以流入地政府管理为主,以全日制公办中小学为主"的原则,接收进城务工人员子女入学,取消借读费并免除学杂费,实行进城务工人员子女与城市学生在校享受同等待遇。

(一)农村义务教育学校规模及数量呈锐减趋势

21世纪以来,随着合村并组工作的开展和学龄人口减少的形势影响,

---

① 《中共中央关于农业和农村工作若干重大问题的决定》(1998年10月14日中共十五届三中全会通过),载《光明日报》1998年10月19日。
② 《十五大以来重要文献选编(下)》,人民出版社2003年版,第1836、1838页。

2001年启动的"撤点并校"虽然总体上优化了教育资源,但一些地区不顾客观实际、盲目比较,使得农村小学的办学规模在不断收缩。2006年,国务院实施了"农村义务教育经费保障机制改革",这项政策的实施,促使中央和地方五年内增加投入2000多亿元,提高了农村中小学公用经费标准、全面免除义务教育阶段费用,并全面推进农村中小学危房改造、寄宿制学校建设、中小学营养餐工程,国家安排专项资金进行改造和实施,确立了国家主动承担农村义务教育的责任,是国务院进一步加强农村义务教育的一项重大举措和根本性的制度建设,成为农村义务教育发展的一个新起点。[1] 从2006年至2009年,县镇和农村教学点的数量不断下降。为应对撤并教学点给偏远农村地区儿童造成的一系列的上学难问题,教育部2007年规定:"今后农村中小学布局调整要按照实事求是、稳步推进、方便就学的原则实施,农村小学和教学点的调整,要在保证学生就近入学的前提下进行,在交通不便的地区仍须保留必要小学和教学点,防止因过度调整造成学生失学、辍学和上学难问题。"[2]这表明农村教学点经历了大规模的撤并之后又进行了重新调整,农村教学点数量在2010年之后有了一个反弹。2016年,全国农村小学数由2000年的44.03万所锐减至10.64万所,减幅达75.83%,在校小学生数也由2000年的8503.71万人锐减至2891.73万人,减幅达66%。[3] 表6-1所示为2006—2016年县镇与农村小学规模及其变化。

表6-1 2006—2016年县镇与农村小学规模及其变化

年 份	小学校数/万个		教学点数/万个		在校学龄人数/百万人	
	县镇	农村	县镇	农村	县镇	农村
2006	3.09	27.16	0.16	8.31	23.81	58.50
2007	3.05	25.30	0.13	7.75	24.39	55.72

---

[1] 《十届全国人大五次会议文件辅导读本》,人民出版社2007年版,第91页。
[2] 杨东平主编:《2020:中国教育改革方略》,人民出版社2010年版,第116页。
[3] 《〈中国农村教育发展报告2017〉发布》,中国教育新闻网,http://www.jyb.cn/zcg/xwy/wzxw/201712/t20171223_900288.html。

续表

年　份	小学校数/万个		教学点数/万个		在校学龄人数/百万人	
	县镇	农村	县镇	农村	县镇	农村
2008	2.97	23.42	0.13	7.1	24.88	53.61
2009	3.01	21.09	0.13	6.54	26.31	50.99
2010	4.60	16.90	0.56	6.1	31.10	38.91
2011	4.74	15.50	0.64	6.25	32.10	34.93
2012	4.72	14.03	0.81	7.36	32.12	30.61
2016	4.46	10.64	—	8.68	37.54	28.92

注：统计口径在2010年发生变化，从2010年开始，"县镇"统计范围不仅包含原来的县区和乡镇，还包含了镇乡结合区，因此2010年数据出现了一个跳跃。

资料来源：《中国教育统计年鉴》。

同期，农村初中学校数量及学生规模也在持续缩减。县镇及农村普通初中的学校总量和在校生规模，可以部分反映镇与农村之间横向的规模差异以及纵向上随时间变化的趋势。2006—2012年，县镇初中在数量上有小幅增加，而农村中学数量出现了较大幅度的下降。县级初级中学的数量从2006年到2009年还小于农村初级中学的数量，但到2010年之后，开始大于农村初级中学的数量。与此同时，农村初中总量出现较大幅度下降。这种"一增一减"与农村中学的关停有一定的关联。县镇九年一贯制学校在数量上从2006年到2012年之间稳定增加，而农村的九年一贯制学校的数量在波动中不断下降。但是，县镇学校数量的增长幅度大于农村学校数量的下降幅度。

这是由于农村学校布局调整在由分散办学向集中办学的转变中，一方面在乡镇层面内撤并村小和教学点，合并为中心学校，另一方面在县域层面内农村学校向县城和中心镇集中，即"学校进城"。这就导致中小学资源配置由农村不断集中于县镇、城市，尤其是由农村向县镇发生的教育集中。学校布局调整在空间层级上的这种表征可被称为城镇化向度，表现为农村学校萎缩消失，县镇学校规模不断扩大，城乡学校、尤其小学的分布结构发生显著改变。这种变化反映了九年一贯制中学的提供主体正在由农村向县镇转移。

中共十八大以来,我国教育事业在深化改革中取得了进一步的发展,总体发展水平跃居世界中上行列,义务教育巩固率达到93.4%,但少数农村地区特别是老少边穷岛地区仍不同程度存在失学辍学现象,实现国家确定的到2020年义务教育巩固率达到95%的目标仍面临严峻挑战。2016年2月,国务院印发《关于加强农村留守儿童关爱保护工作的意见》,要求到2020年"儿童留守现象明显减少",并开展一次全面的农村留守儿童摸底排查,意义重大。① 中共十九大报告指出:"推动城乡义务教育一体化发展","高度重视农村义务教育","努力让每个孩子都能享有公平而有质量的教育"。我国到2020年全面建成小康社会、基本实现教育现代化,薄弱环节和短板依然在乡村、在中西部老少边穷岛等边远贫困地区。

(二)中央财政转移支付促进了地区间农村基础教育的均等化

农村小学生均教育经费支出属于与教育相关的、宽泛意义上的资金投入。中共十八大以来,中央财政一直按照"保基本、补短板、提质量、促公平"的思路,不断加大投入力度,推动义务教育均衡发展,提高教育教学质量。2015年,在落实教育经费保障方面,中央财政安排1051亿元,支持落实农村义务教育经费保障机制和城市学生免除学杂费政策;进一步巩固完善农村中小学校舍安全保障长效机制,将校舍单位面积维修改造补助标准统一提高200元,达到中部地区每平方米800元、西部地区每平方米900元,在此基础上继续提高北方取暖地区学校补助标准;全国约1.1亿名农村学生全部享受免学杂费和免费教科书政策,小学一年级新生可以获得正版字典,中西部地区约1240万名家庭经济困难寄宿生获得生活费补助。在支持教育突出问题方面,安排330亿元,支持全面改善贫困

---

① 张烁:《农村义务教育,尽快补齐短板》,载《人民日报》2017年11月23日。

地区义务教育薄弱学校基本办学条件;安排 200.6 亿元,继续实施农村义务教育学生营养改善计划,惠及学生约 3320 万名。在加强农村教师队伍建设方面,安排 57.3 亿元,将农村义务教育阶段学校教师特设岗位计划实施范围扩大到省级扶贫开发工作重点县,重点支持中西部老少边穷岛地区扩充乡村教师队伍,并提高工资性补助标准 4000 元,达到西部地区年人均 3.1 万元、中部地区年人均 2.8 万元;安排 20 亿元,继续实施国培计划,重点聚焦中西部地区乡村教师校长培训;安排 3.34 亿元,继续支持各地选派优秀义务教育阶段教师到边远贫困地区、边疆民族地区和革命老区支教。[1]

在地方财政配套和支持方面,虽然各省的在校学龄人口规模差别较大,且各省经济发展程度决定的地方政府教育支出规模和中央财政教育支持力度各有不同,但是,全国各省普通小学生均教育经费支出的省级差异与地方经济发展水平没有明显的相关性。尽管北京、上海、天津的生均教育经费的规模和增长速度都比较突出,但是,内蒙古、西藏等其他经济条件相对落后的省(区)的生均教育经费投入规模却不逊于广东、山东等东部沿海省份的投入规模。

(三)农村小学及初中办学条件不断改善

随着经济社会的发展、各级财政支持力度的加大以及布局调整后的资源集中,农村小学生源和办学条件不断改善。县镇小学入学儿童接受学前教育的比例整体高于农村小学入学儿童接受学前教育的比例,但随着时间变化,两者的比例分别都有显著的增加,且农村小学儿童学前教育比例上涨的幅度更大,小学入学生源的质量和小学学习适应性都得到提高。关于县镇小学和农村小学的师生比情况,平均每位县镇小学专任教

---

[1] 《2015 年中央财政支持城乡义务教育发展情况》,中华人民共和国财政部网,http://jkw.mof.gov.cn/zhengwuxinxi/gongzuodongtai/201602/t20160204_1664474.html。

师对应 17～19 名学生,而农村小学平均每位专任教师对应 15～17 名学生,且县镇小学的师生比相对稳定,而农村小学师生比在 2010 年前后都有稳定的上升。农村初中生均教育资源要显著高于县镇初中的生均教育资源。整体来看,县镇中学的师生比低于农村中学的师生比,两者增幅基本保持一致,而且整体上师生比已经高于国家正常的配置水平,可见农村和县镇的初中都出现了一定程度的超编现象,其主要原因是农村和镇乡结合区的学龄人口随父母外出务工而到外地就读,另外一个原因可能来自初中的辍学现象。

农村基础教育在发展中面临不少的问题,如农村小学生源流失比较严重,1990—2016 年农村小学生数量占全国小学生数量的比例从 78% 下降到 67.04%。① 随着生源的流失,许多正常规模的学校逐渐凋敝,农村学校的教育资源规模效益不断降低,公共财政经费对农村教育投入的效率和积极性都有所降低,使得原本处于相对劣势的农村基础教育陷入"低水平陷阱",家庭经济能力相对落后而无能力到县镇就读学生的教育权益受到损害。再如,初中生辍学现象比较突出。初中生辍学问题的严重性已经引起了社会的广泛关注,这一现象一方面来自学生对教育收益预期的降低和教育意愿的下降,另一方面也来自家庭经济负担的影响,加之青春期叛逆心理,初中生群体辍学的可能性和规模都要大于其他教育阶段的学生群体。还如,寄宿低龄化导致农村寄宿制学校学生身心健康发育失衡。2011 年,国务院启动农村义务教育学生营养改善计划,中央每年拨款 160 多亿元,按照每人每天 3 元的标准为农村义务教育阶段学生提供营养膳食补助。寄宿制学校在人员编制方面缺少生活老师岗位,而寄宿制小学儿童偏低龄化,生活自理和心理自我调节能力都还相对欠缺。不同层级财政和教育部门推行的营养计划以及家长对孩子健康的重视使得学生身体达标率较高,但是在校寄宿过程中的心理关怀和生活照料却

---

① 《〈中国农村教育发展报告 2017〉发布》,中国教育新闻网,http://www.jyb.cn/zcg/xwy/wzxw/201712/t20171223_900288.html。

比较欠缺,使身心健康发育出现不协调的情况。

农村社会存在的一个社会关注度较高的群体,就是规模较大的留守儿童群体,且呈现低龄化趋势。通过学校途径识别的小学学龄阶段的留守儿童规模在 1400 万到 1500 万人。小学阶段的留守儿童规模是初中阶段留守儿童的 2~3 倍,说明了留守儿童呈现显著的低龄化特征。通常情况下,儿童在小学阶段,父母的身体条件和隔代照看子女的条件都比较充足,所以年轻父母通常会将小学阶段的子女托付给自己的父母照看,然后再到城市打工。孩子越小,留守的可能性越大。[①] 因此,要提高农村基础教育,要合理规划农村寄宿制学校,兼顾教育可得性与规模效益,提升教育资源供给的层级,加大转移支付力度,保证进城务工非正规就业者随迁子女的教育。

二、农村职业技术教育发展与新型职业农民培养

中华人民共和国成立后,新的教育管理体制逐步形成,政府开始思索符合中国国情的教育方式,明确要求加强农业职业学校建设。改革开放以来,职业教育进入了改革与发展的快车道。

(一) 1978—1998 年:农村职业教育发展的三次高潮

1979 年,我国农村职业教育发展出现了第一次高潮。1978 年十一届三中全会以后,我国农村职业教育也随之回归正轨。同年,在全国教育工作会议上,邓小平指出:"教育事业的计划成为国民经济计划的一个重要组成部分。这个计划,应该考虑各级各类学校发展的比例,特别是扩大农

---

① 魏后凯、潘晨光:《中国农村发展报告——聚焦农村全面建成小康社会(2016)》,中国社会科学出版社 2016 年版,第 270~273 页。

业中学、各种中等专业学校、技工学校的比例……"①1979年底,全国农业中学及其他职业中学有2000多所,在校学生有23万多人。

20世纪80年代中期是我国农村职业教育发展的第二次高潮。1982年底,全国《关于第六个五年计划的报告》中提出"要创造必要的条件,把部分农村普通高中改为农业职业中学"②,农村职业教育的规模得以进一步扩大。至1986年,全国农业职业中学达到8178所,在校学生有256万多人。同年,国家教委相继发布了《关于加速发展农村职业技术教育的意见》和《职业技术教育管理职责暂行规定》,进一步明确了我国农村职业教育应当与普及义务教育结合起来,坚持振兴农村经济、发展农业生产和为农民劳动致富服务的办学思想,根据各地的经济发展水平,多层次、多规格、多形式地发展农村职业技术教育。同时对国家教委、省、自治区、直辖市政府的职业教育管理职责做了具体的规定。

1988年国家教委"燎原计划"的实施和1990年《全国农村教育综合改革实验区工作指导纲要(试行)(1990—2000年)》的发布将我国农村职业教育发展推向了第三次高潮。"燎原计划"确定了116个县为全国农村教育综合改革实验区,并规定从教育结构、招生办法、专业及课程设置、教学方法四个方面着手改革。到1989年初,全国已进行农村教育综合改革实验并开始实施"燎原计划"的有786个县、2870个乡。③ 1990年,国家教委印发《全国农村教育综合改革实验区工作指导纲要(试行)(1990—2000年)》,进一步对农村教育综合改革的方针和任务做了明确的要求,并指出农村职业教育需与当地经济和社会发展相结合,重视办好直接为农、林、牧业服务的专业。随着农村教育综合改革实验的开展,大大地促进了农村职业教育的发展,全国几乎所有的县都办起了职业中学,农、林业中专也得到了长足发展。

---

① 《邓小平文选(第二卷)》,人民出版社1983年版,第108页。
② 《十二大以来重要文献选编(上)》,人民出版社1986年版,第172页。
③ 何东昌:《中华人民共和国教育史(下)》,海南出版社2007年版,第755页。

(二)1999—2011年：农村职业教育发展转型期

1999年以来,受到农村产业结构调整、农村劳动力的大量转移以及高校连年扩招的影响,我国农村职业教育出现了农业类专业招生滑坡的现象,在校学生数量大幅度减少。部分专业设置单一、办学条件不好的学校,招生数量急剧减少,甚至遭到市场淘汰。为了促进农民适应现代化建设的步伐,国家意识到加快新型农民培育的重要性,并出台了相关政策和法律法规,促进新型职业农民教育的发展。与传统的农民不同,新型职业农民接受过正规的职业教育,有较高的文化知识水平和职业素养,而且具有现代农业的经营能力和管理能力。所以,新型职业农民不仅要从事农业活动,还需要面对市场,能够根据市场情况和需求组织农业生产。随着新农村建设的快速发展,培育新型职业农民已经成为农村发展的重要趋势。一些职业教育学校面向市场改革力度加大,办出了自己的特色,在竞争中迅速发展壮大,生源越来越多。中国农村职业教育逐步由"数量扩张"向"质量提升"转型已是大势所趋。

2010年,《国家中长期教育改革和发展规划纲要(2010—2020年)》中明确提出,为了实施可持续发展战略,要在2012年实现区域内教育初步平衡,2020年"建成覆盖城乡的基本公共教育服务体系,逐步实现基本公共教育服务均等化,缩小区域差距"[①]。

(三)2012年至今：培育新型农民

2012年中央一号文件首次提出"大力培育新型职业农民","对未升学的农村高初中毕业生免费提供农业技能培训,对符合条件的农村青年务

---

① 《国家中长期教育改革和发展规划纲要(2010—2020年)》,人民出版社2010年版,第15页。

农创业和农民工返乡创业项目给予补助和贷款支持"。① 这标志着我国农民由身份型向职业型转变。所谓新型职业农民,就是以农业生产经营作为自身职业的人员,他们具有较高的科技文化素质、专业生产技能和职业道德素养,具有较强的自我发展能力和市场竞争意识,具有稳定的工作岗位和收入来源。在我国加快推进农业现代化的今天,培养新型职业农民是有效转变农业发展方式、加快中国特色主义农业发展的必然选择,是促使农村社会和谐、制度创新和城乡一体化发展的有效手段,具有十分重要的现实意义。②

2013年,十八届三中全会通过的《中共中央关于全面深化改革若干重大问题的决定》提出:"构建利用信息化手段扩大优质教育资源覆盖面的有效机制,逐步缩小区域、城乡、校际差距。"③信息化建设是促进区域教育均衡发展的重要途径,大力推进农村信息化建设具有重要的意义。2015年6月,教育部等联合下发《关于加强雨露计划支持农村贫困家庭新成长劳动力接受职业教育的意见》,确定通过政策扶持,使农村贫困家庭子女初、高中毕业后接受中、高等职业教育的比例逐步提高,确保每个孩子起码学会一项有用技能,贫困家庭新成长劳动力创业就业能力得到提升,家庭工资性收入占比显著提高,实现一人长期就业、全家稳定脱贫的目标。2015年,农业部新增5个部级农村实用人才培训基地,基地总数达到25个,与中组部联合举办183期农村实用人才带头人和大学生村干部示范培训班,培训1.8万多人;加大农业职业技能开发力度,培训鉴定农业技能人才40万人次。④ 2016年5月11日,国务院印发《加快中西部教育发展的指导意见》,第一次全口径对中西部教育改革发展做出顶层设计,提

---

① 《关于加快推进农业科技创新持续增强农产品供给保障能力的若干意见》,人民出版社2012年版,第16页。
② 高洁、王俊杰:《新型职业农民培养与农村职业教育发展研究》,载《中国职业技术教育》2014年第12期。
③ 《中国共产党第十八届中央委员会第三次全体会议文件汇编》,人民出版社2013年版,第62页。
④ 《中国农业发展报告2016》,中国农业出版社2016年版,第6页。

出大力发展职业教育,提高学生技术技能水平和就业创业能力,为培养大国工匠打下扎实基础,为个人发展、家庭脱贫提供支撑。2012年以来,在西部新设高等职业学校134所,占全国新增总量的76.1%。2016年10月,教育部印发《职业教育东西协作行动计划(2016—2020年)》,计划以职业教育和培训为重点,以就业脱贫为导向,瞄准建档立卡贫困人口精准发力,启动实施东西职业院校协作全覆盖、东西中职招生协作兜底、支持职业院校全面参与东西劳务协作三大行动。①

第二节 农村社会事业改革与发展

一、农村社会保障制度改革

1978年十一届三中全会之后,针对农村集体养老功能的退化甚至丧失的社会现实,我国政府积极尝试建立一套旨在保护农村居民在受灾、贫困、患病等突发状况及年老时能够维持其基本的生活水平的社会保障制度体系。

(一)农村养老保险制度的建立和发展

随着家庭联产承包责任制的施行,与计划经济相适应的集体和家庭

---

① 《十八大以来治国理政新成就(上)》,人民出版社2017年版,第45页。

相结合的养老模式变成了单纯的家庭养老模式。为了缓解农村家庭养老保障的压力,党和政府尝试建立旨在保障农村居民在年老时能够从国家和社会得到物质帮助的养老保险制度。为此,中共中央在"七五"计划中明确提出,要认真研究和建立形式多样、项目不同、标准有别的新的城乡个体劳动者的社会保险制度。①

1986年10月,民政部和国务院有关部委在江苏召开了"全国农村基层生活保障工作座谈会",会议根据我国农村实际情况,对农村养老保障划分了几个层次:在农村贫困地区,基层社会保障的主要任务是搞好社会救济和扶贫;在农村经济发展中等地区,由于多数人的温饱问题已经解决,基层社会保障的主要任务是兴办福利工厂、完善"五保"制度、建立敬老院等,以解决残疾和孤寡老人的生活困难;在农村经济发达地区,发展以社区(乡、镇、村)为单位的农村养老保险。后来一些社区养老就是从这时候开始的。但是社区养老进行得并不成功,在总结经验的基础上,国务院决定指定民政部开展农村社会养老保险试点工作。② 1989年,民政部成立了中国农村社会养老保险研究课题组,选择在北京大兴县(今大兴区)、山西省左云县进行县级农村社会养老保险试点。据不完全统计,截至1989年底,全国已有800多个乡镇建立了乡本位或村本位的养老保险制度,参加人数达90多万人,资金积累4100万元,开始领取养老金的农民已有21.6万人。③

1991年1月,国务院决定由民政部选择一些地区进行农村社会养老保险制度的试点。当年6月开始,民政部在山东省组织了较大规模的试点。山东省牟平县④等五个县(市)在一个月的时间内,就有30个乡镇、281个村、38家乡镇企业的近8万劳动者参加了保险,缴纳保险费500万

---

① 《中共中央关于制定国民经济和社会发展第七个五年计划的建议》,人民出版社1985年版,第44页。
② 邓大松等:《新农村社会保障体系研究》,人民出版社2007年版,第102页。
③ 王以才、张朴:《农村社会养老保险》,中国社会出版社1996年版,第20页。
④ 牟平县,1994年7月撤销,设立烟台市牟平区和莱山区。

元。1991年底,农村社会养老保险覆盖了牟平县所有的乡镇、村,全县20万农村人口全部参加了农村社会养老保险,积累基金1000多万元,成为我国第一个普遍建立农村社会养老保险制度的县。民政部在总结1989年和1991年两个阶段试点经验和参考城市职工养老保险的运行经验的基础上,制定了《县级农村社会养老保险基本方案(试行)》,并于1992年1月在全国范围内开始实施。这一方案确定了在我国开展农村社会养老保险应遵循的基本原则:坚持以保障农村老年人的基本生活为目标;坚持资金个人缴纳为主、集体补助和国家政策扶持为辅的费用负担模式;坚持农村不同社会群体的社会养老保险制度统筹的方向;坚持社会养老保险与家庭养老相结合。该方案规定养老保险对象为非城镇户口、不由国家供应商品粮的农村人口;缴费期间为20岁到60岁,60岁之后领取养老金;保险资金主要来源于个人缴费,集体补助和国家政策扶持则为保险资金的必要补充;月缴费标准为2元到20元共10个档次;养老保险基金以县为单位统一管理;县级以上人民政府要设立农村社会养老保险基金管理委员会,对养老保险基金的管理进行指导和监督。[1] 该方案是我国历史上第一个针对农村居民的正式的社会保险制度,是根据我国农村当时的具体情况制定实施的,它创造性地将商业保险的概念引入农村养老保障制度之中,极大地促进了农村养老保障事业的发展。截至1998年底,全国开展农村社会养老保险工作的县已达到2123个,覆盖了8025万的农村人口,全年收取保险基金31.4亿元,支出5.4亿元,全国已有50多万农民开始领取养老金,年底基金积累达166.2亿元。[2]

由于对农村社会养老保险制度认识层面的不足和管理层面的不规范,导致农村社会养老保险工作在20世纪末基本处于停滞状态。1999年7月国务院印发了《国务院批转整顿保险业工作小组保险业整顿与改革方

---

[1] 宋士云:《中国农村社会保障制度结构与变迁》,人民出版社2006年版,第228页。
[2] 《1998年劳动和社会保障事业发展年度统计公报》,中华人民共和国人力资源和社会保障部网,http://www.mohrss.gov.cn/SYrlzyhshbzb/zwgk/szrs/tjgb/200602/t20060207_69891.html。

案的通知》,要求对农村养老保险进行清理整顿。但是国务院并没有提出明确的清理整顿方案,最后劳动和社会保障部提出了两个整顿方案:一是在有条件的地区继续开展农村养老保险制度的探索工作,不具备条件的地区暂不开展;二是政府给政策并转变职能,实行市场化运营,业务经办采用商业化方式。并就两方案征求有关部门意见。但是由于各部委意见不一致而难以实施。自此,我国农村社会养老保险工作进入了整顿规范阶段。

进入21世纪以来,作为世界上最大的发展中国家,我国的经济建设还有很大的发展空间。而老龄化社会快速到来,而且我国的人口主要分布在农村,进入到老龄化社会之后,由于过大的人口基数,导致我国农村的老龄化问题从一开始就比较严重。

2002年以来,为缓解人口老龄化带来的社会压力,全国各地区开始积极进行新型农村社会养老保险的试点工作。2006年1月,劳动和社会保障部为积极响应《劳动和社会保障事业发展"十一五"规划纲要(2006年—2010年)》关于"探索建立与农村经济发展水平相适应、与其他保障措施相配套的农村社会养老保险制度"①的要求,开始在全国范围内筛选了8个县,作为新型农村社会养老保险的第一批试点地区。2008年10月,中共十七届三中全会再次提出"贯彻广覆盖、保基本、多层次、可持续原则,加快健全农村社会保障体系。按照个人缴费、集体补助、政府补贴相结合的要求,建立新型农村社会养老保险制度"②。2009年9月,国务院在总结2003年以来各地区试点经验的基础上,结合我国的基本国情和农村的社会现实,颁布了《国务院关于开展新型农村社会养老保险制度试点的指导意见》,要在农村建立以"保基本、广覆盖、有弹性、可持续"为主要特点的新型社会养老保障制度。同之前的《县级农村社会养老保险基本方案(试行)》相比,这个指导意见在制度设计方面更加合理,操作性更

---

① 《中华人民共和国国民经济和社会发展第十一个五年规划纲要学习问题》,人民出版社2006年版,第30页。
② 《十七大以来重要文献选编(上)》,中央文献出版社2009年版,第685页。

强。保障对象扩大至未参加城镇职工基本养老保险的 16 周岁以上的农村居民。在基本原则方面,主张个人、集体、政府合理分担责任,强调权利与义务的对应。新农保基金由个人缴费、集体补助和政府补贴三部分构成。参保农民在 100 元、200 元、300 元、400 元、500 元 5 个档次中自主选择档次进行缴费。政府对符合领取条件的参保人全额支付新农保基础养老金,标准为每人每月 55 元。新农保基金管理方面,暂时进行县级管理,随后逐步过渡到省级管理。新农保基金监督方面,要坚持制度先行的理念,合理制定新农保各项监督制度,对基金的使用、发放、投资等各个方面进行监管,各级人力资源和社会保障部门必须落实其监管职责,定期向社会公布基金的各项信息,加强社会监督。[1]

2010 年正式施行的《中华人民共和国社会保险法》,不仅填补了我国在社会养老保险法制建设方面的缺失,还对我国农村社会养老保障事业的健康发展具有十分重要的意义。第 20 条、第 21 条对新农保基金的积累方式和待遇的构成方式做出了明确的规定,这为新农保的健康发展提供了法律保障,有利于新农保的法制化、规范化和程序化建设。[2] 2013 年中央一号文件提出:"健全新型农村社会养老保险政策体系,建立科学合理的保障水平调整机制,研究探索与其他养老保险制度衔接整合的政策措施。"

2014 年 2 月 21 日,国务院在总结新型农村社会养老保险和城镇居民社会养老保险试点经验的基础上,决定将新农保和城居保两项制度合并实施,在全国范围内建立统一的城乡居民基本养老保险制度,制定了《国务院关于建立统一的城乡居民基本养老保险制度的意见》,计划"'十二五'末,在全国基本实现新农保和城居保制度合并实施,并与职工基本养老保险制度相衔接。二〇二〇年前,全面建成公平、统一、规范的城乡居民养老保险制度,与社会救助、社会福利等其他社会保障政策相配套,充

---

[1] 古建芹:《推进城乡统筹发展的财税政策研究》,人民出版社 2015 年版,第 273 页。
[2] 《中华人民共和国社会保险法》,人民出版社 2010 年版,第 7 页。

分发挥家庭养老等传统保障方式的积极作用,更好保障参保城乡居民的老年基本生活"①。城乡居民养老保险基金仍由个人缴费、集体补助、政府补贴三部分构成。个人缴费档次在之前的基础上增加了7个档次,参保人可以自主选择缴费档次,多缴多得。政府对符合领取城乡居民养老保险待遇条件的参保人全额支付基础养老金,在2015年将城乡居民基础养老金标准统一由55元提高到70元。国家还为每个参保人员建立终身记录的养老保险个人账户,个人缴费、地方人民政府对参保人的缴费补贴、集体补助,以及其他社会经济组织、公益慈善组织、个人对参保人的缴费资助,将全部记入个人账户。《意见》也对城居保的转移接续给予明确规定,参加城居保的人员,在缴费期间需要跨地区转移城乡居民养老保险关系的,可在迁入地申请转移养老保险关系,一次性转移个人账户全部金额,并按迁入地规定继续参保缴费,缴费年限累计计算;已经按规定领取城乡居民养老保险金的参保人员,其养老保险关系无须转移。2014年3月,李克强总理在《政府工作报告》中指出"社保是民生之基",要"建立统一的城乡居民基本养老保险制度,完善与职工养老保险的衔接办法","发展老龄事业……让每一个身处困境者都能得到社会关爱和温暖"。②

2017年,我国基本养老保险参保人数共计9.15亿人。从我国城镇职工基本养老保险来看,2013—2017年,全国城镇职工基本养老保险参保人数持续增长,2017年末参保人数首次突破4亿,同比增长6.2%,相比2013年的3.2亿参保人数,5年间增加了7987万人,进一步扩大覆盖范围。经过多年的改革发展,我国的养老保险覆盖范围不断扩大,养老保险制度从城镇扩大到乡村,建立起统一的城乡居民养老保险制度,成为世界上覆盖人群最多的养老保障计划。截至2017底,城乡居民基本养老保险参保人数达51255万人,基金收入3288亿元,支出2398.7亿元。③

---

① 《十八大以来重要文献选编(上)》,中央文献出版社2014年版,第807页。
② 《政府工作报告》,载《人民日报》2014年3月15日。
③ 《中华人民共和国2017年国民经济和社会发展统计公报》,人民网,http://finance.people.com.cn/n1/2018/0301/c1004-29840331.html。

（二）农村社会救助制度的创新发展

在我国农村经济体制改革之前,我国的农村社会救助制度主要包括灾害救助和贫困救助两个方面。改革开放之后,我国的农村社会救助制度有了较大的发展,救助的内容发生了较大变化,主要包括灾害救助制度、最低生活保障制度和扶贫制度三种形式(扶贫另节说明)。

1. 灾害救助

1983 年第八次全国民政会议根据农村家庭联产承包责任制的广泛施行,决定将救灾工作的方针修订为"依靠群众、依靠集体、生产自救、互助互济,辅之以国家必要的救济和扶持",增加了互助互济与国家扶持的内容。① 20 世纪 90 年代初,民政部为探索救灾管理机制,建立与经济发展水平相适应的社会保障制度,提出了救灾工作分级管理的构想,这一构想也在救灾工作实践中得到了充分的重视和扩展,从内容、形式到运行机制等均得到了充实和完善。地方列支救灾资金呈逐年上升的趋势,1995 年全国省级以下各级政府列支救灾资金 8.4 亿元,2001 年增长到 18.71 亿元。② 自 1998 年起,民政部承担起了全国抗灾救灾综合协调的职能,解决了过去救灾工作中存在的部门协调性差、缺乏沟通的问题,整合了救灾资源,提高了救灾的效率。

2000 年国务院依照《中华人民共和国防震减灾法》《破坏性地震应急条例》和《国家破坏性地震应急预案》,决定成立国务院抗震救灾指挥部和建立国务院防震减灾工作联席会议制度,统一领导、指挥和协调地震应急与救灾工作。2006 年 11 月,第十二次全国民政会议根据十六届六中全会精神,将我国救灾工作的方针修订为"政府主导、分级管理、社会互助、生

---

① 宋士云:《中国农村社会保障制度结构与变迁(1949—2002)》,人民出版社 2006 年版,第 15 页。
② 胡勇:《新农村社会保障体系建设》,金盾出版社 2010 年版,第 100 页。

产自救"。首次将政府的主导作用列入,强调了现阶段的救灾管理体制,体现了我国综合国力的提高,将救灾工作提高到了一个新的高度。2008年5月12日四川汶川地震发生后,2008年5月18日,国务院抗震救灾总指挥部决定设立9个工作组分别负责现场抢险救灾、灾区群众生活保障、地震余震监测、医疗救助与卫生防疫、灾情和抗震救灾信息发布和宣传、指导群众生产自救,进而恢复生产,进行基础设施保障和灾后重建、保障灾区饮用水源安全、加强灾区社会治安等工作。2010年6月9日,国务院下发《关于进一步加强防震减灾工作的意见》,针对我国灾害监测预报水平较低、城乡建设和基础设施抗震能力不足、应急救援体系尚不健全、群众防灾避险意识和能力有待提高等问题,要求到2020年,建成覆盖我国大陆及海域的立体地震监测网络和较为完善的预警系统,增强地震监测、速报、预警能力,力争做出有减灾实效的短期预报或临震预报,建成完备的地震应急救援体系和救助保障体系;地震科技基本达到发达国家同期水平。[①] 7月8日,国务院颁布《自然灾害救助条例》,规定县级以上地方人民政府及其有关部门应当根据有关法律、法规、规章,制定相应的自然灾害救助应急预案。建立灾害救助应急预案体系,对于建立健全应对突发重大自然灾害救助体系和运行机制,规范应急救助行为,提高应急救助能力,最大限度地减少人民群众生命和财产损失,维护灾区社会稳定具有重要意义。[②]

中共十八大以来,为贯彻落实中共十八届三中全会提出的健全防灾减灾救灾体制改革任务,2016年,国务院办公厅印发《关于推进防灾减灾救灾体制机制改革的意见》,进一步确立了党委政府统一领导、部门分工负责、灾害分级管理、属地管理为主的防灾减灾救灾领导体制,各级减灾委员会综合协调作用得到明显加强。[③]

[①] 《十七大以来重要文献选编(中)》,中央文献出版社2011年版,第756页。
[②] 《自然灾害救助条例》,人民出版社2010年版,第6页。
[③] 罗平汉主编:《治国理政这五年——十八大以来中国新巨变》,人民出版社2017年版,第117页。

2. 农村最低生活保障

20世纪80年代,部分地区尝试探索建立由乡镇统筹救济经费,对农村贫困居民进行定期定量救济的制度。1992年,山西省左权县率先开展了农村最低生活保障制度的试点。1994年,为了解决农村困难群众生活问题,民政部在总结之前地方试点经验的基础上,提出要在农村建立起与经济发展水平相适应的农村社会保障制度。1996年,民政部下发了《关于加强农村社会保障体系建设的意见》和《农村社会保障体系建设指导方案》,指出农村最低生活保障制度是农村社会保障体系建设的重要组成部分,所有开展农村社会保障体系建设的地方,都要将农村最低生活保障制度作为农村社会保障体系建设的重点,即使标准再低,也要建立起来。在这两个文件的推动下,我国农村最低生活保障制度的试点范围扩大到256个县。① 针对制度建设不平衡的现象,1997年,民政部提出了"巩固、扩大东部试点,积极启动西部试点,抓两头、带中间,因地制宜,稳步推进"的总要求,在东部、西部、中部分别召开农村最低生活保障制度专题研究会议。至1997年底,我国建立农村最低生活保障制度的县已扩大到997个。②

2007年7月,国务院下发《关于在全国建立农村最低生活保障制度的通知》,对全国的农村最低生活保障制度的建立和发展进行指导,将所有在绝对贫困线下的农村贫困人口全部纳入农村最低生活保障的范围,在全国范围内建立农村最低生活保障制度。这标志着我国覆盖城乡居民的最低生活保障制度的正式建立。这一年,国家不断加大对农村最低生活保障制度的扶持力度,各级政府也出台了大量政策全力推动农村最低生活保障制度的发展,取得了显著的成果。截至2007年底,已有1608.5万户、3566.3万人被纳入农村最低生活保障范围内,比上一年增加了1973.2万人,增长幅度达到123.9%,是我国建立农村最低生活保障制度以来增幅最大的一年;全年共发放农村最低生活保障资金109.1亿元,比上年

---

① 廖益光:《社会救助概论》,北京大学出版社2009年版,第147页。
② 廖益光:《社会救助概论》,北京大学出版社2009年版,第147页。

增长150.8%。2008—2011年,参加农村最低生活保障人数的增长率逐渐趋于平缓。2012年9月,国务院发布的《国务院关于进一步加强和改进最低生活保障工作的意见》强调,要把保障困难群众基本生活放到更加突出的位置,落实政府责任,加大政府投入,加强部门协作,强化监督问责,确保将所有符合条件的困难群众全部纳入最低生活保障的范围,做到应保尽保。加快推进低收入家庭的认定工作,有效地解决低收入群众的突发性、临时性的基本生活困难,做好与养老、医疗等社会保障制度的衔接工作。[1]

2013年我国农村参加最低生活保障人数达到最高值。截至2014年底,全国有农村低保对象2943.6万户、5207.2万人。全年各级财政共支出农村低保资金870.3亿元,其中中央补助资金582.6亿元,占总支出的66.9%。2014年全国农村低保平均标准2777元/人·年,比上年提高343元,增长14.1%。

(三) 农村五保供养制度的改革与发展

中共十一届三中全会之后,中国经济体制开始由计划经济体制向社会主义市场经济体制转变,农村开始逐步实行家庭联产承包责任制。20世纪50年代开始,我国逐步建立了五保供养制度,对农村无劳动能力、无生活来源、无法定赡养抚养义务人的老年人、残疾人和未成年人在衣、食、住、医、葬(教)等五个方面给予生活照顾和物质帮助,也通过颁布了一系列的政策规定,不断地对其进行规范和改革。由于人民公社的撤销,五保供养制度也就失去了资金的来源渠道。直到1985年10月31日,中共中央、国务院发布《关于制止向农民乱派款乱收费的通知》,对五保供养的资金来源做出新规定:"供养五保户等事业的费用,原则上应当以税收或其

---

[1] 李相:《我国农村社会保障制度的历史考察》,兰州理工大学2016年硕士学位论文。

他法定的收费办法来解决。"①

　　1994年1月23日,国务院颁布《农村五保供养工作条例》,这是我国第一部关于五保工作的法规,对五保供养的经费和实物来源做出了明确规定:有集体经济的,可以从集体经营利润中支取,无集体经济的,则从村提留或者乡统筹费中支取。与此同时,各省、自治区、直辖市也相继颁布了地方性的五保供养规定,使得我国的五保供养制度可以更好地落实到基层,更具有可操作性。《条例》的实施,标志着我国五保供养制度的立法工作达到了一个新的发展高度。1997年民政部颁布施行的《农村敬老院管理暂行办法》,是应《农村五保供养工作条例》的要求,对农村集中供养五保户的敬老院做出的规范性指导。这两项法规规章的出台,标志着我国农村五保供养工作开始走上规范化、法制化的管理轨道。

　　我国在进行农村税费改革后,农村五保供养制度的资金来源较之前也发生了重大的变化,取消了提留款和统筹款,五保经费主要改为农业税和农业税附加及上级财政转移支付的五保资金。2006年取消农业税后,供养经费的来源又调整为主要从上级财政转移支付和地方各级财政预算中安排。为了适应农村税费改革的形势,2006年1月国务院公布了新修订的《农村五保供养工作条例》,在总结我国农村五保供养制度建立50多年来实践经验的基础之上,针对农村税费改革后五保供养工作出现的新情况和新问题做出修订,首先以改革资金渠道为切入点,将农村五保供养资金纳入财政预算,建立制度化的筹资渠道,并确立了一套与之对应的管理办法。同时,建立了五保供养标准的自然增长机制,规定"农村五保供养标准不得低于当地村民的平均生活水平,并根据当地村民平均生活水平的提高适时调整"②。根据新修订的《农村五保供养工作条例》,国务院对《农村敬老院管理暂行办法》进行了重新修订,于2010年颁布实施新的《农村五保供养服务机构管理办法》。

---

① 《中华人民共和国现行法规汇编(1949—1985)农林卷》,人民出版社1987年版,第197页。
② 《建设社会主义新农村(修订本)》,人民出版社2007年版,第100~102页。

随着农村五保供养政策的调整和完善,我国农村五保供养制度发生了重大改变,供养水平显著提高,有效地保障了供养对象的基本生活。截至 2015 年 3 月底,我国农村五保供养对象共有 526.1 万人,其中,农村五保集中供养 170.4 万人,农村五保分散供养 355.6 万人。①

(四) 农村社会优抚制度的发展

为了继续保障对军人的优待和抚恤,激励军人保家卫国的爱国热情,党和政府制定了一系列法律法规,努力构建了具有中国特色的农村社会优抚制度。党和政府通过对优抚条例各项条款的不断修订,使农村的社会优抚工作能够不断地契合农村社会变革带来的新变化,进而维护农村籍军人及其家属的合法权益。1988 年国务院颁布了《军人抚恤优待条例》,将对军人及其家属的优待以法律条文的形式固定了下来:现役军人死亡时,获得过荣誉称号和有立功表现的,其死亡抚恤金由民政部按普通标准一次性增发 5%~35%;革命烈士、因公牺牲军人、病故军人的家属,应按照规定的条件定期享受与城乡人民生活水平相适应的抚恤金,其死亡时,须加发半年的定期抚恤金以作为丧葬费;义务兵入伍前是农业户口的,其在农村的承包地和自留地应当继续保留;带病回乡的复员退伍军人,因不享受公费医疗,患病后无力支付医疗费用,由当地卫生部门酌情减免;革命烈士为农村户口,其家人符合招工条件的,当地政府应安排其中一人就业;复员退伍军人未参加工作的,且年老体弱、生活困难的,应由当地民政部门进行补助,逐步改善他们的生存状态;对于义务兵家属实行优待金制度,其标准不得低于当地的年平均收入,年底到乡民政助理处领取优待金。② 据统计,1989 年农村享受优待金的军属为 184.4 万户,优待

---

① 《民政部:我国共有低保对象 7003.1 万人》,新华网,http://www.xinhuanet.com/politics/2015-04/29/c_1115135916.htm。
② 《民政工作文件选编(1988)》,人民出版社 1989 年版,第 102~106 页。

金额为5.88亿元,平均每户为318.9元。①

随着经济和社会的发展,人民群众生活水平不断提高,2004年修订的《军人抚恤优待条例》将烈士、因公牺牲和病故军人的一次性抚恤金,均在原来的基础上增长了一倍。2011年7月,国务院、中央军事委员会再次修订了《军人抚恤优待条例》,规定将烈士褒扬金标准调整为"上一年度全国城镇居民人均可支配收入的20倍加本人40个月的工资""居住农村的抚恤优待对象住房有困难的,由地方人民政府帮助解决"。② 这与原条例相比,明确提出义务兵家庭优待金的概念,并就发放对象、发放标准、发放渠道进行了详述。烈士评定条件的扩展,对于激励广大军人弘扬爱国主义精神,提高部队战斗力,有积极的促进作用。同月,国务院颁布《烈士褒扬条例》,对烈士评定条件做了明确规定,在原有的烈士评定条件的基础上,特别增加了将现役军人在执行对敌作战、边海防执勤或者抢险救灾任务中失踪两项新的烈士的评定条件;对于烈属优待方面提出了许多具体的措施。③《烈士褒扬条例》标志着我国正式建立起了烈士褒扬金制度。

中共十八大以来,中央就加强新形势下优抚安置工作强化了顶层设计、做出了明确部署,各地各部门强化了贯彻落实。民政部先后会同军地有关部门出台《关于加快推进军供应急保障能力建设的意见》《关于发挥双拥工作优势大力支持深化国防和军队改革的通知》《关于服务深化国防和军队改革进一步做好军队离休退休干部移交政府安置工作的意见》《关于加强移交政府安置的军队离休退休干部医疗保障工作的通知》,制定出台《优抚对象住房优待办法》《人民警察抚恤优待办法》《执行多样化军事任务民兵预备役人员抚恤优待办法》《军队离退休干部服务管理办法》《军队无军籍退休退职职工服务管理办法》等重要优抚安置政策,协调出台退役军人、职工安置政策文件20多个;推动全国人大常委会出台决定,设立"烈士纪念日";制定《烈士安葬办法》《烈士公祭办法》《烈士纪念设施保护

---

① 崔乃夫:《当代中国的民政》,当代中国出版社1994年版,第328页。
② 《中华人民共和国国务院行政法规汇编(2011)》,人民出版社2012年版,第236、237页。
③ 《中华人民共和国国务院行政法规汇编(2011)》,人民出版社2012年版,第223~226页。

管理办法》《烈士评定（批准）档案管理办法》等规章；制定军休医疗住房保障和服务管理、优抚对象巡诊和短期疗养等政策，优抚安置政策制度体系更加完善，为维护优抚安置对象合法权益提供了可靠的保证。2017年国庆节前夕，民政部、财政部发出通知，再次提高优抚对象等人员抚恤和生活补助标准。改革开放以来，国家共24次提高残疾军人抚恤金标准，27次提高烈属定期抚恤金标准和在乡退伍红军老战士生活补助标准，2017年中央财政安排优待抚恤经费达到427.4亿元，全国863.6万人受益。在民政部门服务的优抚对象中，除去原有的军烈属、残疾军人外，自2005年以来先后将参战退役人员、参加核试验退役人员、铀矿开采退役人员、烈士老年子女、60周岁以上农村义务兵等对象纳入国家定期生活补助范围，待遇水平也有了大幅提高。

近20多年来，优抚安置保障经费连年创历史新高，2016年中央财政保障经费达892.7亿元，较2012年增长40%。新增军休服务管理机构建设、伤病残复员退伍军人住房安置、精神病退伍军人护理费等优抚安置经费项目，建立健全保障经费自然增长、与物价水平挂钩联动两个机制。统一城乡"三属"（即烈属、因公牺牲军人遗属、病故军人遗属）定期抚恤金标准，2016年烈属的年抚恤金标准达到21030元，较2012年增长203%。抚恤补助标准逐年增加，较好地保障了优抚对象的生活水平。其中，在乡退伍红军老战士的年定期补助标准由2012年的26300元提高到2016年的45930元，增幅75%；一级因战残疾军人的年定期抚恤金标准由2012年的37940元提高到2016年的66230元，增幅75%；在乡复员军人的年定期定量补助标准，最高标准由2012年的5222元提高到2016年的10622元，增幅103%。①

2018年3月，中国政府正式组建退役军人事务部。这是在国务院机构精简调整的大背景下做出的重大决策，是落实中共十九大关于"组建退

---

① 民政部优抚安置局：《在服务强国强军战略中推进优抚安置工作创新发展——党的十八大以来优抚安置工作综述》，载《中国双拥》2017年第10期。

役军人管理保障机构,维护军人军属合法权益"的重要部署,充分体现了习主席厚植强军根基的战略考量,体现了党和人民对广大官兵的关心厚爱,对包括农村在内的全体优抚对象的关心厚爱,必将进一步汇聚起奋进新时代、共圆强军梦的磅礴力量。①

(五)农村"三留守"群体的出现及难题破解

超过2亿的农村剩余劳动力进城务工,产生了规模庞大的农村留守群体,出现了越来越多的留守村庄。农村留守群体主要包括留守儿童、留守老人和留守妇女。中共十九大报告提出,要加强社会保障体系建设,健全针对农村留守儿童和妇女、老年人的关爱服务体系。"三留守"群体是关乎农村社会保障工作和社会稳定的重要课题。

1. 留守儿童

据统计,2014年,全国农村义务教育阶段适龄留守儿童约2075.42万人。小学在校留守儿童约1409.53万人,初中在校留守儿童约665.89万人。② 至2015年,全国义务教育阶段在校生中农村留守儿童共2019.24万人,其中,在小学就读1383.66万人,在初中就读635.57万人,均有所下降。③ 大量的农村留守儿童给留守老人和留守妇女带来了巨大的压力,也使本就薄弱的农村教育面临着更大的挑战。据统计,80%的留守儿童是由祖父母隔代监护或由亲友临时监护,甚至存在无人监护的状况。监护人精力、时间有限,无法对留守儿童的学习进行辅导,相当多的留守儿童产生厌学情绪,甚至逃学或辍学。据2009年对农村留守儿童的不完全调查,仅有20%的留守儿童学习十分刻苦,其余的则对学习漠不关心,甚

---

① 辛士红:《让退役军人拥有自己的"家"》,载《解放军报》2018年3月14日。
② 《中国教育年鉴(2015)》,人民教育出版社2015年版,第94页。
③ 《2015年全国教育事业发展统计公报》,中华人民共和国教育部网,http://www.moe.gov.cn/srcsite/A03/s180/moe_633/201607/t20160706_270976.html。

至有3％的留守儿童学习态度十分恶劣。① 父母长期在外务工,留守儿童在学习和生活中得不到父母的关爱。曾有留守儿童写道:"上小学是奶奶抚养,上初中是姨家抚养,只有到银行领取父母寄来的学费、生活费时,才能感到父母的存在。"② 亲情和家庭教育的缺失使留守儿童容易产生自卑、冷漠、冲动和焦虑的心理,甚至产生严重的逆反心理。对留守儿童的不完全调查结果显示,54％的留守儿童和他们的临时监护人有矛盾,53％的留守儿童表示学习上遇到困难感到无助,39％的留守儿童表示曾经受到同学的欺负。因此,一是要"治标",建立农村留守儿童关爱机制,定期组织开展农村留守儿童关爱行动,鼓励社会工作服务机构、社会组织和大学生志愿者为农村留守儿童提供心理疏导、安全教育等精准服务,促进其身心健康发展。二是要"治本",由于农村中小学是农村留守儿童受教育的主要场所,要加大对农村基础教育的投入,积极改善农村的办学条件,使农村薄弱学校能够获得比城镇学校更多的政策支持和资源补充,不断改善办学条件,加快发展步伐。三是要加强法治化保障,加强未成年监护法律体系建设。

2. 留守老人

据2013年统计,农村留守老人数量已近5000万,他们缺乏生活照料和精神慰藉、失能无靠。其中81％的留守老人靠自我劳动生存。③ 随着城市化进程的加快,越来越多的青壮年外出务工,留守老人不仅要照顾孙辈,还要承担繁重的体力劳动。子女长期不在身边,老人们倍感孤独,负面情绪的累加易造成不同程度的心理问题,甚至会产生自杀的念头和行为。子女外出务工,对留守老人缺乏生活照料,存在诸多安全隐患,如用

---

① 侣连涛、郭聪:《新农村建设背景下农村留守儿童问题的现状及对策研究》,《石家庄法商职业学院教学与研究(综合版)》,2011年第2期。
② 马雪松:《从盲流到产业工人——农民工问题与和谐社会建设研究》,江西人民出版社2011年版,第215页。
③ 《农村留守老人已近5000万 敬老院2/3无合法身份》,人民网,http://politics.people.com.cn/n/2013/0921/c1001-22979760.html。

水用电不当、遭受不法分子的诈骗等。农村留守老人还缺乏必要的医疗保障,有病没钱医治现象普遍。据相关调查,留守老人患小病时,只有64.1%的人选择到附近卫生机构看病,其余的老人则选择自己买药或者硬抗。当留守老人患大病时,不去看病的则占7.8%。① 解决好农村留守老人家庭问题,要本着"因村制宜、量力而行、形式多样、注重实效"的原则,统筹考虑农村留守老人家庭区域差异,对农业生产做出适度安排,充分尊重老年农民的意愿和主体地位,确保老年人合法权益。同时,创新农村留守老年人帮扶关爱服务,把农村留守老人,尤其是高龄、特困留守老人作为帮扶服务的重点,推动基层老年协会发展,在农村建设居家养老服务中心,成立居家养老服务工作队,农忙时为老年村民提供服务。②

3. 留守妇女

在留守群体中,留守妇女的负担最重,精神压力最大,却往往是最易被忽视的群体。男性青壮年劳动力离开农村,留守妇女要承担起农业生产和家务劳动这两大任务。尤其是在传统的农业地区,从购买种子、化肥和农药到农作技术的运用,这些复杂繁重的工作往往由留守妇女独自承担。同时,留守妇女还要承担家务劳动,既要照顾老人,又要教育子女,还要料理家务。高强度的劳动和巨大的精神压力威胁到留守妇女的身心健康,有近1/3的留守妇女身体状况较差,常年劳累、缺乏营养造成的疾病和妇科疾病是她们的常见疾病③。除了繁重的家庭负担,农村留守妇女还要面临感情缺失问题,容易造成各种心理问题。常年与丈夫两地分居,缺乏婚姻感情的交流,留守妇女往往变得十分焦虑和脆弱,容易产生不良情绪。丈夫外出务工也使留守妇女的安全感明显降低,农村妇女的安全防范意识和能力较弱,其人身和财产安全很难得到保障。有调查显示,1.9%的留守妇女遭遇过被抢,12.8%家中被盗,8.7%被骗,10.8%被打

---

① 零东智:《农村留守老人养老问题探析》,载《生产力研究》2010年第7期。
② 年新渝:《在乡村振兴话语下,农村留守老人的困境及对策》,载《中国社会报》2018年7月9日。
③ 叶敬忠、吴慧芳:《阡陌独舞:中国农村留守妇女》,社会科学文献出版社2008年版,第2页。

骂,6.9%被骚扰。70%的农村性侵害对象是留守妇女。① 这需要国家健全农村留守妇女关爱服务体系,促进妇女在共建共享中实现全面发展,开展产业扶贫、就近就业,加大政策辅导培训,加大对新修改的《妇女权益保障法》的宣传,加强职业技能培训,培育妇女成为新型职业农民,提高妇女农民的职业化水平,使她们树立正确的社会价值观,增强其幸福感、获得感。

二、农村医疗卫生服务与医疗保障制度改革

基本医疗保障制度是人民健康幸福生活、社会和谐稳定的一块"压舱石"。经过40年的不断改革与发展,我国已经织起了世界上最大的基本医疗保障网,城镇职工基本医疗保险、城镇居民基本医疗保险、新型农村合作医疗三项基本医疗保险参保(合)人数超过13亿人,参保率稳定在95%以上。②

(一) 1980—1999年:农村合作医疗制度的式微与恢复

20世纪80年代我国逐步推行家庭联产承包责任制之后,原来建立在集体经济基础上的合作医疗制度,因其资金的筹集、管理体制、工作人员酬劳都与现实的经济状况不相适应而迅速式微,政府对合作医疗基本上是放任自流的。据1989年调查统计,全国实行合作医疗的行政村由改革开放之初的90%猛降至4.8%。③ 到20世纪90年代初,除上海、江苏等

---

① 《农村留守妇女需要更多关爱》,凤凰网,http://news.ifeng.com/gundong/detail_2013_01/22/21449550_0.shtml。
② 《党的十八大以来农村医疗保障体系建设成就综述》,载《农民日报》2017年10月15日。
③ 顾涛、石俊仕、郑文贵、单杰:《农村医疗保险制度相关问题分析及政策建议》,载《中国卫生经济》1998年第4期。

经济发达地区的农村继续施行合作医疗制度外,我国其他地区的农村合作医疗制度已基本瓦解。

农村合作医疗制度的瓦解,造成农村因病致贫的现象大量涌现。为了帮助他们走出因病致贫的困境,党和政府积极推动恢复农村合作医疗制度。截至1993年,我国的农村合作医疗的覆盖率上升到9.18%。[1] 1997年国务院发布《关于卫生改革与发展的决定》,要求各级政府积极稳妥地发展和完善合作医疗制度。同年,我国出现了恢复与重建合作医疗制度的高潮,但是由于各方认识不到位和各地区经济发展水平的限制,实际效果并不理想,合作医疗的覆盖率仅占全国行政村总数的17%,农民参加合作医疗的比例仅有9.6%。[2] 1998年全国卫生服务总调查资料显示,全国农村居民中无医疗保障的占总人数的87.2%。[3] 这表明,大量的农民没有被纳入保障范围,合作医疗制度并未发挥其应有功效。

快速增长的医疗费用,远远超出了农民的承受范围,而低补偿的合作医疗所发挥的作用也更加微不足道,政府支持的力度仍然与实际需求有很大差距。1998年,政府投入的卫生费用共计587.2亿元,其中用于农村的为92.5亿元,仅占政府总投入的15.75%。[4] 政府投入的不足,不仅弱化了农村合作医疗的保障作用,增加了农民的负担,也使得农村每年都会有1305万的农民面临因病致贫、因病返贫的危险。

(二)2000年至今:新型农村合作医疗制度的建立和完善

进入21世纪以来,党和政府加大新型农村合作医疗制度的建设,不断推进合作医疗制度的全覆盖。2002年10月,国务院下发《关于进一步

---

[1] 李卫平:《中国农村健康保障的选择》,中国财政经济出版社2002年版,第75页。
[2] 樊小钢、陈薇:《公共政策:统筹城乡社会保障(第二版)》,经济管理出版社2013年版,第56页。
[3] 李卫平:《中国农村健康保障的选择》,中国财政经济出版社2002年版,第75页。
[4] 韦时福:《对农村居民医疗保障问题的思考》,载《遵义师范学院学报》2002年第2期。

加强农村卫生工作的决定》,"明确了加强农村公共卫生工作、推进农村卫生服务体系建设、建立和完善新型农村合作医疗制度与医疗救助制度等任务。在中央和地方财政的共同支持下,新型农村合作医疗的试点工作进展顺利"①。2003年,国务院转发了由卫生部、财政部、农业部联合下发的《关于建立新型农村合作医疗制度的意见》,要求从2003年起逐步建立以政府组织领导,农民自愿参加,政府、集体、个人多方筹资,以大病统筹为主要内容的新型农村合作医疗制度,到2010年实现基本覆盖,减少农民因病致贫、因病返贫现象,提高农村居民的整体健康水平。各省、自治区、直辖市的各级政府通过坚持两个方面的原则,高度重视并推进新型农村合作医疗制度的建立:农民自愿参加,合作医疗资金由政府、集体、农民共担的原则,国家和地方政府每年都安排专项资金对合作医疗进行补助;坚持试点先行,逐步推广的原则,各省、自治区、直辖市先期都选取了部分县进行试点,通过总结试点经验,不断对合作医疗制度进行完善,再逐步扩展其覆盖面。从2003年开始,全国31个省、自治区、直辖市选择部分县,开展了农民自愿参加,由中央财政、地方财政和农民共同筹资,以大病补助为主的新型农村合作医疗试点。2003年至2008年五年间,我国农村合作医疗覆盖率的增加十分明显,新型农村合作医疗制度的覆盖率由2003年的9.5%增加至2008年的91.5%。截至2008年底,全国已有2729个县建立了新型农村合作医疗制度,参合农民8.15亿人。同上一年相比,建立新型农村合作医疗制度的县增加了278个,参合农民增加了0.89亿人,参合率上升了5.3%。2008年度新农合筹资总额为785亿元,人均96.3元。全国新农合医疗基金支出662亿元,补偿支出受益5.85亿人次。②

2009年3月,中共中央、国务院印发《关于深化医药卫生体制改革的

---

① 《〈中共中央国务院关于积极发展现代农业扎实推进社会主义新农村建设的若干意见〉学习读本》,人民出版社2007年版,第129页。
② 《2008年我国卫生事业发展统计公报》,中国政府网,http://www.nhfpc.gov.cn/mohwsbwstjxxzx/s7967/200904/40250.shtml。

意见》，明确要求建立中国特色的医疗卫生服务，提高全民健康水平，使新型农村合作医疗参保率在90%以上，"坚持广覆盖、保基本、可持续的原则，从重点保障大病起步，逐步向门诊小病延伸，不断提高保障水平"，"2009年全面推开城镇居民基本医疗保险。重视解决老人、残疾人和儿童的基本医疗保险问题；全面实施新型农村合作医疗制度，逐步提高政府补助水平，适当增加农民缴费，提高保障能力"。① 在该文件的指导下，新型农村合作医疗制度得到了更好的发展，截至2014年底，全国参加新型农村合作医疗人口数达7.36亿，参合率为98.9%。②

新型农村合作医疗制度建设的进度大大加快，只用了十年的时间就基本实现了制度的全覆盖，大大减轻了农村居民的医疗负担，提高了他们的卫生保健意识，取得了显著的成果。农民参加合作医疗的积极性很高，2008年，我国新型农村合作医疗制度的覆盖率就已经达到了91.5%，补偿支出受益5.85亿人次③，极大地缓解了农村居民的看病难、看病贵的难题。新型农村合作医疗制度是以大病统筹为主，极大地提高了农村居民抵御疾病的能力。

中共十八大以来，我国基本医疗保障制度及补充医疗保障体系不断发展和完善，覆盖全民的医疗保障网更细密、更结实，保基本、防大病、兜底线的能力进一步增强。积极推进医疗救助与基本医疗保险、大病保险及相关保障制度衔接，健全新农合、大病保险、医疗救助、疾病应急救助、商业补充保险等制度的联动报销机制，推进"一站式"结算服务，全国93%的地区实现了医疗救助与医疗保险费用"一站式"结算。目前，全国31个省(区、市)均已建立城乡居民大病保险制度。2016年，全国超过1000万人次受益，实际报销比例在基本医保报销基础上再提高13个百分点左

---

① 《十七大以来重要文献选编(中)》，中央文献出版社2011年版，第8页。
② 《2014年我国卫生和计划生育事业发展统计公报》，中国政府网，http://www.nhfpc.gov.cn/guihuaxxs/s10742/201511/191ab1d8c5f240e8b2f5c81524e80f19.shtml。
③ 《2008年我国卫生事业发展统计公报》，中国政府网，http://www.nhfpc.gov.cn/mohwsbwstjxxzx/s7967/200904/40250.shtml。

右,大病患者的医疗费用负担进一步减轻。2017年,新型农村合作医疗制度规定新增筹资中的一定比例要用于大病保险,同时将贫困人口大病保险起付线降低50%,以促进更多贫困人口从大病保险中受益。在中央财政的支持下,96.2%的县落实了基层医疗卫生机构经常性收支差额补助,财政对乡镇卫生院投入的增长速度高于对公立医院和公共卫生机构的年均增长速度。2009年以来,中央财政投入600多亿元支持4万多个基层医疗卫生机构建设和化解历史债务,投入44亿元加强信息化建设,特别是投入21.6亿元为最基层村卫生室配备健康一体机,广大农民的就医环境和就医条件明显改善。[①]

新型农村合作医疗制度建立以来,大量的基层卫生医疗机构积极改进就医制度,改善就医环境,提高医疗服务水平,使农村的卫生资源得以充分利用,推动了农村卫生事业的发展。新型农村合作医疗制度取得了较大的成果,是建设社会主义和谐社会的基本措施、实施乡村振兴战略的重要内容。

三、农村公共文化服务的建设与发展

农村公共文化服务,是指在城乡统筹和公共服务均等化的背景下,通过满足农民的公共文化需求,保障农民的文化权利,为农民提供公共文化服务的过程和活动。农村公共文化服务是新农村建设的基本前提和重要内容。建设健全的农村公共文化服务体系,不但对于满足农民群众日益增长的文化需求,实现农民群众基本文化权益,促进先进文化在农村的发展具有重要的现实意义,而且对于积极推进城乡公共文化服务均等化和统筹发展,建设社会主义和谐社会也具有深远的历史意义。改革开放以来,公共文化服务作为社会主义精神文明建设的主要组成部分,是和社会

---

① 《党的十八大以来农村医疗保障体系建设成就综述》,载《农民日报》2017年10月15日。

主义精神文明建设的总体规划相协调的,受到党中央国务院高度重视,取得了巨大发展。

(一) 1978—1999 年:文化市场化取向的改革和农村公共文化事业发展

改革开放初期,由于经济落后,国家财政相对困难,文化事业经费明显不足,促使 20 世纪 70 年代后期国家文化事业改革开始探索。1983 年,中共中央批转中宣部等四部门的《关于加强城市、厂矿群众文化工作的几点意见》,允许部分群众文化活动可以适当收取费用,但收取的费用必须用来补助事业单位经费不足部分。1984 年,国务院有关部门还专门拨出 2 万多名专项劳动指标,解决农村文化站专职人员的转干问题,对解决基层文化工作人员的生活问题、稳定队伍起了积极的作用。在中央文件精神的推动下,我国群众文化事业发展很快,已经初步形成了一个比较完整的体制,同时培养和锻炼了一支从事群众文化工作的专业队伍。据统计,到 1985 年底,全国有省、地、市级的群众艺术馆 335 个,比 1980 年增加 117 个,有 9000 多人的专业队伍;城市中的区和农村县级的文化馆发展到 2965 个,比 1980 年增加 53 个,有近 4 万人的专业队伍;城市中的街道和农村中的乡镇级的文化站有 5.3 万个,比 1980 年增加 2.8 万个,有近 8 万人的专业队伍。①

1987 年,文化部、财政部、国家工商行政管理局联合印发了《文化事业单位开展有偿服务和经营活动的暂行办法》,要求文化事业单位改善经营管理,注意经济效益,积极开展"以文补文"的有偿服务和经营性活动。这些改革对文化事业单位的多种文化服务和文化经营方式进行了探索,标志着我国文化事业单位服务方式的转变,通过有偿服务和文化经营的方式,使国有文化事业单位由过去单纯的无偿服务型,逐步转变为无偿和有

---

① 于光远主编:《中国社会主义现代化建设(1981—1985)》,人民出版社 1987 年版,第 419 页。

偿互补。1986年,人事部发布的《关于加强事业单位编制管理的几项规定》中明确提出,鼓励一部分事业单位进行企业化管理,逐渐达到经济上完全自我供给。这一制度创新是允许部分文化活动收费改革的发展与深入。由于处于探索阶段,所以出现了一些矛盾和新问题。进一步的改革势在必行。同年,中共十二届六中全会上通过的《中共中央关于社会主义精神文明建设指导方针的决议》中指出:"国家要从政策上、资金上保证这些事业的发展,并且鼓励社会各方面力量支持这些事业。各地都要制订文化事业发展的具体规划,并象完成经济建设任务一样,确保完成文化建设任务。"[①]这为一些文化事业企业化经营提供了理论和政策依据。

1988年,文化部和国家工商行政管理局联合发布《关于加强文化市场管理工作的通知》,首次以法规的形式正式提出文化市场的概念,同时明确了文化市场的管理范围、任务、原则和方针。这标志着在我国"文化市场"的地位正式得到承认。1989年国务院批准在文化部设置文化市场管理局,归口管理文化市场,拟定文化市场发展规划,研究文化市场发展态势,指导文化市场稽查工作。至此,全国文化市场管理体系开始建立。1992年李鹏在政府工作报告中指出,要"进一步加强文化市场管理和文化设施建设,积极促进各项文化事业的繁荣兴旺"[②]。说明文化市场已经得到认可,文化市场化取向的改革取得了一定进展。

以邓小平1992年南方谈话为标志,中国加快了社会主义市场化的改革进程。文化市场政策得以在所有文化事业范围内推开。与之相适应,国务院制定颁布了一系列文化市场管理条例。1996年,中共十四届六中全会通过的《中共中央关于加强社会主义精神文明建设若干重要问题的决议》明确提出:"要把有限的资金更多地用于重要的宣传文化单位和直接为群众服务的文化设施建设上。在城市建设中,要配套搞好公共文化设施。大中城市应重点建设好图书馆、博物馆,有条件的还应建设科技

---

① 《十二大以来重要文献选编(下)》,人民出版社1988年版,第1185页。
② 《十三大以来重要文献选编(下)》,人民出版社1993年版,第2006页。

馆。县、乡应主要建设综合性的文化馆、文化站。"在促进文化市场健康发展的同时,强调文化事业"改革要符合精神文明建设的要求,遵循文化发展的内在规律,发挥市场机制的积极作用",强调国家重点保证公益性文化经费,积极探索公益性文化事业的建设发展。①

十四大以后,"丰富普通民众的文化娱乐生活,是中国特色社会主义文化事业的重要组成部分"的认识得到进一步贯彻落实。文化部开展了一系列意在丰富人民群众文化生活的活动,如"万里边疆文化长廊建设",为了丰富群众文化生活而开展的基本活动阵地、基本活动内容、基本活动队伍和基本活动方式的"四基"活动。特别是文化部开展的"创建先进文化县"活动,大大推进了一些地方的农村公共文化基础设施建设。1995年底,中宣部、文化部等8个部委联合发起文化下乡活动。到1996年底,这一活动中,戏剧下乡就有11万多场,放映电影30万场,赠送图书报刊1200多万册,为农村建立书库14000多个,仅安徽的百家唢呐、百家剧团和百支放映队等就为农村群众表演了1万多场,广东省各类文化艺术团体组织为农民群众送戏13000多场。② 这些活动大大地促进了农村公共文化服务的发展。这一阶段农村公共文化建设得到了一定程度的发展,但大多建设成果由于缺少后续投入的支持而中途而废。

(二) 2000—2012年:文化产业化政策和公共文化服务体系建设

2003年文化体制机制改革试点启动。为了指导文化体制机制改革,原来的文化事业分成了公益性文化事业和文化产业,其中公益性文化事业一般就称为文化事业。文化产业政策,即指从制度上将经营性文化企业和文化组织与非营利性文化事业相区分,并以建立现代企业制度为目标、以市场化运营对文化企业和文化组织进行改革的产业发展政策。

---

① 《十四大以来重要文献选编(下)》,人民出版社1999年版,第2065、2061页。
② 郑杭生主编:《中国人民大学中国社会发展研究报告(1996—1997)——走上两个文明全面发展轨道的中国社会》,中国人民大学出版社1998年版,第434页。

2005年，文化部、人事部、国家税务总局等部委出台了《关于鼓励发展民营文艺表演团体的意见》，鼓励和支持民营文艺表演团体的发展，对民营文艺表演团体的演出审批手续、市场准入、管理、参与对外文化交流等方面做出了规定，表明国家对文化市场的进一步开放。2006年的《中华人民共和国国民经济和社会发展第十一个五年规划纲要》提出："推进政府职能转变"，"按照政企分开、政资分开、政事分开以及政府与市场中介组织分开的原则，合理界定政府职责范围，加强各级政府的社会管理和公共服务职能。"指出要从经济社会发展水平出发，以实现和保障人民群众基本文化权益、满足基本文化需求为目的，坚持公共文化服务的普遍均等原则，兼顾城乡、地区之间的协调发展，统筹规划建设公共文化服务体系。① 2010年十七届五中全会公报提出"十二五"时期"要推动文化大发展大繁荣、提升国家文化软实力……深化文体制改革，增强文化发展活力，繁荣发展文化事业和文化产业，满足人民群众不断增长的精神文化需求，基本建成公共文化服务体系，推动文化产业成为国民经济支柱产业"②。这表明中央对公共文化服务体系建设的规划的目标要求，推动中国公共文化服务体系建设，特别是农村公共文化服务体系建设将加快。

为了促进和进一步改善我国农村公共文化服务，党在十六届六中全会明确提出"加快建立覆盖全社会的公共文化服务体系"。2007年6月16日，中央政治局召开会议，进一步研究加强公共文化服务体系建设。会议认为，加强公共文化服务体系建设，必须坚持城乡、区域文化协调发展，坚持把建设的重心放在基层和农村，着力改善农村和中西部地区公共文化服务网络，着力提高公共文化产品供给能力，着力解决人民群众最关心、最直接、最现实的基本文化权益问题，推动文化建设与经济建设、政治建设、社会建设协调发展。2007年8月、12月，中办、国办又先后下发了《关于加强公共文化服务体系建设的若干意见》《关于进一步加强公共文

---

① 《国家"十一五"时期文化发展规划纲要》，人民出版社2006年版，第17～18页。
② 《中国共产党第十七届中央委员会第五次全体会议公报》，人民出版社2010年版，第8～9页。

化服务体系建设的意见》。这些文件对建设农村文化,健全农村公共文化服务体系的主要目标、具体途径提出了明确要求。2008年10月,十七届三中全会进一步提出,社会主义文化建设不仅是社会主义新农村建设的重要内容,也是社会主义新农村建设的重要保证,对新时期农村文化建设做出了更加丰富、具体的阐述。十七届五中全会再次提出在"十二五"期间,我国要"基本建成公共文化服务体系",对做好文化服务提出了新的更高要求。文化既是凝聚人心的精神纽带,又是民生幸福的重要内容——"改善民生,文化应该是一个很重要的组成部分;提升生活质量,文化应该是一个显著的标志;提高社会公共服务水平,文化服务应该是一个不可或缺的重要方面"[①]。

21世纪以来,国家公共文化服务建设取得了辉煌成就。截至2010年末,"全国文化系统共有艺术表演团体2515个,博物馆2141个,全国共有公共图书馆2860个,文化馆3258个,广播电台227座,电视台247座,广播电视台2120座,教育电视台44个,有线电视用户18730万户,有线数字电视用户8798万户。年末广播节目综合人口覆盖率为96.8%,电视节目综合人口覆盖率为97.6%。"[②]

(三) 2013年至今:加快构建现代公共文化服务体系与打造公共文化服务"升级版"

2013年,中共十八届三中全会明确提出"构建现代公共文化服务体系"的战略任务。2015年初,中办、国办印发了《关于加快构建现代公共文化服务体系的意见》,对构建现代公共文化服务体系做出全面部署,要求在工作中加快推进公共文化服务在价值取向、建设理念、管理能力、服

[①] 刘云山:《增强服务意识,提高服务水平,努力为人民群众提供高质量的文化服务》,载《中国文化报》2011年1月19日。
[②] 《中华人民共和国2010年国民经济和社会发展统计公报》,国家统计局网,http://www.stats.gov.cn/tjsj/tjgb/ndtjgb/qgndtjgb/201102/t20110228_30025.html。

务内容和服务方式等方面的现代化,实现公共文化服务的整体提升,打造公共文化服务"升级版"。

覆盖城乡的公共文化服务网络进一步健全。公共文化设施网络建设取得重大进展,2012—2016 年,中央财政投入 16 亿元支持 214 个地市级公共图书馆、博物馆和文化馆新建和改扩建。截至 2016 年底,全国文化系统共有艺术表演团体 2046 个。全国共有公共图书馆 3172 个,总流通 64781 万人次;文化馆 3338 个。博物馆、纪念馆 4109 个,美术馆 462 个,乡镇(街道)文化站 41175 个,县级公共图书馆覆盖率为 95.8%,县级文化馆覆盖率为 102.6%,乡镇(街道)文化站覆盖率为 93%,三分之二的村有了文化中心,所有社区都有文化活动室。有线电视实际用户 2.23 亿户,其中有线数字电视实际用户 1.97 亿户。年末广播节目综合人口覆盖率为 98.4%,电视节目综合人口覆盖率为 98.9%。① 数字文化建设不断加强,群众享受公共文化服务的渠道更加通畅。全国文化信息资源共享工程初步构建了六级数字文化服务网络。边疆万里数字文化长廊在边疆 10 个省(区)建设 810 个乡镇服务点,3014 个数字文化驿站。数字图书馆推广工程开通 149 个移动阅读平台地方分站。公共文化机构免费开放效果明显。2016 年,全国公共图书馆、博物馆、群众文化机构服务群众总人次分别为 6.6 亿、8.51 亿、5.79 亿,较 2011 年分别增长 73%、52%、49.3%,群众文化参与度不断提升。②

公共文化服务法治建设取得了历史性突破。2016 年 12 月,《中华人民共和国公共文化服务保障法》正式颁布,这是文化领域一部具有"四梁八柱"性质的重要法律,首次以法律的形式明确各级人民政府是承担公共文化服务工作的责任主体,规定政府在公共文化设施建设和公共文化服务组织、管理、提供、保障中的职责,构建现代公共文化服务体系的基本法

---

① 《中华人民共和国 2016 年国民经济和社会发展统计公报》,国家统计局网,http://www.stats.gov.cn/tjsj/zxfb/201702/t20170228_1467424.html。
② 《十八大以来治国理政新成就(上)》,人民出版社 2017 年版,第 498~499 页。

律制度。① 如基本公共文化服务标准制度、公共文化服务免费或优惠提供制度等，标志着公民基本文化权益有了明确的法律保障。公共文化服务体系建设综合协调机制建立，"大文化"视野下的现代公共文化服务格局开始形成。2014年3月，由文化部牵头，中宣部、国家发展改革委、财政部、新闻出版广电总局、体育总局等25个部门参加的国家公共文化服务体系建设协调组正式成立，初步改善了原有的公共文化服务多头管理、资源分散的管理体制，形成工作合力，在协调推进重大公共文化服务法规、政策、标准的制定、实施和督察，推动基层公共文化资源共建共享，统筹实施公共文化服务重大工程方面发挥重要作用。②

基本公共文化服务标准化、均等化建设方面取得了积极进展。中央层面制定了《国家基本公共文化服务指导标准（2015—2020年）》，各省（区、市）以国家标准为指导制定了本地实施标准，初步形成上下衔接的标准体系，明确了政府保障基本公共文化服务的"底线"。推进文化精准扶贫，制定并实施《"十三五"时期贫困地区公共文化服务体系建设规划纲要》和贫困地区村文化活动室设备购置项目、流动文化车配备项目，配合中宣部等部门实施贫困地区百县万村综合文化服务中心示范工程，贫困地区民族自治县、边境县村综合文化服务中心全覆盖工程。其中，中央和各地累计投入近30亿元用于百县万村综合文化服务中心示范工程，共建成1.1万个基层综合性文化服务中心，每个贫困村按照"七个一"的标准建设，即一个文化活动广场、一个文化活动室、一个简易戏台、一个宣传栏、一套文化器材、一套广播器材、一套体育设施器材。深入开展"文化下乡"、高雅艺术进校园进社区进农村等活动，将"送文化"与"种文化"结合起来。将未成年人、老年人、残疾人、农村留守妇女儿童、农民工、经济困难群众等群体作为公共文化服务重点对象，组织少年儿童合唱节、老年合

---

① 《中华人民共和国公共文化服务保障法》，人民出版社2016年版。
② 张永新：《着力提升人民文化获得感——中国公共文化服务这5年》，载《人民日报》2017年9月29日。

唱节、农民工春晚等群众文化活动。通过这些工作,让群众既在物质生活上更殷实,又在精神生活上更丰富。①

基层综合性文化服务中心,既是服务广大群众的平台,又是传播主流价值观的阵地。2015年,国务院办公厅印发《关于推进基层综合性文化服务中心建设的指导意见》,要求到2020年,全国范围内的乡镇(街道)和村(社区)普遍建成各方面均达标的基层综合性文化服务中心。浙江农村文化礼堂、安徽农民文化乐园等一批先进典型,为基层综合性文化服务中心建设提供了有益经验。2016年底,文化部、新闻出版广电总局、体育总局、发展改革委、财政部联合印发《关于推进县级文化馆图书馆总分馆制建设的指导意见》,有效整合公共文化资源,进一步推进优质公共文化服务向基层延伸。2017年9月,《关于深入推进公共文化机构法人治理结构改革的实施方案》出台,明确要求到2020年底,全国市(地)级以上规模较大的公共图书馆、博物馆等公共文化机构,基本建立以理事会为主要形式的法人治理结构,这是深化文化体制改革的重要举措,对增强公共文化机构的社会影响力具有重要意义。②

纵观40年的农村公共文化服务发展,农村公共文化服务仍存在城乡不均等现象,基层文化设施便利性不够的问题影响着农村居民对文化场馆利用率、多层次提升农村公共文化服务水平,以及城乡公共文化服务一体化不够完善等问题。中共十九大报告提出"完善公共文化服务体系,深入实施文化惠民工程,丰富群众性文化活动"的目标要求,表明了国家推进公共文化服务建设的决心,积极采取措施,化解发展困境,补足农村短板,对于全面建立城乡一体化的公共文化服务体系具有决定性意义。

---

① 《十八大以来治国理政新成就》上,人民出版社2017年版,第499页。
② 张永新:《着力提升人民文化获得感——中国公共文化服务这5年》,载《人民日报》2017年9月29日。

第三节　农村扶贫工作的发展与创新

中国扶贫开发,是中国道路、中国经验和中国发展模式的重要组成部分,是人类社会扶贫的一个成功样板。改革开放以来,中国政府在致力于经济和社会全面发展的进程中,在全国范围内开展了有组织有计划的大规模开发式扶贫,有力地推进了我国农村扶贫开发的进程。中共十八大以来,党中央把扶贫开发摆到了治国理政的重要位置,提出了精准扶贫、精准脱贫的基本方略,将我国扶贫开发推进到脱贫攻坚的新阶段。

一、改革开放初期农村基本经济制度改革与农村减贫

中华人民共和国成立后,我国政府即开始了扶贫的历程。政府主要采取了对贫困人口实行救济、扶助、赈灾等福利保障,对边远落后地区,主要是边疆省(区)和革命老区输入资金和物资进行扶助的、自上而下的单纯的救济式扶持,难以提高贫困家庭的自我发展能力,不能从根本上最终摆脱贫困。但随着农村、城市改革和对外开放的进行,经济和社会各项事业的发展,贫困人口问题凸显出来,引起了党和政府的高度重视。

中国政府真正严格意义上的扶贫实际上是在改革开放以后提出并开始大规模实施的。1978年,按照中国政府确定的贫困标准统计,贫困人口为2.5亿人,占农村总人口的30.7%。1978—1985年,中国完成了以家庭联产承包责任制为中心的农村经营体制改革,使过去受体制束缚的农民获得了自己的家庭承包地、劳动力和主要收益的支配权,从而大大调

动了农民在自己承包地上投入劳动、投资和加强管理的积极性。这一阶段,全国农用化肥使用量翻了一番,农业机械总动力增加了78%,粮食单位面积产量提高了40%,农业劳动生产率提高了40.3%。[①] 农业劳动生产率的提高,限制劳动力使用的制度约束的取消以及国家对农村种养结构和市场控制的放松,使部分生产剩余和农业剩余劳动力转向乡镇企业,全国农村从事非农业经营的劳动力,在这期间增加了4150万[②],占当时农村劳动力的11%,非农业经营成为农民收入的另一个增长点。

中国政府还通过提高农产品价格、放宽统购以外农产品流通管制措施,改善了农产品的交易条件。1978—1985年,农产品综合收购价格指数提高了66.8%。价格提高增加的收入占农民新增收入的15.5%。在上述因素的共同作用下,农民人均纯收入增加了132%。在1978年改革初期,中国基本上是全国普遍性贫困,农民收入的大幅增长实现了农村的整体减贫。1981—1984年,按一天一美元的收入标准衡量的贫困发生率从49%下降到24%;按国家贫困线算,贫困人口的数量从1978年的2.5亿下降到1985年的1.25亿。[③] 农民人均热量摄取量,从1978年的2300千卡/人·日,增加到1985年的2454千卡/人·日,按当时标准,有50%未解决温饱的农村人口在这期间解决了温饱问题。按现在的扶贫标准,有超过1亿农村人口在这期间摆脱了贫困,贫困发生率降低了78.3%。[④]

这一阶段农村贫困减缓,主要是通过制度改革和农产品价格调整推动农业劳动生产率提高、非农就业增加实现的。尽管不同区域和条件的农户都不同程度地从改革驱动的效率提高中受益,但因地理区位、资源禀赋和家庭条件的差异,农户之间的收入差距开始拉大,农民收入分配的基

---

① 国家统计局:《中国农村统计年鉴(1999)》,中国统计出版社1999年版。
② 国家统计局人口和社会科技统计司、劳动和社会保障部财务司:《中国劳动统计年鉴(2003)》,中国统计出版社2003年版。
③ 韩建民、韩旭峰、朱院利:《西部农村贫困与反贫困路径选择》,中国农业出版社2012年版,第44页。
④ 国家住户调查办公室:《2015中国农村贫困监测报告》,中国统计出版社2015年版。

尼系数从1978年的0.21增大到1985年的0.28,在部分地区出现了"万元户"的同时,还有相当数量的农民处于"食不果腹,衣不蔽体,住不避风寒"的境况。

作为对农村体制改革过程中出现的极端贫困区域分布变化的一个回应,中国政府1982年在甘肃省定西、河西和宁夏回族自治区的西海固地区(简称"三西"地区)开始了以农业开发方式解决区域性极端贫困的"'三西'地区农业建设项目",从而拉开了中国通过对特定区域采取资源开发的方式扶贫的序幕,为后来全国大规模扶贫开发规划的实施积累了经验。[①] 1984年,中共中央发布《关于帮助贫困地区尽快改变面貌的通知》,明确改变贫困地区面貌的根本途径是依靠当地人民自己的力量,按照当地的特点,发展商品生产,增强本地区经济的内部活力;提出了集中力量解决连片贫困地区问题、各部门下达到县的建设经费由县政府统筹安排等设想。这实际上成为1986年开始的全国大规模扶贫开发的发端和政策起点。[②]

二、扶贫制度创新与农村扶贫开发

针对农村从全面的制度约束导致的贫困向区域性条件约束导致的贫困和农户能力约束导致的贫困转变的特点,1986年启动了历史上规模最大的农村专项反贫困计划。此计划的目的是采取特殊的政策和措施,促进贫困人口和贫困地区自我发展能力的提高和推动区域经济发展,从而稳定减缓和消除贫困。

---

① "三西"地区农业建设项目试验的开发式扶贫、建档立卡、帮扶到户、资金项目管理等做法,在后来的全国扶贫开发中得到继承和发展。
② 李培林、魏后凯:《中国扶贫开发报告2016》,社会科学文献出版社2016年版,第8~10页。

（一）1986—1993 年：农村开发式扶贫探索阶段

20 世纪 80 年代中期开始，中国政府从救济式扶贫转向开发式扶贫。开发式扶贫是发展援助的典型体现，即通过经济开发，拉动贫困地区经济增长，使贫困人口在生产中脱贫。在扶贫方式上，改变单一的生活救济方法，加强贫困地区的基础设施建设，改造生产条件，帮助贫困地区形成新的生产力；在扶贫主体上，强调调动贫困地区干部群众发展经济的积极性，扬长避短，增强自我发展能力；在扶贫资金的管理机制上，改变单纯由财政渠道拨款救济、扶贫资金无偿使用的方式，转向以财政支付和银行贷款相结合、无偿与有偿相结合的扶贫资金投放方式；在扶贫途径上，把扶贫作为一个系统工程，改变单纯的经济扶贫，进行科技、教育、物质生产等综合性投入。中国实施的开发式扶贫措施显著改善了贫困地区的基础设施和与此相关的生产生活条件，从而为农户的创收活动提供了良好的基础。①

这一时期国家采取的主要扶贫政策和措施是：建立从中央到县一级的扶贫开发专门机构，即贫困地区经济开发领导小组（1994 年"八七扶贫攻坚计划"时期改为"扶贫开发领导小组"）及其办公室，负责制定扶贫政策、确定扶贫对象、制定中期和年度扶贫计划、分配扶贫资金和项目、协调与相关部门的关系、对扶贫项目进行监督检查等工作；确定开发式扶贫的基本方针，从以救济式扶贫为主改为以扶持贫困地区发展的开发式扶贫为主；确定了扶贫开发的主要对象，1986 年中央划分了 18 个片区，确定了 331 个国家级贫困县，各省区另外确定了 368 个省级贫困县，制定国家贫困标准，明确以 1984 年农民人均收入 200 元为贫困线；安排专项扶贫资金，增加对贫困地区的资金投入，期间主要安排了 3 项扶贫专项资金，分别是支援不发达地区发展资金、以工代赈资金和扶贫贴息专项贷款，8 年累计安排扶贫专项资金 416 亿元，其中财政无偿资金 170 亿元，扶贫贴息

---

① 《在发展中消除贫困：中国发展报告 2007》，中国发展出版社 2007 年版，第 128 页。

贷款246亿元;出台了一系列其他的优惠措施,包括核减粮食合同定购任务,酌量减免农业税,免征贫困地区新办开发性企业所得税,对贫困县实行财政定额、专项和困难补助,开展定点扶贫等。①

总体来看,在此期间的农村扶贫开发基本上采取的是区域扶贫开发战略,具体的扶贫方式上仍处于探索阶段。不少地方尝试通过发放扶贫贷款进行间接扶贫的方式,也尝试过直接贷款到农户的方式,但始终未能解决贷款到农户的比重低和还款率低的问题。在扶贫内容上还尝试过基础设施改善、农田水利建设等。经过8年的开发式扶贫探索,农村绝对贫困人口数量有了较大规模的减少。按1984年的贫困标准,中国农村未解决温饱问题的人口从1985年的1.25亿减少到1993年的7500万人,平均每年减少625万人。

(二) 1994—2000年:八七扶贫攻坚计划阶段

1994年,中国政府出台了旨在2000年基本解决剩余农村贫困人口温饱问题的《国家八七扶贫攻坚计划》,明确了"开发式扶贫"的原则,确定把扶贫攻坚的任务和措施落实到贫困村与贫困户,强调以贫困村为重点,以贫困户为对象,提出力争用7年左右的时间解决8000万乡村极端贫困人口的温饱问题②,这是中国历史上第一个具有明确目标的扶贫计划,标志着中国扶贫运动的方针由以区域经济发展带动扶贫工作调整为直接面对最贫困人口。

这一阶段,中央重新确定了年人均纯收入达到500元的贫困标准,重新调整了贫困县,全国确定了592个贫困县③;1994—2000年,中央政府较大幅度地增加了扶贫投入,通过发展资金、以工代赈资金和扶贫贴息贷

---

① 国务院贫困地区经济开发领导小组办公室:《中国贫困地区经济开发概要》,中国农业出版社1989年版。
② 《十四大以来重要文献选编(上)》,人民出版社1996年版,第774页。
③ 《十四大以来重要文献选编(上)》,人民出版社1996年版,第775、776页。

款形式提供的扶贫资金累计达 1135 亿元,年均 161.4 亿元,比 1986—1993 年平均增加近 110 亿元,增长了 2.1 倍,其中财政年均增加 55.3 亿元,增长了 3.4 倍;进一步加强了科技扶贫的力度,通过制定《科技扶贫规划纲要》、选派科级干部和人员到贫困地区任职、安排"星火计划"科技扶贫贷款、实施科技扶贫示范项目(温饱工程)、支持农业产业化等措施,向贫困地区推广农业实用技术,提高贫困地区农民的农业技术水平和科技在农业发展中的贡献率。

1994—2000 年,国家共投入扶贫资金 1135 亿元(其中:财政资金 180 亿元、以工代赈资金 300 亿元、贴息贷款资金 655 亿元),地方政府及各方面投入的扶贫资金力度也不断增强,效果亦相当显著,不仅巩固了一些脱贫地区的脱贫效果,而且使乡村极端贫困人口由 1994 年的 8000 万下降到 2000 年的 3000 万。通过大规模的扶贫开发,贫困地区经济实现了较快增长,与全国农民平均收入的差距有所缩小。全国 592 个国家级贫困县农民人均纯收入从 1993 年的 483.7 元增加到 2000 年的 1338 元,增长了 176.6%。贫困人口的规模和贫困发生率缩小。按当时的贫困标准,全国未解决温饱问题的农村人口减少到 3209 万人。[①]

(三) 2001—2012 年:扶贫开发新阶段

2001 年 5 月,中国召开第三次扶贫开发工作会议,决定并开始实施《中国农村扶贫开发纲要(2001—2010 年)》,这是我国又一个指导全国扶贫工作的行动纲领,以贫困人口相对集中的中西部的少数民族地区、革命老区,以及边疆地区和一些特困地区为重点,以彻底解决极端贫困人口的温饱问题并为进入小康生活创造条件为基本内容,从而标志着中国政府的扶贫运动进入了第三个阶段。2010 年 6 月,国务院办公厅转发扶贫办等部门《关于做好农村最低生活保障制度和扶贫开发政策有效衔接扩大

---

① 郑功成:《关注民生——郑功成教授访谈录》,人民出版社 2004 年版,第 52 页。

试点工作意见的通知》,要求在对保障对象审核、保障政策的落实、保障对象的管理三个方面实现农村最低生活保障制度和扶贫开发政策的衔接,进而实现农村最低生活保障制度和扶贫开发政策的整体对接,充分发挥其互补效应,既能切实保障农村贫困人口的基本生活,又能稳定扶贫工作的成果,为我国在2020年基本消除贫困现象奠定基础。①

2011年,为进一步减少农村贫困人口,推动贫困地区发展,实现全面建成小康社会的总体发展目标,中央接续下发了《中国农村扶贫开发纲要(2011—2020年)》,指出未来十年农村扶贫开发工作目标是重点推进集中连片特殊困难地区区域发展与扶贫攻坚,"确定到2020年,稳定实现扶贫对象不愁吃、不愁穿,保障其义务教育、基本医疗和住房","两不愁三保障"反映了扶贫形势的新变化,从发展相对滞后形成的普遍性、绝对性贫困,到由于收入不平等形成的转型性贫困;扶贫工作的重心也从过去以解决温饱问题向巩固温饱成果、提高发展能力、缩小发展差距转变,向给予贫困人口更有尊严的生活转变,使社会主义市场经济发展的成果惠及农村贫困人口。②

这一阶段的主要扶贫政策和措施有:调整扶贫开发的战略目标;调整贫困县和扶贫标准,将全国农村扶贫标准从2000年的865元人民币逐步提高到2010年的1274元人民币,2001年将国家级贫困县改为国家扶贫开发重点县,还调整了重点县,将东部6个省的33个县及西藏的贫困县指标收归中央,重新分配给中西部其他省区,西藏作为集中连片贫困地区给予整体扶持,东部6省的扶贫不再由中央负责;完善扶贫开发战略和方式,政府仍将引导贫困地区农民在国家的帮助和扶持下,开发当地资源,发展生产力,提高贫困户自我积累、自我发展能力,作为农村扶贫开发的战略方针,并确定整村推进、贫困地区劳动力转移培训和产业化扶贫三个重点扶贫方式;2007年开始,建立全国农村最低生活保障制度,将处于低

---

① 邓大松等:《2011中国社会保障改革与发展报告》,人民出版社2011年版,第523~524页。
② 《中国农村扶贫开发纲要(2011—2020年)》,人民出版社2011年版,第2~15页。

保标准以下的农村贫困人口纳入低保,到2010年底,全国有5214万农村人口享受低保,占全国农村户籍人口的5.4%;明确实行专项扶贫、行业扶贫和社会扶贫相结合的政策,构筑综合扶贫的格局。

这一阶段农村贫困人口继续减少。国家根据经济社会发展水平的提高和物价指数的变化,将全国农村扶贫标准从2000年的865元逐步提高到2010年的1274元,以此标准衡量的农村贫困人口数量,从2000年底的9422万人减少到2010年底的2688万人,农村贫困人口占农村人口的比重从2000年的10.2%下降到2010年的2.8%,是1978年以来减贫速度最快的一个时期。[1]

贫困地区经济全面发展,产业结构进一步优化,特色优势产业快速发展,县域经济综合实力不断增强。从2001年至2010年,592个国家扶贫开发工作重点县人均地区生产总值从2658元增加到11170元,年均增长17%;人均地方财政一般预算收入从123元增加到559元,年均增长18.3%。农民人均纯收入从2001年的1276元,增加到2010年的3273元,年均增长11%(未扣除物价因素)。上述数据的增幅,均高于全国平均水平。[2] 2001—2010年国家扶贫开发工作重点县农民人均纯收入增长了1.57倍,比同期全国平均水平高6.5个百分点。2013年,贫困县与全国农民人均收入的比例(以全国为100),由2011年的53.7%提高到2013年71%。

三、精准扶贫与农村脱真贫、真脱贫

中共十八大以来,以习近平同志为核心的党中央把脱贫攻坚摆到治

---

[1] 《中国十年扶贫开发成绩突出 贫困人口减至2688万人》,中华人民共和国中央人民政府网,http://www.gov.cn/jrzg/2011-11/16/content_1994713.htm。

[2] 《中国十年扶贫开发成绩突出贫困人口减至2688万人》,中华人民共和国中央人民政府网,http://www.gov.cn/jrzg/2011-11/16/content_1994713.htm。

国理政的重要位置,纳入"五位一体"总体布局和"四个全面"战略布局,作为全面建成小康社会的底线目标和标志性指标,确立了到2020年现行标准下的贫困人口实现脱贫、贫困县全部"摘帽"、消除区域性整体贫困的目标。2013年11月,习近平总书记在湖南省花垣县十八洞村考察扶贫开发工作时,首次提出"精准扶贫"概念。精准扶贫,重在"六个精准",即扶持对象精准、项目安排精准、资金使用精准、措施到户精准、因村派人精准、脱贫成效精准,着力解决扶持谁、谁来扶、怎么扶、如何退的问题,变"大水漫灌"为"精准滴灌"。我国加大了扶贫投入,创新扶贫方式,取得了巨大成就。中共十九大报告提出,坚决打赢脱贫攻坚战,确保到2020年我国现行标准下农村贫困人口实现脱贫,贫困县全部"摘帽",解决区域性整体贫困,做到脱真贫、真脱贫。

(一)国家以前所未有的力度推进脱贫攻坚

习近平总书记把脱贫攻坚作为工作的重要内容,亲自挂帅、亲自出征、亲自督战,走遍了所有集中连片特困地区,国内50多次考察有30多次涉及扶贫,在河北阜平、陕西延安、贵州贵阳、宁夏银川、山西太原先后召开了五次跨省(区)脱贫攻坚座谈会,连续3年在新年贺词中都讲扶贫,反复强调脱贫攻坚,做出一系列重要指示。中央政治局的各同志都对脱贫攻坚工作高度重视,给予有力指导,各地区、各部门认真贯彻落实中央的决策部署,社会各界积极参与,合力攻坚。

2015年11月,中共十八届五中全会通过了《中共中央国务院关于打赢脱贫攻坚战的决定》,强调"消除贫困、改善民生、逐步实现共同富裕,是社会主义的本质要求,是我们党的重要使命",确定了到2020年脱贫攻坚的总体目标,即现行扶贫标准(农民年人均纯收入2300元,2010年不变价)下农村贫困人口稳定实现"不愁吃、不愁穿,义务教育、基本医疗和住房安全有保障","确保我国现行标准下农村贫困人口实现脱贫,贫困县全部摘帽,解决区域性整体贫困","实现贫困地区农民人均可支配收入增长幅度高于全国平均水平,基本公共服务主要领域指标接近全国平均水平"。如期实现脱贫攻坚目标,是全面建成小康社会、实现第一个百年奋斗目标最艰巨的挑战,也是必须确保完成的底线任务和标志性指标。①

为扶贫脱贫攻坚摸清底数,完善了贫困识别制度。2014 年,全国组织 80 多万人进村入户,共识别 12.8 万个贫困村、2948 万贫困户、8962 万贫困人口,基本摸清了我国贫困人口分布、致贫原因、脱贫需求等信息,建立起了全国统一的扶贫开发信息系统。经过 2015 年至 2016 年的建档立卡"回头看",2017 年组织各地完善管理,使我国贫困数据第一次实现了到村到户到人,为中央制定精准扶贫政策措施、实行最严格考核制度和保证脱贫质量打下了基础。

(二) 创新脱贫攻坚责任落实和政策落地机制

按照"中央统筹、省负总责、市县抓落实"的体制机制,出台脱贫攻坚责任制实施办法,构建各负其责、合力攻坚的责任体系,明确中央国家机关 76 个有关部门任务分工。中西部 22 个省(区、市)党政主要负责同志向中央签署脱贫攻坚责任书,立下军令状。贫困县党政正职攻坚期内保持稳定。截至 2017 年 8 月,中共中央办公厅、国务院办公厅出台 12 个《中共中央国务院关于打赢脱贫攻坚战的决定》配套文件,各部门出台 173 个政策文件或实施方案,各地也相继出台和完善"1+N"的脱贫攻坚系列文件,涉及产业扶贫、易地扶贫搬迁、劳务输出扶贫、交通扶贫、水利扶贫、教育扶贫、健康扶贫、金融扶贫、农村危房改造、土地增减挂钩指标、资产收益扶贫等,很多"老大难"问题都有了针对性措施。②

强化分类施策、对症施策,切实解决好"怎么扶"的"五个一批"问题。发展生产和转移就业脱贫一批,支持有劳动能力的贫困人口通过自身劳

---

① 《中共中央国务院关于打赢脱贫攻坚战的决定》,人民出版社 2015 年版,第 1、4 页。
② 刘永富:《中国特色扶贫开发道路的新拓展新成就》,载《人民日报》2017 年 9 月 4 日。

动开创美好生活;易地搬迁脱贫一批,支持生存环境恶劣地区的贫困人口通过有组织有计划搬迁,建设新家园;生态补偿脱贫一批,结合重点生态区建设为贫困人口提供护林员等生态岗位就业机会;发展教育脱贫一批,加大贫困地区教育投入力度,防止因学致贫和因贫辍学;社会保障兜底一批,对贫困人口中完全或部分丧失劳动能力的人进行兜底保障,加强医疗保险和医疗救助,防止因病致贫返贫。

在发展产业脱贫方面,编制《农业行业扶贫开发规划(2011—2020年)》《全国林业扶贫攻坚规划(2013—2020年)》《全国优势特色经济林发展布局规划(2013—2020年)》,出台《贫困地区发展特色产业促进精准脱贫指导意见》,支持贫困县建成一批对贫困户脱贫带动能力强的特色产品加工、服务基地,贫困乡镇、贫困村的特色产业增加值显著提升,贫困户自我发展能力明显增强。各地在摸清贫困底数的基础上,从致贫原因出发,因地制宜、因人施策,实施发展产业脱贫、转移就业脱贫、易地搬迁脱贫、生态保护扶贫、资产收益扶贫、教育扶贫、健康扶贫、兜底保障等领域的政策与工程,不断探索和拓展脱贫攻坚的有效途径。

(三)创新脱贫攻坚政府投入和社会整合机制

坚持政府投入的主体和主导作用,增加金融资金投放,确保扶贫投入力度与打赢脱贫攻坚战要求相适应。2013—2017年,中央财政安排专项扶贫资金从394亿元增加到861亿元,累计投入2822亿元;省级及以下财政扶贫资金投入也大幅度增长。安排地方政府债务1200亿元,用于改善贫困地区生产生活条件。安排地方政府债务994亿元和专项建设基金500亿元用于易地扶贫搬迁。"十三五"期间,将发放易地扶贫搬迁专项贷款超过3500亿元。至2017年6月底,扶贫小额信贷累计发放3381亿元,共支持了855万贫困户,贫困户获贷率由2014年底的2%提高到2016年底的29%。

精准扶贫也需要动员、整合各方面力量合力攻坚。加大东西部扶贫协作力度,调整完善结对关系,实施东部267个经济较发达县(市、区)结对帮扶西部434个贫困县的"携手奔小康"行动,实现对全国30个自治州帮扶全覆盖;加强定点扶贫工作,320个中央单位定点帮扶592个贫困县,军队和武警部队定点帮扶3500多个贫困村;明确京津冀协同发展中京津两市与河北省张家口、承德和保定三市的扶贫协作任务;动员中央企业设立贫困地区产业投资基金、开展"百县万村"扶贫行动;动员2.6万家民营企业开展"万企帮万村"行动。四川省工商联数据显示,截至2017年6月底,进入"万企帮万村"精准扶贫行动台账管理的民营企业有3.43万家,精准帮扶3.57万个村(其中建档立卡贫困村2.56万个)的538.72万建档立卡贫困人口;产业投入433.48亿元,公益投入91.2亿元,安置就业41.7万人,技能培训44.2万人。①

(四)创新脱贫攻坚监督和考核机制

在督查巡查方面,中央出台针对脱贫攻坚的督查巡查工作办法,对各地落实中央决策部署开展督查巡查。中央巡视把脱贫攻坚作为重要内容。8个民主党派中央分别对应8个贫困人口多、贫困发生率高的省份,在攻坚期内开展脱贫攻坚民主监督。加强与纪检监察、财政、审计等部门和媒体、社会等监督力量的合作,把各方面的监督结果运用到考核评估和督查巡查中。

在考核方面,中央出台省级党委和政府扶贫开发工作成效考核办法,实行最严格的考核评估制度。中央对综合评价好的通报表扬,并在中央财政专项扶贫资金分配上给予奖励;对综合评价较差且发现突出问题的,约谈党政主要负责同志;对综合评价一般或发现某些方面问题突出的约谈分管负责同志;考核结果送中央组织部,作为对省级党委、政府主要负

---

① 《全国工商联:鼓励民营企业到贫困地区产业扶贫》,http://news.163.com/17/0803/11/CQTNROOO000187VI.html。

责人和领导班子综合考核评价的重要依据。对被约谈的省份开展巡查，对其他中西部省份开展督查。中央要求，每个贫困村都要派驻村工作队，每个贫困户都要有帮扶责任人，实现全覆盖。截至 2017 年 9 月，全国共选派 77.5 万名干部驻村帮扶，中央组织部组织开展抓党建促脱贫攻坚工作，选派 19.5 万名优秀干部到贫困村和基层党组织薄弱涣散村担任第一书记。①

（五）脱贫攻坚巨大成就

中共十八大以来，我国扶贫攻坚取得了巨大成就，为全球减贫事业呈现了中国方案、中国智慧，走出了中国道路。

一是农村贫困人口大幅减少。按现行国家农村贫困标准测算，全国农村贫困人口由 2012 年的 9899 万人减少到 2016 年的 4335 万人，累计减少 5564 万人，年均减少贫困人口 1391 万人；全国农村贫困发生率由 2012 年的 10.2% 降到 2016 年的 4.5%，下降 5.7 个百分点，平均每年下降 1.4 个百分点。②

二是贫困地区农村居民收入稳步增长。2013—2016 年贫困地区农村居民人均收入连续保持两位数增长，年均名义增长 12.8%，扣除价格因素，年均实际增长 10.7%，比全国农村平均水平高 2.7 个百分点。③ 其中，2016 年，贫困地区农村居民人均可支配收入为 8452 元，名义水平是 2012 年的 1.6 倍；扣除价格因素，实际水平是 2012 年的 1.5 倍。横向考察，贫困地区农村居民人均可支配收入与全国农村的差距在不断缩小，2016 年贫困地区农村居民人均可支配收入是全国农村平均水平 12363 元

---

① 刘永富：《中国特色扶贫开发道路的新拓展新成就》，载《人民日报》2017 年 9 月 4 日。
② 《精准脱贫成效卓著　小康短板加速补齐——党的十八大以来经济社会发展成就系列之六》，国家统计局网，http://www.stats.gov.cn/ztjc/ztfx/18fzcj/201802/t20180212_1583217.html。
③ 《精准脱贫成效卓著　小康短板加速补齐——党的十八大以来经济社会发展成就系列之六》，国家统计局网，http://www.stats.gov.cn/ztjc/ztfx/18fzcj/201802/t20180212_1583217.html。

的68.4%，比2012年提高了6.2个百分点，贫困人口生产生活条件切实改善。

三是中国减贫成效为全球减贫做出重大贡献。2014年，联合国粮农组织向中国政府颁发了"实现千年发展目标成就奖"，表彰我们在全球第一个实现"将饥饿人口比例减半"的目标，也是联合国千年发展目标的首要目标。2015年，联合国粮农组织向中国政府颁发了"实现世界粮食首脑会议目标成就奖"，表彰我们如期实现了"到2015年将营养不良人口减少一半"的目标。联合国开发计划署2015年发布的《联合国千年发展目标报告》明确指出，"中国在全球减贫中发挥了核心作用"，由于中国的进步，东亚的极端贫困率从1990年的61%下降到了2015年的仅有4%。① 按照现行农村贫困标准测算，"2013年至2016年4年间，我国农村累计脱贫5564万人，平均每年脱贫1391万人，贫困发生率从2012年底的10.2%下降到2016年底的4.5%，贫困地区农村居民人均收入年均增长10.7%"。②

---

① 国家发展和改革委员会组织编写：《〈"十三五"脱贫攻坚规划〉辅导读本》，人民出版社2017年版，第52页。
② 刘永富：《中国特色扶贫开发道路的新拓展新成就》，载《人民日报》2017年9月4日。

第七章

**经济全球化与
中国农业对外开放**

农业是关系民族振兴、经济发展、社会稳定和国家自立的基础产业，是世界经济的重要组成部分。世界上无论发达国家还是发展中国家都无一例外地非常重视农业，关注农业的发展。所以，在人类社会中农业是永不衰退的产业。随着中国对外开放的不断深化，中国农业的现代化发展已经成为世界农业现代化发展的重要组成部分。经济全球化既是一个重要的发展机遇，又是一个严酷的挑战，而机遇是潜在的，挑战是现实的。自加入世界贸易组织（WTO，以下简称世贸组织）后，中国传统的农业经历了一场从体制到结构和生产方式的现代化大变革，积极探索土地经营权流转制度的改革，并在此基础上改变不合理的农业结构和生产方式，从而促进了中国农业的新突破和城乡协调发展。

第一节　加入世贸组织与中国农业发展

现代农业是在传统农业基础上逐渐演变和进化形成的，是社会经济和技术发展的必然走向。现代农业，是以现代发展理念为指导，以提高劳动力生产率和保护农业生态环境为目标，以现代科学技术和现代物资装备为支撑，农、工、贸和产、供、销相衔接的、可持续发展的、多功能的高效产业体系。现代农业内涵丰富，不再仅仅局限于种植业、养殖业等第一产业，而是拓展到了生产资料和食品加工等第二产业以及技术和信息服务等第三产业。它主要包括三个既有区别又有联系的环节：一是产前环节，如种子、饲料、化肥、农药、农膜、水利、农机、燃料等领域;二是产中环节,如种植业的种植—收获、畜牧业的育雏—出栏、水产业的养殖—捕捞,以及林业的培育—采伐等过程;三是产后环节,如农产品收集、加工、食品工业、包装、储运、营销(包括进出口)等领域。①

农业现代化是一个长期的过程。18—21世纪,世界农业现代化的前沿过程包括两大阶段和六次浪潮。第一次农业现代化是18世纪中期至20世纪50年代,从传统农业向初级现代农业的转型,主要特点包括农业的市场化、工业化、机械化和化学化,以及农业比例下降等。第二次农业现代化是20世纪60年代至今,从初级现代农业向高级现代农业的转型,主要特点包括农业的知识化、信息化、生态化、多样化和国际化等。

进入21世纪,世界农业现代化处于两次农业现代化并存的阶段。世界农业现代化的前沿已进入第二次农业现代化的发展期,世界平均水平大约处于第一次农业现代化的成熟期,低收入国家平均处于第一次农业现代化的起步期。目前,欧洲农业现代化水平是比较高的,其次是美洲和亚洲,非洲的农业现代化水平仍然是比较低的,呈现全球化且差距不断扩大的趋势。② 现今世界农业呈现贸易全球化、生产集约化、模式多元化、科学化、信息化、可持续化等发展趋势。

世贸组织是贸易自由化的产物,是经济全球化最主要的载体,是规范和协调当代全球经济贸易关系最具权威性的国际组织,具有法人地位。世贸组织是经济全球化进程中,实现自由化贸易的组织保证,而自由化贸易是全球化最重要的表现形式之一。世贸组织扩大世界贸易和服务的生产与贸易,实现世界贸易自由化的目标宗旨和世贸组织《农业协议》以及各缔约国的要求,对中国农业发展产生了重大影响。就积极的方面而言,加快了中国农业经济体制向社会主义市场经济体制的转变,促进了中国农业增长方式的转变,为中国创造稳定的农产品国际贸易的环境,促进了中国农产品出口市场的多元化,有助于中国结合和利用国内国际两大市

---

① 刘志澄:《新农村建设的首要任务是加快现代农业建设》,载《农业经济问题》2007年第2期。
② 何传启:《世界农业现代化的发展趋势和基本经验》,载《学习论坛》2013年第5期。

场、两种资源,特别是利用外资和引进先进农业技术。①

一、农业对外开放格局基本形成

我国加入世贸组织,利用多边或双边贸易谈判机制,不仅通过制定各项条款以有利于中国农业的发展,还灵活运用世贸组织有关条款并联合发展中国家来保护自己,防止某些发达国家歧视性地使用贸易保护政策,有助于为中国创造稳定的农产品国际贸易的环境,分享世贸组织框架下的经济贸易信息资料,从而准确及时地调整中国经济结构并使之符合国际经济格局,制定科学的宏观农业政策,提高中国农业生产的稳定性,减少盲目性和波动性,推动中国农产品贸易自由化。

加入世贸组织17年来,中国积极践行自由贸易理念,全面履行加入承诺,大幅开放市场,实现更广范围的互利共赢,在对外开放中展现了大国担当。

一是逐步削减了农产品关税。我国农产品平均税率由23.2%降至15.2%,约为世界农产品平均关税水平的1/4,远低于发展中成员56%和发达成员39%的平均关税水平。农产品的最高约束关税为65%,而美国、欧盟、日本分别为440%、408%、1706%。② 我国已成为世界上农产品关税水平最低的国家之一。

二是显著削减非关税壁垒。减少不必要的贸易限制,促进贸易透明畅通。对粮棉等重点农产品以及化肥等农资产品,按照关税配额管理承诺,合理实施进口管理及国内市场措施,中国承诺对粮食、植物油、棉花、食糖、羊毛进口实行关税配额管理,自2004年起,进口关税配额数量达到最高点。2006年取消豆油、棕榈油、菜籽油进口关税配额管理,实行

---

① 倪国良:《经济全球化与中国农业的变革》,载《兰州大学学报(社会科学版)》2002年第2期。
② 《中国与世界贸易组织》,载《人民日报》2018年6月29日。

9.0%的单一关税管理。对棉花配额外进口实行滑准税制度。2005年对外资开放农药、农膜的零售和批发业务,2007年起开放化肥零售和批发业务。① 严守取消农产品出口补贴承诺,将国内支持中的黄箱补贴上限约束在8.5%以内。② 与此同时,加大国营贸易制度改革,农产品国营贸易比例逐渐缩小。除小麦继续保持90.0%的国营贸易比例外,其他农产品的国营贸易比例将逐步缩小。2005年取消羊毛和毛条的进口指定经营制度。

三是全面放开外贸经营权。促进经营主体多元化,激发各类企业开展贸易的积极性。自2004年7月起,中国对企业的外贸经营权由审批制改为备案登记制,极大地释放了民营企业的外贸活力,民营企业进出口发展迅速,份额持续扩大,成为对外贸易的重要经营主体。民营企业和外商投资企业进出口占全国进出口总额的比重由2001年的57.5%上升到2017年的83.7%。2017年,作为第一大出口经营主体的民营企业出口占比达46.6%。

四是大幅放宽外资准入限制。对外商投资实行准入前国民待遇加负面清单管理模式,是中国适应经济全球化新形势和国际投资规则变化的制度变革。2016年9月,全国人大常委会对《外资企业法》等4部法律进行了修订,将不涉及国家规定实施准入特别管理措施的外商投资企业设立及变更事项,由审批改为备案管理。2018年上半年,中国完成修订外商投资负面清单工作,出台《关于积极有效利用外资推动经济高质量发展若干措施的通知》,进一步大幅度放宽市场准入限制,包括深化农业、采矿业、制造业开放。③ 积极推动农业引进和利用外资,促进农业综合开发、农产品加工流通、农业科技研发等,以推动现代农业发展,加快农产品加工业结构升级,提高农产品质量安全水平。

五是加大农业对外合作工作力度。探索实施农业"走出去"战略,鼓

---

① 程国强:《粮食安全必须立足本国》,载《瞭望新闻周刊》2005年第40期。
② 程国强:《中国农业补贴:制度设计与政策选择》,中国发展出版社2011年版。
③ 《中国与世界贸易组织》,载《人民日报(海外版)》2018年6月29日。

励各类农业企业积极开展对外投资,在东南亚、非洲、南美等地区进行农业开发、合作经营,持续、稳定、合理的全球资源性农产品进口供应链正在形成。根据中国农业的资源禀赋与比较优势特征,促进与东盟、新西兰等双边农产品贸易自由化。积极参与并推动贸易谈判,进一步改善国际农业贸易环境,致力于构建更加开放、公平、合理的国际与双边农业合作框架,全面参与世贸组织多哈回合谈判,推动建立公平合理的国际农业贸易规则。17年的开放历程,使中国农业基本融入世界贸易体系,对外开放的广度和深度不断得到拓展和加深,农业全面对外开放的格局基本形成。

二、中国农业国内市场与世界市场的关联度、依存度日益增大

加入世贸组织加快了中国农业经济体制向社会主义市场经济体制的转变,使中国的对外经济贸易体制融合于世界经济体制的框架之中,这不仅有利于中国加快引进国际市场经济的运行体制,推动中国农业向深层次发展,从而进一步加速社会主义市场农业的发展,也使中国在开放的多边贸易体系下,可以无条件地享有135个缔约国签署的多边最惠国待遇,促进了中国农产品出口市场的多元化,改变我国出口过度依赖某些国家的被动局面。

加入世贸组织17年来,在多种因素的共同作用下,中国农村市场发育程度越来越高。2002—2017年,中国乡村消费品零售额由15013亿元增长到51972亿元①,增长246.2%。农村消费市场的充分发育,对中国扩大内需、转变经济发展方式、实现经济持续快速健康发展意义深远。因

---

① 《中华人民共和国2002年国民经济和社会发展统计公报》,国家统计局网,http://www.stats.gov.cn/tjsj/tjgb/ndtjgb/qgndtjgb/200302/t20030228_30016.html;《中华人民共和国2017年国民经济和社会发展统计公报》,国家统计局网,http://www.stats.gov.cn/tjsj/zxfb/201802/t20180228_1585631.html。

此,中国农产品进出口贸易活动日趋活跃。一方面,充分发挥比较优势,积极扩大优势农产品出口。2017 年中国农产品出口总额达 755.3 亿美元,与 2001 年加入世贸组织时的 160.7 亿美元相比,增长了 3.7 倍。由此促进建立一批标准化、规模化的农产品出口基地,培育了一批具有带动和示范作用的产业化龙头企业,初步形成了特色、优质、安全、高效的农业产业体系,促进了农业结构调整和农民收入增加。另一方面,适度增加资源性农产品进口。农产品进口总额从 2001 年的 118.5 亿美元,增加到 2017 年的 1258.6 亿美元,增长了 9.6 倍。[1] 农产品进口弥补了国内农产品供需缺口,缓解了中国农业资源紧张的压力,为确保主要农产品有效供给发挥了积极作用。

中国农业与世界市场的关联程度日益增强,中国农业贸易依存度由 2001 年的 15.0%,增加到 2010 年的 19.7%。虽然目前中国农产品出口贸易依存度只有 8.0%,但农产品进口依存度日益提高,由 2001 年的 6.4%上升到 2010 年的 11.8%。其中,大豆、玉米、油籽、棉花等资源性产品进口大幅增长,对国际市场的依存度明显提高。而为满足国内不断增长的植物油以及饲料需求,我国大豆对外依存度极高。2010 年至 2017 年,我国大豆进口量由 5480 万吨增加到 9553 万吨,增幅高达 74.3%,其中 2017 年从巴西、美国、阿根廷、乌拉圭的进口量分别占比 53%、37%、7%、3%,是世界上最大的大豆进口国。[2]

三、农业产业化综合生产能力不断提高

通过加强与世界农产品市场的结合,利用国内国际两大市场、两种资

---

[1] 《入世十年我国农产品贸易健康发展》,载《经济日报》2011 年 12 月 18 日;《中华人民共和国 2017 年国民经济和社会发展统计公报》,国家统计局网,http://www.stats.gov.cn/tjsj/zxfb/201802/t20180228_1585631.html。

[2] 《2018 年中国对美农产品进出口贸易额分析【图】》,中国产业信息网,http://www.chyxx.com/industry/201804/635390.html。

源,特别是利用外资和引进先进农业技术,引入市场竞争机制,对中国农业形成外部压力,从而促进中国农业产业结构、产品结构的调整,使农业向高产、优质、高效的方向加速转变,并加速中国农业由粗放型经营向集约型经营的方向转变,提高农业生产的效率和农业经济效益,有利于中国农业增长方式的转变。

加入世贸组织17年来,中国农业积极应对国际市场激烈竞争、贸易摩擦频发,以及国际金融危机和农产品市场剧烈波动的冲击,战胜了农业生产成本上升、比较利益下降以及自然灾害多发重发等多种困难的挑战,实现了持续稳定增长。2002—2017年,中国农业增加值由14883亿元增长到65468亿元[1],年均增长率达10.38%。中国坚持立足国内实现粮食基本自给方针不动摇,始终注重抓好粮食生产。粮食产量从2002年的45711万吨增加到了2017年的61791万吨[2],增长了35.18%,年均增速达2.03%。特别是从2004年开始至2015年,中国粮食生产实现"十二连增",粮食产量保持在6000万吨以上水平,打破了延续多年的粮食3年一减的不稳定周期,粮食安全基础得到进一步强化。其他主要农产品,如油料、棉花、食糖、肉禽蛋奶和水产品以及瓜果蔬菜等产量也实现新的突破,农业综合生产能力进一步提升,农业结构进一步优化。农业持续稳定增长,不仅满足了工业化、城镇化加速发展进程中人民群众不断提高生活质量的要求,而且为中国克服各种突发自然灾害困难、应对国际粮价剧烈波动冲击,保持经济持续稳定发展、社会和谐稳定提供了基础支撑。[3]

此外,中国农业的基础设施落后、现代化程度低,加入世贸组织后,就

---

[1] 《中华人民共和国2002年国民经济和社会发展统计公报》,国家统计局网,http://www.stats.gov.cn/tjsj/tjgb/ndtjgb/qgndtjgb/200302/t20030228_30016.html;《中华人民共和国2017年国民经济和社会发展统计公报》,国家统计局网,http://www.stats.gov.cn/tjsj/zxfb/201802/t20180228_1585631.html。

[2] 《中华人民共和国2002年国民经济和社会发展统计公报》,国家统计局网,http://www.stats.gov.cn/tjsj/tjgb/ndtjgb/qgndtjgb/200302/t20030228_30016.html;《中华人民共和国2017年国民经济和社会发展统计公报》,国家统计局网,http://www.stats.gov.cn/tjsj/zxfb/201802/t20180228_1585631.html。

[3] 程国强:《粮食安全必须立足本国》,载《瞭望新闻周刊》2005年第40期。

可以更多利用外资以及争取具有较多优惠条件的国际贷款用于农业开发,可以加速农业产业化进程。一些主要贸易伙伴放宽了农业贸易保护政策,使得中国农产品进入发达国家让出的部分出口市场,这将促进中国农产品出口的增加,特别是农产品的加工品及纺织服装品出口的大幅度增加,从而进一步启动中国农产品加工业的发展和棉花纺织服装行业的发展。①

四、农业海外投资增长迅猛

近年来,中国企业海外投资蓬勃发展,自2015年起,中国已经成为世界第二大资本输出国。中国农业海外投资也快速发展,年度对外投资流量由2003年0.81亿美元增长到2015年的25.72亿美元,年均复合增长率达到41.3%,而同期对外投资存量也由8.37亿美元增长到114.76亿美元,年均复合增长率达到29.9%。

中国农业海外投资金额以大中型企业为主,项目数量以中小企业为主。从农业部对外经济合作中心所发布的《中国对外农业投资合作报告2015》统计的600多个农业海外投资项目来看,超过一半仍为大中型国有控股企业及其分支机构,主要是各地方国资委下属的农垦、粮油、农发、林业、渔业集团等,以及具有与国资合作背景的大中型民营企业。从商务部《对外直接投资统计公报》发布的农业对外直接投资流量来看,大中型企业对外直接投资流量占据80%的投资金额。但是,将《中国工业企业数据库》与商务部发布的《境外投资企业名录》相匹配,其中农业对外直接投资项目中,年销售规模超过500万元的企业项目数量仅占30%左右,这表明70%的中国农业海外投资项目都是由年销售规模低于500万元的小型企业发起的。中小型企业的积极活力在中国农业海外投资中不容忽视。根

---

① 倪国良:《经济全球化与中国农业的变革》,载《兰州大学学报(社会科学版)》2002年第2期。

据商务部《境外投资企业名录 2016》,截至 2016 年底,中国在海外涉农投资设立企业数量达到 28703 家,其中前十大产业设立企业数量合计占中国农业海外投资设立企业数量的 94.3%。而其中前三大产业为食品、畜牧业、林业,其合计占中国农业海外投资设立企业数量一半以上,达到了 56.6%。

中国农业海外投资模式主要由绿地投资(green field investment)向跨国并购转变。近年来中国农业海外投资的模式选择,逐渐改变了之前单一以"绿地投资"为主的模式,以跨国并购为代表的"褐地投资"占比逐年上升。绿地投资又称为新建投资,是指直接在投资东道国境内设置独资或合资企业与工厂的模式。而褐地投资主要指通过跨国并购的模式开展海外投资。中国农业主要的对外投资动机是获取自然资源与开拓市场,以此来弥补国内农产品贸易快速增长的需求,投资所涉产业链环节也大多处于低附加值的初级环节,因而采用绿地投资为主要的投资模式。而全球次贷金融危机与两次粮食危机以后,跨国并购在中国农业海外投资中占据了主流。如,中粮并购史密斯菲尔德以及荷兰来宝集团,中化集团并购先正达,都已经成为全球农业领域跨国并购的领先案例。这种变化,一方面是由于国外许多大型农业跨国企业受到次贷危机影响致使估值降低,而中国农业企业入世以来已经积累了一定资本的比较优势;另一方面是由于随着全球范围内农业自然资源与初级产业环节的保护主义兴起,中国农业海外投资被迫沿着产业链,由低附加值环节投资逐渐向高附加值环节投资转移,而由于国外企业在高附加值环节已经形成一定垄断竞争优势,使得跨国并购成为中国农业走出去的新常态。[①]

[①] 刘乃郗、韩一军、刘邦凡:《逆全球化背景下中国农业海外投资风险与对策》,载《哈尔滨工业大学学报(社会科学版)》2018 年第 1 期。

五、中国农业国际影响力进一步提升

加入世界贸易组织17年来,我国农业发展成就获国际社会广泛肯定和赞赏。2015年,被联合国粮农组织(FAO)授予完成世界粮食首脑会议目标的证书。农业多边南南合作和对外援助进一步发展,我国与联合国粮农组织完成了李克强总理承诺的5000万美元信托基金合作总协定磋商,中国—FAO南南合作二期项目顺利开启。与世界粮食计划署(WFP)起草了双方关于加强消除全球饥饿及促进发展伙伴关系的谅解备忘录,中国—WFP南南合作培训班首次在华举办;中国—FAO南南合作可持续发展与创新高层研讨会成功举办,我国与乌干达、纳米比亚等南南合作国别项目有序实施,2015年共派出31名技术人员执行技术合作任务。长期为亚非国家培训农业技术与管理人员,推广一大批我国使用的农业技术与管理经验,强化了我国与发展中国家的农业合作。《重要农业文化遗产管理办法》以农业部公告形式颁布,FAO全球重要农业文化遗产秘书处在我国推动下正式建立。①

第二节 中国农业对外开放的困境与挑战

面对经济全球化与加入世贸组织这把双刃剑,中国农业在参与全球化的进程中,既面临机遇,又面临挑战。这需要我们深刻分析、化解好矛盾,推进农业发展。

---

① 《中国农业发展报告2016》,中国农业出版社2016年版,第104页。

一、经济全球化对中国农业发展的挑战

加入世贸组织对中国农业发展也会带来某些不利的影响。中国自1992年以来对于进口农业产品、原料等进行了大幅度降税,如果继续降税,很有可能引起进口农产品涌入国内,冲击中国农业的发展。中国使用的关税措施主要是进口配额管理、进口许可证管理,按照《农业协议》要求,需要将其关税化,这就加大了我国农产品贸易的难度。2000年,中国农产品进出口总额为284.3亿美元,其中,出口额130.8亿美元,进口额153.5亿美元,贸易逆差22.7亿美元[①];2017年,我国农产品进出口总额2013.9亿美元,其中,出口755.3亿美元,进口1258.6亿美元,贸易逆差503.3亿美元。[②] 加入WTO以来,中国农产品进出口贸易总额增长了6.08倍,贸易逆差却增长了21.17倍。在出口补贴方面,中国在入世谈判中已承诺取消农产品出口补贴,这对我国部分农产品的发展将产生不利影响。在动植物卫生检疫方面,我国农产品多年来过量施用化肥、农药,有毒物质残留比较严重,一旦国内标准与国际标准接轨,必然影响出口数量。我国相当部分农产品缺乏比较优势,主要是由于我国农业生产率水平较低,农产品成本刚性上涨,以及供求缺口的存在,粮食等主要农产品国内价格曾一度超过国际市场价格,部分农产品已丧失了比较优势。加入世贸组织后,国际上的优质、低价农产品将大量涌入国内市场,压低市场价格,势必损害中国广大农民的利益,挫伤农民的种粮积极性,将会进一步出现大量的农村剩余劳动力,影响农业生产稳定健康地发展。农业贸易自由化所引起的世界农产品和原料价格的回升,必将增加我国农

---

① 《农产品进出口额(2002年)》,国家统计局网,http://www.stats.gov.cn/ztjc/ztsj/gjsj/2002/200401/t20040119_51824.html。
② 《2017年1—12月我国农产品进出口》,中华人民共和国农业农村部网,http://www.moa.gov.cn/ztzl/nybrl/rlxx/201801/t20180131_6136047.htm。

产品进口的外汇支出,有可能对我国农业生产和农产品市场产生严重冲击。由于中国农业劳动力素质普遍低下,加入世贸组织以后,国外的资金和技术,一旦投资于中国农业,就要寻找较高素质的劳动力,这样,一方面人多地少的矛盾仍然无法较好地解决,另一方面,农业剩余劳动力无法妥善安排,有严重恶化农业发展的危险。

产生以上危害和挑战的原因,主要有以下几个方面:一是中国农业产业组织落后和农产品竞争能力弱。中国农业是弱质产业,分散的小农户经营规模不经济,单纯的原料性生产比较效益低,没有竞争力,难以进入社会化大市场,在市场竞争中处于不利地位,农村二元经济社会结构特征十分典型,矛盾积聚多,再加上人多地少,劳动生产率低,成本高,产品竞争能力弱,整体农业科技水平、物质基础装备水平低,农村劳动力综合素质低,所以中国农业没有明显的国际竞争优势,成为市场农业发展的瓶颈。二是农业可持续发展缺乏后劲。当前存在着以下问题:大宗农产品积压滞销,农业生产结构和市场需求结构矛盾突出,农产品价格下滑,国家一再调低保护价和定购价,农民收入增长缓慢,从农业生产中得到的收入负增长;农产品供求结构性矛盾突出,优质品供应缺口很大;人口剧增与耕地锐减矛盾突出,环境恶化和资源破坏影响农业产量的提高,等等。三是农业生产技术含量低。现代农业技术进步就其特征来说基本上是两大类:一是机械技术,一是生物技术。将这些技术与稀缺的土地资源或稀缺的劳动力资源有效地结合以提高劳动生产力,就是农业现代化的主要内容,但这两类技术在我国农业中还未得到广泛使用,存在农户小规模经营与采用现代化科技、应用大规模机械设备的矛盾。极度的分散和小规模种植使农业劳动生产率低,商品化程度低,作物混种局面严重,既没有规模效益,又与现代"优质高效"农业矛盾突出,很难参与买方市场及国际农产品贸易的竞争格局。[①]

[①] 倪国良:《经济全球化与中国农业的变革》,载《兰州大学学报(社会科学版)》2002年第2期。

二、资本全球化与中国农业产业化

资本全球化,就是由于资本的逐利性,在全球范围进行配置的行为。为了谋求更高的资本回报率,资本需要在更广范围内进行资源的配置。当今各国经济活动的深度、广度不断延伸,经济活动已经跨越了传统的国界界限,使得各国之间的经济活动联系越来越紧密,并且不断相互交织,因而不断推进经济全球化的进程。资本全球化是经济全球化的重要表现之一,即跨国流动的资本规模不断加大,资本流动性提高、流动速度不断加快,国际资本市场进一步扩张,资本跨国流动对经济发展的影响力不断上升。资本跨国流动不仅在规模总量上大幅度增加,而且与其经济规模的相对比例显著提高。

从我国农业产业发展的现状分析,我国农业产业长期处于金融抑制的环境之中,投入农业产业中的资本短缺,融资渠道窄,农业资本形成长期不足,这些问题都长期制约了我国农业产业的健康、快速发展,影响着我国农业现代化进程的推进。一是农业产业化处于金融抑制的环境。依据目前我国农业产业化的金融支持情况,金融抑制的现象主要表现为:资金流失现象严重,正规金融供给总量不足;民间小额金融活动活跃,但可用于农业产业化生产的大额资本缺失;金融服务落后,缺乏较为完整的金融服务体系,不能为农业产业化提供全面的金融服务。二是农业产业化资金投入匮乏。从整体上看,我国农业产业化的资金主要来自政府财政资金、间接融资和直接融资。近几年来,虽然农业投资取得了一定的进展,但是无论是政府财政资金、直接融资还是间接融资方面都十分不足,远远不能够改善我国农业投入不足的现状。三是农业产业化融资渠道狭窄。在长期的经济发展过程中,农业发展并没有得到其他行业的有效资金支持,直接导致了我国农业领域的融资渠道单一、投资环境差、发展后劲不足等问题的存在,银行贷款成本高,信用社农业贷款期限结构不能够体现农业生产的季节性特征、期限不合理,农业发展银行未能起到对整个农业、农民的政策性金融作用。四是农业产业资本的形成不足。由于我国财政用于农业的支出比重一直偏低,农业资本形成受到政府预算的约束,在资本全球化的背景下,农业经济的开放领域还十分有限,农业外资引进的数量和规模过小,致使农业资本形成长期不足,不能有效地促进农业产业资本形成。①

三、逆全球化与中国农业海外投资

随着近十年贸易保护主义与资源保护主义重新抬头,以及难民危机、英国脱欧与特朗普政府贸易政策冲击为代表的逆全球化事件屡屡发生,农业全球化进程出现跌宕起伏的波动状态。中国企业海外投资在蓬勃发展的同时也遭遇了不少挫折,仅 2005 年至 2017 年 6 月,中国企业海外投资交易额过亿的搁浅项目就达到 217 个。中国农业海外投资面临着贸易与资源保护主义、国际经贸规则体系转轨冲击、东道国经济政治文化风险、显著的融资约束、企业自身风险管理不足的风险等挑战。

在农业全球化进程跌宕起伏的波动进程中,中国农业海外投资面临着以下五个方面主要挑战。一是全球范围贸易与资源保护主义抬头制约中国农业海外投资健康发展。进入 21 世纪以后,由于历史原因,发达国家持续的农业海外扩张造成了第三世界国家中以土地为代表的农业自然资源占有不平衡,致使这些国家希望重新划分全球农业资源布局,而全球农业产业竞争与国际农业政治的博弈呈加剧趋势,在全球农业投资议题中关于生态和自然资源的保护等议题变得越来越瞩目。二是国际贸易投资规则体系转轨冲击中国。美国宣布从 2014 年之后所有的双边投资协

---

① 崔亚娟:《资本全球化视角下的中国农业产业化发展研究》,载《产业与科技论坛》2015 年第 7 期。

定均在新的"文本框架"上采取"准入前国民待遇＋负面清单"的方式制定，这对中国农业开展海外直接投资带来一些不利影响。联合国粮农组织牵头制定了《国家粮食安全范围内土地、渔业及森林权属负责任治理自愿准则》，倡议各国对征地规模予以限制，在多轮谈判中许多第三世界国家都要求对既有跨国公司在20世纪征购的土地进行重新分配改革，引起了强烈的争议。三是中国农业海外投资面临着显著的东道国经济政治文化风险，主要包括区域政治风险、东道国经济风险与投资本地化风险等。农业海外投资需要高度本地化的参与，而政局动荡、战乱冲突、族群矛盾等都会限制中国农业海外投资的健康开展①。四是中国农业海外投资面临着明显的融资约束。中国农业海外投资发展直接面临着融资困难的挑战，这也是中国农业海外投资发展中一个持续无法得到解决的难题。五是中国农业企业的国际化经验与风险管理意识相对欠缺。中国农业企业融入国际化进程时间短，造成在开展海外投资时具有经验单一与风险管理意识不足的显著局限性。②

四、中美贸易战与中国农业产业发展

中美经贸关系是全球政治经贸关系最重要的组成部分，更是中美关系的"压舱石"和"推进器"。在全球化通过全球价值链上的竞合不断向深层次发展，而同时"去全球化"的贸易保护主义有所抬头的背景下，中美经贸发展不仅影响双边经济利益，也影响全球经济的组织、分布和利益分配。③

---

① 赵青、张华容：《政治风险对中国企业对外直接投资的影响研究》，载《山西财经大学学报》2016年第7期。
② 刘乃郗、韩一军、刘邦凡：《逆全球化背景下中国农业海外投资风险与对策》，载《哈尔滨工业大学学报（社会科学版）》2018年第1期。
③ 马弘：《中美贸易冲突：现状、症结与前景》，载《江海学刊》2018年第3期。

美国特朗普政府2018年3月发起中美贸易战,中美经济博弈和实力对抗成为我国应对美国贸易挑战的重要特征。世界各国高度关注并担忧中美贸易战对全球经济和政治格局的不确定影响。中美贸易战由于牵涉中美农产品贸易,以及中国对美国农产品进口的高度依赖,必然对我国乡村振兴产生多维影响。

目前,中国是美国大豆第一大出口国、棉花第二大出口国。美国每年向中国出售124亿美元的大豆,美国出口的62%大豆、14%棉花都销往中国。中美之间在钢铁、大豆、牛肉等领域的贸易制裁措施和限制领域,对两国政府、企业和人民都会有很大的影响,会增加美国民众相关商品的消费成本。在中美贸易争端中,美国种植大豆、棉花的农庄、农民,因商品销售价格上涨而降低国际市场竞争力,导致农产品出口额降低,收入和利润减少,相关市场将被其他国家替代。因此,中美贸易争端对美国大豆、棉花等农业种植户将产生很大的冲击,后续可能使养牛、奶业等在我国销售额产生较大的下降。

从我国乡村振兴战略看,农业产业目前面临诸多的压力、挑战和困难,近些年我国农产品受到美国等国际市场冲击,粮食单位价格过高,我国大豆、棉花等种植规模和种植技术、深加工能力、生态环保水平等,明显低于美国和欧盟市场,我国消费市场很大份额被美国、加拿大等欧美国家占据。我国奶牛、牛肉、猪肉等也缺乏国际竞争优势。在当前中美贸易争端的情形下,我国对美国大豆、棉花、牛肉等征收高额关税,增加了相关行业和美国产品进口成本,降低了国内相关行业的竞争压力,在一定程度上有利于国内大豆等农作物、农产品种植和养牛、养猪等涉农产业,对我国乡村振兴和农业转型升级是一个窗口期和机遇,对相关农户和相关农村市场从某些方面来说是利好。应该化挑战为机遇,优化延伸我国农业产业价值链,提升我国农业农村的机械化水平和综合竞争优势。同时,这也有利于我国农机设备的国产化。

因此,要清醒认识当前的国际形势,增强中外贸易谈判和战略统筹定力,把握全球大局,开放对美国谈判的窗口,加强沟通和规则引导,充分利用国际贸易规则,推动和维护国际贸易秩序的严肃性和权威性,同时,以国际贸易规则和统筹应对,捍卫国家利益,把中美贸易战当作促进我国经济结构调整、优化农业产业结构、提升农业科学技术、优化农业产业链条、推动规模生产和产品品牌化、提高农业发展质量和国际竞争力的重要契机,创新发展方式,优化战略布局,以国内消费市场扩大、国内农业技术提升、国内农业全产业链优化和重构,以及农业一产向二、三产融合等战略统筹,提升农业产业结构和发展质量,减轻国际贸易壁垒的压力和对我国经济特别是农业农村经济的冲击和负面影响,提升我国农业农村的产业聚集和国际竞争力,提升农村农民收入水平。

第三节 新时代中国农业深化对外开放的战略路径

面对经济全球化的机遇和挑战,针对中国农业发展中存在的主要困难和问题,中国农业只有以市场为导向,不断变革,不断扩大开放,才能不断发展和壮大。

一、抓紧制定扩大农业对外开放的总体规划,深化农业管理体制改革

加入世贸组织17年来,中国农业取得了令人瞩目的发展,但是,必须清醒地认识到,我国农业整体存在经营规模小、组织化程度低、科技实力弱等问题,尚缺乏顶层设计和总体规划,还没有制定符合今后中国经济发展需要的农业对外开放战略目标和重点,在国际竞争中仍处于不利地位,

全面开放市场对农业的冲击影响在部分行业和领域将逐步显现。农业部门分割、管理多头、职能错位、层级复杂等问题还十分严重,没有建立对农业国际化战略进行统一协调管理的体制机制。在某些领域,部门利益影响全局决策,行业利益左右社会舆论,地区利益挑战中央政策等现象越来越严重。

因此,要抓紧顶层设计,制定扩大农业对外开放的总体规划与深化并完善农业管理体制的改革。必须根据国际国内农产品供求和价格变化趋势,探索建立农产品国内生产与进口稳定衔接机制,有效调控进口,避免进口农产品对国内生产和市场形成冲击;建立和完善服务于国家粮食安全战略利益的农产品进出口支持政策体系,扩大优势农产品出口,强化进口管理;建立健全外资准入和安全管理制度,建立外资并购境内涉农企业报告和安全审查机制。同时,要积极参与国际农产品贸易规则、农业标准制定,以及动植物疫病防控、生物安全、生物能源、气候变化等涉农国际谈判与协作,进一步开展区域和双边贸易谈判,促进建立更加公平合理的国际贸易规则,进一步改善中国农业发展的国际环境。①

二、积极参与国际农产品贸易规则、农业标准的制定,促进建立更加公平合理的国际贸易规则

面对经济全球化和加入世贸组织后的新变化,要建立中国农业快速反应、调适、保护和支持系统,制定不违背世贸组织要求的农业保护政策。面对新的挑战和激变,中国农业最大的不适应是农业经济管理体制,例如对外贸易领域国有部门的垄断性和农业宏观管理的多部门分割性,从政策、法规和运作上直接影响与国际接轨,不能有力有效地参与全球化经济大循环,影响中国农业在两个市场的运作效率和经济效益。为此,应建立

---

① 程国强:《加入世贸组织10年:中国农业的奇迹与启示》,载《华中农业大学学报(社会科学版)》2012年第3期。

新的农业经济管理体制,对外贸易在以国有骨干企业为主体的前提下实行微观主体多元化,扩大集体、合作和民营企业的进出口权和进出口的份额;农业宏观管理体制要与农村综合发展和农业产业化经营相适应,对农业生产、农业科技事业、农产品加工、购销、储备、进出口和粮食安全等实行一体化统筹管理,尽快制定农产品市场公平交易法,建立健全农产品标准化体系等。①

三、积极发展农业产业化,构建农业产业安全保护体系

农业产业安全既是经济安全的基础,也是国家安全的重要组成部分。作为一个农业和人口大国,尤其是2004年以来中国农产品贸易逆差增大,中国农业产业安全状况更值得关注。要确立保护农业产业安全,就是保护农业生产力、发展农业生产力的理念。以安全风险控制和安全保障为中心,构建与农业产业安全发展要求相适应的保护性法规、政策体系,有效发挥法规、政策的综合协同效应,为提高农业产业安全保障水平提供制度保证。此外,还要确保农业产业安全,提升安全保障水平,提高国产大豆等重要国际依存度高的农产品的科技竞争力,在一定周期内实现大豆等产业安全和恢复性增长,相关主管部门应确保到2020年在国内大豆产业安全和发展领域取得决定性成果,形成内容完善、运行有效、保护有力的安全制度体系。②

---

① 倪国良:《经济全球化与中国农业的变革》,载《兰州大学学报(社会科学版)》2002年第2期。
② 董银果等:《加入WTO以来中国农业产业安全分析》,载《西北农林科技大学学报(社会科学版)》,2015年第2期。

四、重点实施农业"走出去"战略，加快建设持续、稳定、安全的农产品全球供应链

从2004年开始，我国农产品贸易持续出现逆差。到2017年，我国农产品贸易逆差达到503.3亿美元[①]，进口了大量土地密集型大宗农产品。我国已步入农产品对外依存度长期上升的通道。考虑到我国的经济体量、发展阶段和资源禀赋，面对未来进口农产品需求的不断增加，需要从战略上进行总体布局，变被动进口农产品为主动实施农业"走出去"。农业"走出去"的目的，不仅是满足国内需求，也是提高全球农业产能、满足全球市场需求。

在"走出去"的企业主体方面，不仅要依靠国有企业，更要重视中小企业、民营企业的作用，更多地支持弥补中国国内自然资源不足的投资行为，支持企业围绕进口农产品进行投资布局。在投资领域方面，不仅是要种地养畜，还要投资农业产业链中的关键环节，应该把对外农业投资的重点放在仓储、码头、物流、加工领域。

在投资地域方面，要确定多元化、风险分散原则，依据资源禀赋进行风险预判、东道国国内和地缘政治风险预判等。目前我国农林牧渔业对外投资的企业达到1356家，其中约有589家是在亚洲地区。"一带一路"沿线64个国家中，有相当一部分与我国的农业互补性非常强，正在成为投资热点区域。南美和美洲也是重要潜在发展区域。

在投资方式和资金方面，不仅要有创始投资，也要在仓储、物流和加工等环节进行国际并购，对产业链中的关键环节进行投资，提高我们对国外农产品和农业资源的掌控能力。关于投资资金，应突破目前我国对外直接投资(特别是中小企业)主要靠自有资金以及少量的战略性投资的资

---

① 《2017年1—12月我国农产品进出口》，中华人民共和国农业农村部网，http://www.moa.gov.cn/ztzl/nybrl/rlxx/201801/t20180131_6136047.htm。

金瓶颈,从国家战略的高度,加大社会融资,推动各种融资渠道把农林牧渔业作为优先支持的领域,用好用足现有农业专项资金。要充分发挥上合组织框架的农技推广和人员培训基金以及中国向粮农组织捐赠资金的作用;发挥综合性资金的引领和支撑作用,丝路基金、中非合作基金、对外经济技术合作专项资金、中国国际投资公司资金、中国进出口银行的"境外投资专项贷款"、国家开发银行的"境外投资股本贷款",都应该有意识地向农业领域倾斜;推动亚投行、上合组织开发银行、金砖银行等综合性的多边融资机构,对农业领域的投资项目进行倾斜。在农业"走出去"过程中,实现产业资本和金融服务融合式"走出去",这样才能使农业"走出去"更加顺利、更加持久。①

---

① 叶兴庆:《农业"走出去"要解决好六大问题》,新华网,http://www.xinhuanet.com/politics/2016-06/29/c_129098206.htm。

结　语

实施乡村振兴战略 决胜全面建成小康社会

> 中共十九大报告提出了实施乡村振兴战略，顺应了新时代亿万农民的新期待，反映了新时代全面建成小康社会的新要求。实施乡村振兴战略是中国共产党始终坚持"三农"工作重中之重地位的根本体现。这是以习近平新时代中国特色社会主义思想为指导，决胜全面建成小康社会和建设社会主义现代化强国的重大战略部署，是解决人民日益增长的美好生活需要和不平衡不充分的发展之间矛盾的必然要求，是实现"两个一百年"奋斗目标的必然要求，是实现全体人民共同富裕的必然要求，为农业农村发展指明了方向。乡村振兴战略被庄严载入党章，成为新时代全党全国人民的共同意志、共同行动。实施乡村振兴战略，开启了加快我国农业农村现代化的新征程。

一、高举旗帜，以习近平新时代中国特色社会主义思想为指导

中共十九大取得的一个重要理论成果和重大历史贡献，就是将习近平新时代中国特色社会主义思想写入党章，将其确立为党必须长期坚持的指导思想和行动指南。高举中国特色社会主义伟大旗帜，深入贯彻落实习近平新时代中国特色社会主义思想，是决胜全面建成小康社会、夺取新时代中国特色社会主义伟大胜利的必由之路，是新时代落实"重中之重"战略、开创"三农"工作新局面的重大战略利器，是扎实推进乡村振兴战略、实现农业农村现代化的重大战略机遇。

习近平总书记高度重视"三农"工作，在河北正定县工作的3年多、在福建工作的17年半期间，尤其是在中共十八大以来的5年多时间里，对做好"三农"工作提出了一系列新理念、新思想、新战略，科学回答了新时

代"三农"工作的重大理论和实践问题,在探索和实践中形成了"三农"工作的重要思想,成为习近平新时代中国特色社会主义思想的重要组成部分。① 习近平"三农"思想的基本内涵主要体现在:坚持加强和改善党对农村工作的领导是"三农"发展的坚强政治保障;坚持"重中之重",把农业农村优先发展落到实处,是"三农"发展的重要战略定位;坚持把推进农业供给侧结构性改革作为主线,不断深化农村改革,激发农村发展新活力,是"三农"发展的重要方向;坚持立足国内保证自给的方针,牢牢把握国家粮食安全主动权,是"三农"发展的重要前提;坚持以人民为中心,保障和改善民生,让广大农民有更多的获得感,是"三农"发展的重要目的;坚持"自治、法治、德治"相结合,推进乡村治理现代化,是"三农"发展的重要保证;坚持遵循乡村发展规律和"绿水青山就是金山银山"理念,发展绿色生态,推动农业农村可持续发展,扎实推进美丽宜居乡村建设,是"三农"发展的重要基础。这些思想立意高远、系统全面、内涵丰富,具有重要的科学理论价值和实践指导意义,是做好新时代"三农"工作、实施乡村振兴战略的行动指南。

二、谋划顶层设计,深化改革和政策制度精准供给

2018年1月,中共中央、国务院发布《关于实施乡村振兴战略的意见》,"按照党的十九大提出的产业兴旺、生态宜居、乡风文明、治理有效、生活富裕的总要求,对统筹推进农村经济建设、政治建设、文化建设、社会建设、生态文明建设和党的建设,都作了全面部署,是贯彻落实党的十九大精神、贯彻落实习近平总书记'三农'思想的重要行动。"② 这一文件以习

---

① 李国祥:《习近平总书记"三农"思想的内涵及意义》,中国网,http://opinion.china.com.cn/opinion_84_177784.html。
② 《谋划新时代乡村振兴的顶层设计——中央农办主任韩俊解读2018年中央一号文件》,新华网,http://www.xinhuanet.com/2018-02/04/c_1122366374.htm。

近平新时代中国特色社会主义思想为指导,围绕实施乡村振兴战略讲意义、定思路、定任务、定政策、提要求,坚持问题导向,加快推进乡村治理体系和治理能力现代化,加快推进农业农村现代化,走中国特色社会主义乡村振兴道路,谋划新时代乡村振兴的顶层设计。实施乡村振兴战略的总要求是"一个有机整体、不可分割,应注重协同性、关联性、整体性,不能顾此失彼、只抓其一不顾其他",因此,要在各个方面强化政策和制度精准供给,确立起乡村振兴战略的"四梁八柱"。一是制定《国家乡村振兴战略规划(2018—2022年)》,规划通过与文件对表对标,分别明确至2020年全面建成小康社会、2035年农业农村现代化基本实现、2050年乡村全面振兴的目标任务,细化实化工作重点和政策措施。二是研究制定中国共产党农村工作条例,把党领导农村工作的传统、要求、政策等以党内法规形式确定下来,完善领导体制和工作机制。三是制定和实施国家质量兴农战略规划、实施数字乡村战略等,实施农村人居环境整治三年行动计划、制定坚决打好精准脱贫攻坚战三年行动指导意见、实施产业兴村强县行动等,以及建设一批重大高效节水灌溉工程、实施智慧农业林业水利工程、切实保护好优秀农耕文化遗产等。四是围绕巩固和完善农村基本经营制度、完善农业支持保护制度、全面建立职业农民制度、建立市场化多元化生态补偿机制、鼓励引导工商资本参与乡村振兴等方面,部署了一系列重大改革举措和制度建设,形成全方位的制度供给保障。①

改革是推动农业农村发展的不竭动力。推进乡村振兴,根本要靠深化改革、完善制度,以完善产权制度和要素市场化配置为重点,破除体制机制弊端,突破利益固化藩篱,充分激发农业农村发展新活力,增进农业农村发展新动能,为实现乡村振兴提供制度保障。一是深化农村土地制度改革。自1978年农村改革第一轮土地承包关系建立以来,至2017年中共十九大提出的土地承包关系再延长30年,意味着农村土地承包关系

---

① 《谋划新时代乡村振兴的顶层设计——中央农办主任韩俊解读2018年中央一号文件》,新华网,http://www.xinhuanet.com/2018-02/04/c_1122366374.htm。

"开始保持稳定长达75年,彰显了中央坚定保护农民土地权益的决心"。实行土地所有权、承包权、经营权"三权分置",是我国农村改革的又一次重大创新。二是深化农村集体产权制度改革。这是农村又一项重要改革,旨在保障农民财产权益,壮大集体经济。要贯彻落实中央《关于稳步推进农村集体产权制度改革的意见》,抓好农村集体资产清产核资,把集体家底摸清摸准;稳步扩大农村集体资产股份权能改革试点范围,推广成功经验和做法;盘活农村集体资产,提高农村各类资源要素的配置和利用效率,多途径发展壮大集体经济。三是以适应市场化、国际化为方向,完善农业支持保护制度,保护和调动农民积极性。要改革完善财政补贴政策,优化存量、扩大增量,注重支持结构调整、资源环境保护和科技研发等,探索建立粮食生产功能区、重要农产品生产保护区的利益补偿机制;以市场化为方向,深化粮食收储制度和价格形成机制改革,保护生产者合理收益;完善农村金融保险政策和农产品贸易调控政策,促进产业健康发展。①

三、激发农业农村发展新动能,实现农业现代化

现代农业是现代化经济体系的基础。坚决稳住农业农村这个"重中之重",就必须以更大的决心、下更大的气力不断筑牢夯实农业现代化建设的基础,加快补齐农业农村这块全面小康的短板。树立新发展理念,紧紧围绕推进农业供给侧结构性改革这条主线,提高农业发展质量效益和竞争力,走产出高效、产品安全、资源节约、环境友好的农业现代化道路。一是确保国家粮食安全,实施藏粮于地、藏粮于技战略,巩固和提升粮食产能,大规模开展高标准农田建设,保护提升耕地质量,确保国家粮食安全,提高农业良种化、机械化、科技化、信息化水平。习近平总书记指出,

---

① 韩长赋:《大力实施乡村振兴战略》,载《人民日报》2017年12月11日。

保障国家粮食安全是一个永恒的课题,任何时候这根弦都不能松①。这充分体现了党和国家领导人对粮食安全的重视,也体现了居安思危的战略思想。我们要坚持以我为主、立足国内、确保产能、适度进口、科技支撑的国家粮食安全战略,既要加强粮食安全的建设,又要充分利用好粮食资源,提高国家粮食安全保障水平,树立大粮食观念。二是加快农业科技进步,解决好地少水缺的困扰,以资源环境约束为导向,按照农机农艺结合、生产生态协调的原则,组织开展重大的农业公关和科技转换,提高农业机械化和信息化水平,促进农业技术集成化、生产经营信息化、安全环保法制化。习近平总书记指出,"给农业插上科技的翅膀"。2014年我国农业科技贡献率达到61%,但是与发达国家相比,差距还比较大。② 我们要实现农业现代化,必须加快农业科技进步的"弯道超车"。三是促进种植业、林业、畜牧业、渔业、农产品加工流通业、农业服务业转型升级和融合发展,增强农业综合生产能力和抗风险能力,提高农业经营集约化、组织化、规模化、社会化、产业化水平,构建现代农业产业、生产、经营三大支柱体系,加快农业转型升级。四是促进农村一、二、三产业融合发展,推动农业绿色发展,践行"绿水青山就是金山银山"的理念,构建"山水林田湖草生命共同体"。五是积极培育家庭农场、种养大户、合作社、农业企业等新型主体,因地制宜发展土地入股、土地流转、土地托管、联耕联种等多种经营方式的适度规模经营。

四、健全乡村治理体系,全力推进乡村治理现代化

"提高社会治理现代化水平,实施有效社会治理,是全面实施乡村振

---

① 潘盛洲:《新时期做好"三农"工作的重要遵循——深入学习习近平同志关于"三农"问题的重要论述》,载《人民日报》2015年11月6日。
② 潘盛洲:《习近平"三农"思想的三个方面》,人民网,http://theory.people.com.cn/n/2015/1021/c40531-27723702.html。

兴的必然要求,是解决我国农村问题的迫切要求,是推进国家社会治理现代化的内在要求。"构建共建、共治、共享的社会治理格局,必须坚持健全自治、法治、德治"三治融合"的社会治理体系,必须传承和弘扬乡村传统特色文化,坚持社会治理与其他治理相互结合,必须坚持充分运用现代信息技术,以人民对美好生活的向往为观照点,提高社会治理水平,有效解决人民群众最关心最直接最现实的利益问题。① "三治融合"是加强乡村治理的思路创新,应探索乡村治理新模式,发挥基层党组织领导核心作用,健全完善村民自治制度,加强农村法治建设,推进平安乡镇、平安村庄建设,大力推进农村精神文明建设,弘扬优秀传统文化和文明风尚,依托村规民约、教育惩戒等褒扬善行义举、贬斥失德失范,唱响主旋律,育成新风尚。同时,加强"三农"工作队伍的培养、配备、使用,培养造就一支懂农业、爱农村、爱农民的"三农"工作队伍,优化农村基层干部队伍结构。

五、推动乡风文明和生态文明建设,全面建成美丽和谐宜居乡村

乡风文明是乡村物质文明、精神文明、政治文明、社会文明和生态文明的综合反映。乡风文明建设既要传承发源于乡土、潜藏于乡土的优秀传统文化,富有特色的民间习俗,优秀的家风村风等,还要实现乡村文化与城市文化的交流融合,让乡村居民享受到经济社会发展的成果,提升生产生活质量,体会到获得感和幸福感。②

美丽的生态环境既是传统乡土文化的重要内容,也是乡村振兴的重要方面。坚持人与自然和谐共生,牢固树立和扎实践行"绿水青山就是金

---

① 《提高社会治理现代化水平是实施乡村振兴的必然要求》,载《经济参考报》2018年6月13日。
② 张秀梅:《聚力乡风文明 助推乡村振兴》,载《中国社会科学报》2018年6月13日。

山银山"的理念,以建设美丽和谐宜居村庄为导向,积极构建政府为主导、企业为主体、社会组织和公众共同参与的环境治理体系,加大农村人居环境整治力度,搞好洁化、绿化、美化工程,集中开展农村生活垃圾和污水治理,加强农村面源污染治理,完善农业废弃物资源化利用制度,建立乡村环境治理长效机制,建设一批高标准、高颜值、广普惠、可复制推广的美丽乡村建设示范县,打造一批美丽村庄、美丽庭院、美丽田园、美丽乡道等美丽乡村风景线。

六、深化农业国际融合增长,发展更高水平中国特色开放型农业

构建开放型农业新格局,是实现农业农村现代化的题中应有之义,对实施乡村振兴战略具有重要意义。一是抓紧制定扩大农业对外开放的总体规划,深化农业管理体制改革,积极参与国际农产品贸易规则、农业标准的制定,促进建立更加公平合理的国际贸易规则,制定农产品市场公平交易法,建立健全农产品标准化体系等。二是大力推进优势农业企业"走出去"战略,加快建设持续、稳定、安全的农产品全球供应链,将我国优势农业企业在全球化布局的重心,从单一化种植养殖环节转移到多元化产业链、价值链上来,不断拓展农业合作新的增值点,进一步设立对外合作专项基金,给予在国际农业合作中表现突出的优势农业企业奖励补助,从而吸引更多有能力、有实力、有活力的农业企业敢于"向外走",实现农业产业兴旺,为实施乡村振兴战略拓展新空间。三是积极发展农业产业化,以多层次、个性化的市场需求为导向,以现代农业示范园区为载体,借助电子商务、互联网等新媒体手段,打造特色农业产品,为实施乡村振兴战略增添新动能,扭转中国农业贸易逆差局面,构建农业产业安全保护体系。四是通过全面激活市场、要素与主体,打通多元融合渠道,鼓励扶持农业科研单位、农业科技推广单位、农业企业等自主研发优良品种、先进

农业装备,以及在良种繁育、农产品生产加工、储藏等方面的关键性技术和高新技术,充实我国农业技术研发、成果转化以及产业孵化力量,开发优质农业资源,使优质农业资源更好发挥带动作用,为实施乡村振兴战略激发新活力,扩大中国农业国际影响力,为世界农业现代化发展贡献中国力量和中国智慧。

中国农村改革与发展大事记

• 1978 年

12月18—22日,中共十一届三中全会召开。全会做出了把工作重点转移到社会主义现代化建设上来的战略决策,并深入讨论了农业问题。全会同意将《中共中央关于加快农业发展若干问题的决定(草案)》和《农村人民公社工作条例(试行草案)》发到各省、市、自治区讨论和试行。《中共中央关于加快农业发展若干问题的决定(草案)》经过9个月的试行,收到了良好的效果,中共十一届四中全会正式通过了《中共中央关于加快农业发展若干问题的决定》。

• 1979 年

9月25—28日,中共十一届四中全会召开。全会正式通过了《中共中央关于加快农业发展若干问题的决定》。

• 1980 年

9月14—22日,各省、市、自治区党委第一书记就"关于进一步加强和完善农业生产责任制的几个问题"进行了讨论,并形成座谈会纪要。中共中央同意纪要的各项意见,9月27日,印发《关于进一步加强和完善农业生产责任制的几个问题》的通知,希望各地结合当地情况贯彻执行。

• 1981 年

3月8日,中共中央、国务院发出《关于保护森林发展林业若干问题的决定》的文件。

3月30日,中共中央、国务院转发《关于积极发展农村多种经营的报告》。

11月30日—12月13日,五届全国人大四次会议召开。《政府工作报告》提出了"依靠政策和科学加快农业发展"的方针。

12月,中央召开全国农村工作会议。会议讨论了三中全会以来广大农民在实践中提出的一些新问题,并提出了解决问题的办法,形成会议纪要。

- 1982年

1月1日,中共中央批转《全国农村工作会议纪要》(即改革开放以来第一个涉农的一号文件)。

9月1—11日,中共十二大召开。十二大报告提出,要实现经济发展的总目标,特别要解决好农业问题。

11月26日—12月10日,五届全国人大五次会议召开。大会通过了《关于我国国民经济和社会发展第六个五年计划的报告》。

- 1983年

1月2日,中共中央印发《当前农村经济政策的若干问题》。

10月12日,中共中央、国务院发出《关于实行政社分开建立乡政府》的通知。

- 1984年

1月1日,中共中央发出《关于一九八四年农村工作的通知》。

3月1日,中共中央、国务院转发农牧渔业部和部党组《关于开创社队企业新局面的报告》。

7月19日，国务院批转了国家体改委、商业部、农牧渔业部联合完成的《关于进一步做好农村商品流通工作的报告》。

9月20日，六届全国人大常委会第七次会议通过《中华人民共和国森林法》。

9月29日，中共中央、国务院发出《关于帮助贫困地区尽快改变面貌的通知》。

12月中下旬，全国农村工作会议召开。

• 1985年

1月1日，中共中央、国务院制定了《关于进一步活跃农村经济的十项政策》。

3月11日，中共中央、国务院做出《关于放宽政策、加速发展水产业的指示》。

6月18日，六届全国人大常委会第十一次会议通过《中华人民共和国草原法》。

9月18—23日，中国共产党全国代表会议召开。会议通过了《中共中央关于制定国民经济和社会发展第七个五年计划的建议》。《建议》提出，"七五"期间，要执行依靠政策和科学，进一步改善生产条件，继续促进农业的全面稳定发展的方针。

10月31日，中共中央、国务院发出《关于制止向农民乱派款、乱收费的通知》。

• 1986年

1月1日，中共中央、国务院发出《关于1986年农村工作的部署》。

1月20日，六届全国人大常委会第十四次会议通过《中华人民共和国渔业法》。

3月21日，中共中央、国务院发出《关于加强土地管理、制止乱占耕地的通知》。

7月21日，国务院转发了财政部、农牧渔业部、水利电力部做出的《关于加强发展粮食生产专项资金管理的若干规定》。

8月5日，中共中央办公厅、国务院办公厅转发中央书记处研究室和农牧渔业部《关于清理农村集体财产的意见》。

• 1987年

1月22日，中共中央政治局通过了《把农村改革引向深入》。

4月23日，国家体改委、商业部、财政部发布了《关于深化供销合作社体制改革的意见》。

6月4—9日，全国牧区工作会议召开，并形成会议纪要。8月13日，国务院同意并批转《全国牧区工作会议纪要》。

7月28日，国务院批转农牧渔业部、国家机械委、水电部、林业部《关于当前农业机械化问题的报告》。

10月25日—11月1日，中共十三大召开。十三大报告提出，在社会主义初级阶段，必须十分重视粮食生产，争取在今后十多年内粮食产量有较大增长。必须继续合理调整城乡经济布局和农村产业结构，积极发展多种经营和乡镇企业，并且把它同支持和促进粮食生产很好地结合起来，保持农村经济的全面发展和农民收入的持续增长。

10月30日，国务院发出《关于加强贫困地区经济开发工作的通知》。

• 1988年

1月21日，六届全国人大常委会第二十四次会议通过《中华人民共和国水法》。

3月25日—4月13日，七届全国人大一次会议召开。《政府工作报告》提出，我国农业的根本出路在于由传统农业向现代农业的转变。

9月28日,国务院做出《关于化肥、农药、农膜实行专营的决定》。

11月2—7日,全国农村工作会议召开。

11月25日,中共中央、国务院做出《关于夺取明年农业丰收的决定》。

• 1989年

10月15日,国务院做出《关于大力开展农田水利基本建设的决定》。

11月6—9日,中共十三届五中全会召开。全会审议并通过了《关于进一步治理整顿和深化改革的决定》,提出要迅速在全党全国造成一个重视农业、支援农业和发展农业的热潮,齐心协力把农业搞上去,确保粮食、棉花等主要农产品的稳定增长,促进农林牧副渔全面发展。

11月27日,国务院做出《关于依靠科技进步振兴农业加强农业科技成果推广工作的决定》。

12月28日,国务院发出《关于完善化肥、农药、农膜专营办法的通知》。

• 1990年

12月1日,中共中央、国务院发出《关于一九九一年农业和农村工作的通知》。

12月25—30日,中共十三届七中全会召开。全会审议并通过了《中共中央关于制定国民经济和社会发展十年规划和"八五"计划的建议》。

• 1991年

5月20日,国务院批转国家体改委《关于1991年经济体制改革要点》。

10月28日,国务院将全国各地对于发展农业社会化服务体系的经验进行了总结,发出《关于加强农业社会化服务体系建设的通知》。

10月28日,国务院发出《关于进一步搞活农产品流通的通知》。

11月25—29日,中共十三届八中全会召开。全会审议并通过了《中共中央关于进一步加强农业和农村工作的决定》。

• 1992年

2月12日,国务院发出《关于积极实行农科教结合推动农村经济发展的通知》。

2月19日,国务院批转国家体改委《关于1992年经济体制改革要点》。

3月18日,国务院批转农业部《关于促进乡镇企业持续健康发展报告》。

9月25日,国务院做出《关于发展高产优质高效农业的决定》。

10月12—18日,中共十四大召开。十四大报告提出,必须坚持把加强农业放在首位,全面振兴农村经济。

• 1993年

2月14日,国务院做出《关于加快发展中西部地区乡镇企业的决定》。

3月5—7日,中共十四届二中全会召开。全会审议并通过了《中共中央关于调整"八五"计划若干指标的建议》,提出了进一步加强农业、促进农村经济全面发展的政策措施。

3月8日,国务院批转国家体改委《关于1993年经济体制改革要点》。体改委文件指出,1993年的农村改革,要强调健全和发展农村社会化服务体系,推进县级综合改革。

7月2日,八届全国人大常委会第二次会议通过《中华人民共和国农业法》。

10月18—21日,中央农村工作会议召开。

11月4日,国务院印发《90年代中国农业发展纲要》。

11月5日,中共中央、国务院根据党的十四大精神,结合农业和农村经济发展的新情况,制定了《关于当前农业和农村经济发展的若干政策措施》。

11月11—14日,中共十四届三中全会召开。全会审议并通过了《中共中央关于建立社会主义市场经济体制的决定》。《决定》指出,必须稳定党在农村的基本政策,深化农村改革,加快农村经济发展,增加农民收入,进一步增强农业的基础地位,保证到20世纪末农业再上一个新台阶,广大农民的生活由温饱达到小康水平。

• **1994年**

4月10日,中共中央、国务院发出《关于一九九四年农业和农村工作的意见》。

4月15日,国务院印发了《国家八七扶贫攻坚计划》。

6月8日,国务院批转国家体改委《关于1994年经济体制改革实施要点》。

11月28日—12月1日,中央经济工作会议召开。会议提出,要按照中央确定的基本原则,继续深化农村改革,坚持以家庭为主的联产承包责任制和统分结合的双层经营体制,有条件的地方,发展多种形式的适度规模经营。

• **1995年**

2月27日,中共中央、国务院做出《关于深化供销合作社改革的决定》。

3月5—18日,八届全国人大三次会议召开。《政府工作报告》提出,为了保证农业稳定增长,必须继续深化农村改革。

3月11日,中共中央、国务院发出《关于做好1995年农业和农村工作的意见》。

3月28日,国务院批转农业部《关于稳定和完善土地承包关系的意见》。

9月25—28日,中共十四届五中全会召开。全会审议并通过了《中共中央关于制定国民经济和社会发展"九五"计划和2010年远景目标的建议》。《建议》指出,发展农业和农村经济,归根到底,要靠充分发挥广大农民的积极性,稳定党在农村的基本政策,深化改革。

- **1996年**

1月5—8日,中央农村工作会议召开。

1月21日,中共中央、国务院下发文件《关于"九五"时期和今年农村工作的主要任务和政策措施》。

9月中旬,国务院做出《进一步深化农村金融体制改革的决定》。

9月23—25日,中央扶贫开发工作会议召开。

12月30日,中共中央、国务院做出《关于切实做好减轻农民负担工作的决定》。

- **1997年**

1月10—13日,中央农村工作会议召开。

4月下旬,中共中央、国务院转发了农业部的《关于我国乡镇企业情况和今后改革与发展意见的报告》。

5月上旬,中共中央、国务院发出《关于进一步加强土地管理切实保护耕地的通知》。

9月12—18日,中共十五大召开。十五大报告指出,必须坚持把农业放在经济工作的首位,稳定党在农村的基本政策,深化农村改革,确保农业和农村经济发展、农民收入增加。

• 1998 年

1月7—9日,中央农村工作会议召开。

4月27—29日,全国粮食流通体制改革工作会议召开。

10月12—14日,中共十五届三中全会召开。会议审议并通过了《中共中央关于农业和农村工作若干重大问题的决定》。

12月28—30日,中央农村工作会议在北京举行。

• 1999 年

3月13日,中共中央在人民大会堂举行中央人口、资源、环境工作座谈会。

6月3—4日,全国棉花工作会议在北京召开。

6月8日,中央扶贫开发工作会议在北京召开。

10月,国务院办公厅转发了农业部、中编办、人事部、财政部《关于稳定基层农业技术推广体系的意见》。

• 2000 年

1月5—6日,中央农村工作会议在京举行。

5月,国务院召开的全国粮食生产和流通工作会议在北京举行。

7月26日,国务院西部地区开发领导小组在京召开中西部地区退耕还林还草试点工作座谈会。

9月15日,中共中央在中南海召开座谈会,听取各民主党派中央、全国工商联负责人和无党派人士关于实施西部大开发战略的意见和建议。

10月9—11日,中国共产党第十五届中央委员会第五次全体会议在北京举行。

- **2001 年**

1月15日,全国农业科学技术大会在京召开。

4月,中共中央、国务院发出通知,决定在安徽全省和由其他省、自治区、直辖市选择少数县(市)进行农村税费改革试点,探索建立规范的农村税费制度和从根本上减轻农民负担的办法。

5月,全国粮食生产和流通工作会议在京举行。

5月24日,中央扶贫开发工作会议在北京召开。

8月20日,全国粮食工作会议在北京召开。

9月12日,中共中央办公厅、国务院办公厅召开全国减轻农民负担工作电视电话会议,针对当前农民负担重的问题,部署进一步减轻农民负担工作。

12月17日,中共中央召开座谈会,听取党外人士关于农业发展问题的意见和建议。

- **2002 年**

1月6—7日,中央农村工作会议在北京举行。

4月,国务院办公厅发布了《关于做好2002年扩大农村税费改革试点工作的通知》。

8月,国务院发出通知,要求加强新阶段"菜篮子"工作。

- **2003 年**

1月7—8日,中央农村工作会议举行。

1月16日,中共中央、国务院发出《关于做好农业和农村工作的意见》。

3月27日,国务院发出《关于全面推进农村税费改革试点工作的意见》。

4月,福建省在全国率先出台了《关于推进集体林权制度改革的意见》,全面启动集体林权制度改革,要求将集体林地按人头平均分配到户,全面落实所有权、经营权、处置权和收益权(合称"四权"),实现"山有其主、主有其权、权有其责、责有其利"。

6月25日,中共中央、国务院做出《关于加快林业发展的决定》。

9月17日,国务院做出《关于进一步加强农村教育工作的决定》。

9月27—28日,全国林业工作会议举行。

11月27—29日,中央经济工作会议举行。

• 2004 年

1月29日,国务院召开常务会议,研究部署高致病性禽流感防治工作。2月3日,全国防治高致病性禽流感工作会议举行。

2月8日,中共中央、国务院发布《关于促进农民增加收入若干政策的意见》,为21世纪以来中央第一个一号文件。

3月10日,中央人口资源环境工作座谈会举行。

3月11日,国务院发出《关于进一步推进西部大开发的若干意见》。

3月29日,中共中央政治局召开会议,研究支持粮食主产区和种粮农民的政策措施等问题。

5月23日,国务院发出《关于进一步深化粮食流通体制改革的意见》。

9月16—19日,中共十六届四中全会举行。胡锦涛在会上报告中央工作并发表讲话。在谈到做好当前党和国家各项工作时,强调要按照统筹城乡发展的要求,不断加大对农业发展的支持力度,发挥城市对农村的辐射和带动作用，发挥工业对农业的支持和反哺作用，走城乡互动、工农互促的协调发展道路。

• 2005 年

1月30日，中共中央、国务院发布《关于进一步加强农村工作提高农业综合生产能力若干政策的意见》。

2月19日，国务院发出《关于鼓励支持和引导个体私营等非公有制经济发展的若干意见》。

3月12日，中央人口资源环境工作座谈会举行。

10月8—11日，中共十六届五中全会举行。全会审议通过《中共中央关于制定国民经济和社会发展第十一个五年规划的建议》。

12月29日，十届全国人大常委会第十九次会议决定：一届全国人大常委会第九十六次会议于1958年6月3日通过的《中华人民共和国农业税条例》自2006年1月1日起废止。

• 2006 年

1月31日，国务院发出《关于解决农民工问题的若干意见》。

2月14—20日，中共中央举办省部级主要领导干部建设社会主义新农村专题研讨班。

2月21日，中共中央、国务院发布《关于推进社会主义新农村建设的若干意见》。

4月15日，中共中央、国务院发出《关于促进中部地区崛起的若干意见》。

8月31日，国务院发出《关于加强土地调控有关问题的通知》。

9月1—2日，全国农村综合改革工作会议举行。

10月8日，国务院发出《关于做好农村综合改革工作有关问题的通知》。

10月8—11日，中共十六届六中全会举行。全会审议通过《中共中央关于构建社会主义和谐社会若干重大问题的决定》。

10月31日，十届全国人大常委会第二十四次会议通过《中华人民共和国农民专业合作社法》。

11月13日，中共中央办公厅、国务院办公厅发布《关于加强农村基层党风廉政建设的意见》。

12月5—7日，中央经济工作会议举行。

2006年底，"乡财县管乡用"改革试点省份已由上年的13个扩大到28个，"省直管县"改革试点省份由上年的11个扩大到18个。

2006年4月—2007年1月，中央连续举办50期培训班，对全国5474名县委书记、县长进行"建设社会主义新农村"专题培训。

• 2007年

1月29日，中共中央、国务院发布《关于积极发展现代农业，扎实推进社会主义新农村建设的若干意见》。

3月16日，十届全国人大第五次会议通过《中华人民共和国物权法》，自2007年10月1日起施行。

3月26—27日，全国防沙治沙大会举行。

6月16日，中共中央政治局召开会议，研究加强公共文化服务体系建设。会议指出，要把建设的重心放在基层和农村，着力提高公共文化产品供给能力，着力解决人民群众最关心、最直接、最现实的基本文化权益问题。

6月底，全国开展乡镇机构改革试点的乡镇达到14049个，占乡镇总数的40.5%，其中内蒙古、黑龙江、吉林、安徽、河南、浙江、湖北、重庆8个省（区、市）已完成乡镇机构改革试点的阶段性任务。

7月11日，国务院发出《关于在全国建立农村最低生活保障制度的通知》。

7月30日，国务院发出《关于促进生猪生产发展稳定市场供应的意见》。

8月9日，国务院发出《关于完善退耕还林政策的通知》。

10月15日，中国共产党第十七次全国代表大会举行。中共十七大提出的"三农"的中心任务是，统筹城乡发展，推进社会主义新农村建设。

12月22—23日，中央农村工作会议召开。

12月31日，中共中央、国务院印发《关于切实加强农业基础建设进一步促进农业发展农民增收的若干意见》。

• 2008年

4月28日，中共中央政治局召开会议，研究部署推进集体林权制度改革、建立健全惩治腐败体系、实施党代表大会任期制等工作。

截至4月，全国已有1000多万被征地农民被纳入社会保障制度。

5月7日，国务院批复《太湖流域水环境综合治理总体方案》。

6月8日，中共中央、国务院印发《关于全面推进集体林权制度改革的意见》。

7月24日，全国农村环境保护工作电视电话会议召开。

8月底，全国已有52.04%的乡镇推行乡镇机构改革，31个省（区、市）推行农村义务教育管理体制改革，多数省（区、市）推行县乡财政管理体制改革，推动了农村基层党风廉政建设深入开展。

10月6日，国务院印发《全国土地利用总体规划纲要（2006—2020年）》。

10月9—12日，中国共产党第十七届中央委员会第三次全体会议在北京举行。会议通过了《中共中央关于推进农村改革发展若干重大问题的决定》。

12月20日，国务院办公厅发出《关于切实做好当前农民工工作的通知》。

12月31日,中共中央、国务院印发《关于2009年促进农业稳定发展农民持续增收的若干意见》。

• 2009年

3月17日,中共中央、国务院发布《关于深化医药卫生体制改革的意见》,提出了切实缓解看病难、看病贵的五项重点改革措施和建立健全覆盖城乡居民的基本医疗卫生制度的长远目标。

4月24日,中共中央办公厅、国务院办公厅发出《关于加强和改进村民委员会选举工作的通知》。

6月22—23日,中央林业工作会议召开。

8月18—19日,全国新型农村社会养老保险试点工作会议召开,提出2009年在全国10%的县(市、区、旗)进行新型农村社会养老保险试点,以后逐步扩大试点,到2020年前基本实现全覆盖。

9月,国务院发布《关于开展新型农村社会养老保险试点的指导意见》,提出2020年之前基本实现对农村适龄居民的全覆盖。

11月17日,国务院印发《关于加快供销合作社改革发展的若干意见》。

12月2日,国务院常务会议决定,从2009年秋季学期起,对公办中等职业学校全日制在校学生中农村家庭经济困难学生和涉农专业学生逐步免除学费。

12月31日,中共中央、国务院印发《关于加大统筹城乡发展力度进一步夯实农业农村发展基础的若干意见》。

• 2010年

3月5—14日,十一届全国人大三次会议举行。会议通过《关于修改〈中华人民共和国全国人民代表大会和地方各级人民代表大会选举法〉的决定》,实行城乡按相同人口比例选举人大代表。

6月29日,中共中央、国务院印发《关于深入实施西部大开发战略的若干意见》,对今后10年深入实施西部大开发战略做出部署。

7月5—6日,西部大开发工作会议召开。

7月25日,国务院批复《全国林地保护利用规划纲要(2010—2020年)》。

9月22日,中共中央发出《关于全国省、市、县和乡四级党委换届自下而上、适当集中安排的通知》。

10月15—18日,中共十七届五中全会举行。全会审议通过《中共中央关于制定国民经济和社会发展第十二个五年规划的建议》。

12月31日,中共中央、国务院印发《关于加快水利改革发展的决定》。

- 2011年

2月26日,国务院办公厅发出《关于积极稳妥推进户籍管理制度改革的通知》。

3月5—14日,十一届全国人大四次会议举行。会议批准《中华人民共和国国民经济和社会发展第十二个五年规划纲要》。

5月23日,中共中央办公厅、国务院办公厅印发《农村基层干部廉洁履行职责若干规定(试行)》。

5月27日,中共中央、国务院印发《中国农村扶贫开发纲要(2011—2020年)》。

7月1日,城镇居民社会养老保险试点在全国范围内启动,与新型农村社会养老保险试点同步推进。至2012年7月,基本实现社会养老保险制度全覆盖。

7月8—9日,中央水利工作会议召开。

11月29—30日,中央扶贫开发工作会议召开,决定将农民人年均纯收入 2300 元（2010 年不变价）作为新的国家扶贫标准,到 2020 年,稳定实现扶贫对象"吃穿两不愁","义务教育、基本医疗和住房三保障"。

12 月 12—14 日,中央经济工作会议召开。

12 月 27—28 日,中央农村工作会议召开。

12 月 31 日,中共中央、国务院印发《关于加快推进农业科技创新持续增强农产品供给保障能力的若干意见》。

• 2012 年

1 月 12 日,国务院印发《关于实行最严格水资源管理制度的意见》。

1 月 17 日,国家统计局发布数据:2011 年底中国大陆城镇人口为 69079 万,农村人口为 65656 万。城镇人口占总人口比重达到 51.27%,首次超过农村。

3 月 2 日,国务院批复《陕甘宁革命老区振兴规划》。

6 月 28 日,国务院印发《关于支持赣南等原中央苏区振兴发展的若干意见》。

6 月 30 日,十一届全国人大常委会举行"现代农业发展视野下的国家粮食安全战略"专题讲座。

8 月 27 日,国务院印发《关于大力实施促进中部地区崛起战略的若干意见》。

8 月 30 日,国务院办公厅转发《关于做好进城务工人员随迁子女接受义务教育后在当地参加升学考试工作的意见》。

10 月 10 日,国务院常务会议决定,自 2012 年秋季学期起,将中等职业教育免学费范围扩大到所有农村（含县镇）学生、城市涉农专业学生和家庭经济困难学生。

11 月 8—14 日,中国共产党第十八次全国代表大会举行。

12月15—16日，中央经济工作会议举行。

12月31日，中共中央、国务院印发《关于加快发展现代农业进一步增强农村发展活力的若干意见》。

• 2013年

11月3—5日，习近平在湖南湘西、长沙等地考察，首次提出"精准扶贫"理念，强调抓扶贫开发，既要整体联动、有共性的要求和措施，又要突出重点、加强对特困村和特困户的帮扶。

11月9—12日，中共十八届三中全会举行。习近平代表中央政治局向全会报告工作，就《中共中央关于全面深化改革若干重大问题的决定（讨论稿）》做说明，并发表讲话。全会审议通过《中共中央关于全面深化改革若干重大问题的决定》。

11月11日，国务院公布《畜禽规模养殖污染防治条例》，自2014年1月1日起施行。

11月29日，国家统计局发布的《关于2013年粮食产量的公告》显示，2013年全国粮食总产量60193.5万吨，首次突破60000万吨大关，实现10年连续增产。

12月10—13日，中央经济工作会议举行。

12月12—13日，中央城镇化工作会议举行。这是改革开放以来中央召开的第一次城镇化工作会议。

12月23—24日，中央农村工作会议举行。

12月30日，中共中央政治局会议决定成立中央全面深化改革领导小组，习近平任组长，李克强、刘云山、张高丽任副组长。

• 2014年

1月2日，中共中央、国务院印发《关于全面深化农村改革加快推进农业现代化的若干意见》，提出抓紧构建新形势下以我为主、立足国内、确保产能、适度进口、科技支撑的国家粮食安全战略。

1月22日,中央全面深化改革领导小组召开第一次会议。

3月12日,中共中央、国务院印发《国家新型城镇化规划(2014—2020年)》。

7月24日,国务院印发《关于进一步推进户籍制度改革的意见》,提出全面放开建制镇和小城市落户限制,有序放开中等城市落户限制,合理确定大城市落户条件,严格控制特大城市人口规模,努力实现1亿左右农业转移人口和其他常住人口在城镇落户。

11月6日,中共中央办公厅、国务院办公厅印发《关于引导农村土地经营权有序流转发展农业适度规模经营的意见》。

12月9—11日,中央经济工作会议举行。

12月22—23日,中央农村工作会议举行。

• **2015 年**

1月1日,中共中央、国务院印发《关于加大改革创新力度加快农业现代化建设的若干意见》。

2月8日,中共中央、国务院印发《国有林场改革方案》和《国有林区改革指导意见》。

4月1日,东北、内蒙古重点国有林区全部停止天然林商业性采伐。2016年,天然林商业性采伐在全国范围内停止,标志着我国天然林资源从采伐利用转入保护发展的新阶段。

4月2日,国务院印发《水污染防治行动计划》。

7月6日,联合国发布的《2015年千年发展目标报告》显示,中国极端贫困人口比例2014年下降到4.2%,成为世界上减贫人口最多的国家,也是世界上率先完成联合国千年发展目标的国家。

10月16日,2015减贫与发展高层论坛在北京举行。

10月26—29日,中共十八届五中全会举行。全会审议通过《中共中央关于制定国民经济和社会发展第十三个五年规划的建议》。

11月25日,国务院印发《关于进一步完善城乡义务教育经费保障机制的通知》,明确从2016年春季学期开始,统一城乡义务教育学校生均公用经费基准定额;从2017年春季学期开始,统一城乡义务教育学生"两免一补"政策。

11月27—28日,中央扶贫开发工作会议举行。

11月29日,中共中央、国务院印发《关于打赢脱贫攻坚战的决定》。

12月18—21日,中央经济工作会议举行。

• 2016年

1月3日,国务院印发《关于整合城乡居民基本医疗保险制度的意见》,要求城乡居民医保制度政策实现统一覆盖范围、统一筹资政策、统一保障待遇、统一医保目录、统一定点管理、统一基金管理。

2月1日,国务院印发《关于统筹推进县域内城乡义务教育一体化改革发展的若干意见》等文件,公布《农田水利条例》。

2月2日,国务院印发《关于深入推进新型城镇化建设的若干意见》。

3月5—16日,十二届全国人大四次会议举行。会议批准《中华人民共和国国民经济和社会发展第十三个五年规划纲要》。

4月23日,中共中央办公厅、国务院办公厅印发《关于建立贫困退出机制的意见》,明确贫困人口、贫困村、贫困县在2020年以前有序退出的标准和要求。

5月28日,国务院印发《土壤污染防治行动计划》。

7月28日,国务院相继印发了"十三五"时期农业现代化、脱贫攻坚等系列专项规划。

10月22日,中共中央办公厅、国务院办公厅印发《关于完善农村土地所有权承包权经营权分置办法的意见》,要求在2020年底前基本完成相关改革工作任务。

12月14—16日,中央经济工作会议举行。

12月31日,中共中央、国务院发布《关于深入推进农业供给侧结构性改革加快培育农业农村发展新动能的若干意见》。

• 2017年

1月3日,国务院印发《全国国土规划纲要(2016—2030年)》。

1月9日,中共中央、国务院印发《关于加强耕地保护和改进占补平衡的意见》,提出到2020年,全国耕地保有量不少于18.65亿亩。

6月23日,习近平在山西太原主持召开深度贫困地区脱贫攻坚座谈会,强调要重点研究解决深度贫困问题,强化自身体系,聚焦精准发力,攻克坚中之坚,并提出8条要求。

10月18日—24日,中国共产党第十九次全国代表大会在北京召开。大会提出乡村振兴战略。

12月28—29日,中央农村工作会议在北京举行。会议深入贯彻党的十九大精神、习近平新时代中国特色社会主义思想,全面分析"三农"工作面临的形势和任务,研究实施乡村振兴战略的重要政策,部署2018年和今后一个时期的农业农村工作。

12月29—30日,全国农业工作会议在北京召开。以习近平新时代中国特色社会主义思想为指导,总结2017年及过去五年工作,研究实施乡村振兴战略措施,部署2018年重点工作。

• 2018年

2月4日,中共中央、国务院发布《关于实施乡村振兴战略的意见》,对实施乡村振兴战略进行了全面部署。

3月5—20日,十三届全国人民代表大会第一次会议在北京召开。

会议通过了关于国务院机构改革方案的决定。将农业部的职责,以及国家发展和改革委员会的农业投资项目、财政部的农业综合开发项目、国土资源部的农田整治项目、水利部的农田水利建设项目等管理职责整合,组建农业农村部,作为国务院组成部门。

5月31日,中共中央政治局召开会议,审议《乡村振兴战略规划(2018—2022年)》和《关于打赢脱贫攻坚战三年行动的指导意见》。8月,中共中央、国务院正式发布《关于打赢脱贫攻坚战三年行动的指导意见(2018年6月15日)》。9月,中共中央、国务院印发《乡村振兴战略规划(2018—2022年)》。

6月21日,经党中央批准、国务院批复,自2018年起将每年农历秋分日设立为"中国农民丰收节"。

8月31日,十三届全国人大常委会第五次会议通过了《中华人民共和国土壤污染防治法》,自2019年1月1日起施行。

参考文献

一、重要文献、资料

1. 邓小平文选:第三卷[M]. 北京:人民出版社,1993.
2. 邓小平文选:第二卷[M]. 北京:人民出版社,1994.
3. 邓小平年谱(一九七五—一九九七)(上、下)[M]. 北京:中央文献出版社,2004.
4. 江泽民文选[M]. 北京:人民出版社,2006.
5. 胡锦涛文选[M]. 北京:人民出版社,2016.
6. 习近平谈治国理政[M]. 北京:外文出版社,2014.
7. 习近平谈治国理政:第二卷[M]. 北京:外文出版社,2017.
8. 三中全会以来重要文献选编[M]. 北京:人民出版社,1982.
9. 十二大以来重要文献选编:上、中[M]. 北京:人民出版社,1986.
10. 中华人民共和国现行法规汇编(1949—1985):农林卷[M]. 北京:人民出版社,1987.
11. 中华人民共和国现行法规汇编(1949—1985):财贸卷[M]. 北京:人民出版社,1987.
12. 中国农业经济统计大全(1949—1986)[M]. 北京:中国农业出版社,1989.
13. 十三大以来重要文献选编:上、中[M]. 北京:人民出版社,1991.
14. 新时期农业和农村工作重要文献选编[M]. 北京:中央文献出版社,1992.
15. 十三大以来重要文献选编:下[M]. 北京:人民出版社,1993.

16. 中国乡镇企业年鉴(1993)[M]. 北京:中国农业出版社,1993.

17. 中华人民共和国法律汇编(1990—1994):下[M]. 北京:人民出版社,1996.

18. 中国乡镇企业年鉴(1997)[M]. 北京:中国农业出版社,1997.

19. 新时期经济体制改革重要文献选编:下[M]. 北京:中央文献出版社,1998.

20. 十四大以来重要文献选编:下[M]. 北京:人民出版社,1999.

21. 中华人民共和国法律汇编(1995—1999)[M]. 北京:人民出版社,2000.

22. 十五大以来重要文献选编:上[M]. 北京:人民出版社,2000.

23. 十五大以来重要文献选编:下[M]. 北京:人民出版社,2003.

24. 十六大以来重要文献选编:中[M]. 北京:中央文献出版社,2006.

25. 国家统计局农村社会经济调查司. 中国农业统计资料汇编1949—2004[M]. 北京:中国统计出版社,2006.

26. 中华人民共和国农业部. 中国农业发展报告2008[M]. 北京:中国农业出版社,2008.

27. 十六大以来重要文献选编:下[M]. 北京:中央文献出版社,2008.

28. 十七大以来重要文献选编:上[M]. 北京:中央文献出版社,2009.

29. 中华人民共和国农业部. 中国农业统计资料2008[M]. 北京:中国农业出版社,2009.

30. 中华人民共和国农业部. 中国农业发展报告2009[M]. 北京:中国农业出版社,2009.

31. 中华人民共和国农业部. 中国农业统计资料2009[M]. 北京:中国农业出版社,2010.

32. 中华人民共和国农业部. 中国农业发展报告2010[M]. 北京:中国农业出版社,2010.

33. 中华人民共和国农业部. 中国农业统计资料2010[M]. 北京:中国农业出版社,2011.

34. 十七大以来重要文献选编:中[M]. 北京:中央文献出版社,2011.

35. 中华人民共和国农业部. 中国农业发展报告2011[M]. 北京:中国农业出版社,2011.

36. 中华人民共和国农业部. 中国农业统计资料2011[M]. 北京:中国农业出版社,2012.

37. 中华人民共和国农业部. 中国农业发展报告2012[M]. 北京:中国农业出版社,2012.

38. 中华人民共和国农业部. 中国农业统计资料2012[M]. 北京:中国农业出版社,2013.

39. 中华人民共和国农业部. 中国农业发展报告2013[M]. 北京:中国农业出版社,2013.

40. 十七大以来重要文献选编:下[M]. 北京:中央文献出版社,2013.

41. 中华人民共和国农业部. 中国农业统计资料2013[M]. 北京:中国农业出版社,2014.

42. 十八大以来重要文献选编:上[M]. 北京:中央文献出版社,2014.

43. 中共中央国务院关于"三农"工作的一号文件汇编(1982—2014)[M]. 北京:人民出版社,2014.

44. 中华人民共和国农业部. 中国农业发展报告2014[M]. 北京:中国农业出版社,2014.

45. 中华人民共和国农业部. 中国农业统计资料2014[M]. 北京:中国农业出版社,2015.

46. 中华人民共和国农业部. 中国农业发展报告2015[M]. 北京:中国农业出版社,2015.

47. 中华人民共和国农业部. 中国农业统计资料2015[M]. 北京:中国农业出版社,2016.

48. 中华人民共和国农业部. 中国农业发展报告2016[M]. 北京:中国农业出版社,2016.

49. 国务院法制办公室. 中华人民共和国三农法典(农业·农村·农民)[M]. 北京:中国法制出版社,2016.

50. 十八大以来重要文献选编：中[M]. 北京：中央文献出版社，2016.

51. 中华人民共和国农业部. 中国农业统计资料2016[M]. 北京：中国农业出版社，2017.

52. 国家粮食局. 中国粮食发展报告2017[M]. 北京：中国社会出版社，2017.

53. 党的十九大报告辅导读本[M]. 北京：人民出版社，2017.

54. 中华人民共和国农业部. 中国农业发展报告2017[M]. 北京：中国农业出版社，2017.

55. 中华人民共和国宪法[M]. 北京：人民出版社，2018.

二、主要参考著作

56. 于驰前，黄海光. 当代中国的乡镇企业[M]. 北京：当代中国出版社，1991.

57. 陈锡文. 中国农村改革：回顾与展望[M]. 天津：天津人民出版社，1993.

58. 中国21世纪议程管理中心可持续发展战略研究组. 全球化与中国"三农"[M]. 北京：社会科学文献出版社，2005.

59. 张新华. 新中国探索"三农"问题的历史经验[M]. 北京：中共党史出版社，2007.

60. 郑功成，黄黎若莲. 中国农民工问题与社会保护[M]. 北京：人民出版社，2007.

61. 甘士明. 中国乡镇企业30年[M]. 北京：中国农业出版社，2008.

62. 韩俊. 中国经济改革30年·农村经济卷1978—2008[M]. 重庆：重庆大学出版社，2008.

63. 张晓山，李周. 中国农村改革30年研究[M]. 北京：经济管理出版社，2008.

64. 孔祥智. 崛起与超越——中国农村改革的过程及机理分析[M]. 北京：

中国人民大学出版社,2008.

65. 陈锡文,赵阳,陈剑波,等. 中国农村制度变迁60年[M]. 北京:人民出版社,2009.

66. 彭剑君. 中国农村财政政策研究[M]. 北京:中国财政经济出版社,2009.

67. 范恒山,陶良虎. 中国城市化进程[M]. 北京:人民出版社,2009.

68. 张晓山,李周. 新中国农村60年的发展与变迁[M]. 北京:人民出版社,2009.

69. 韩长赋. 中国现代化进程中的"三农"问题[M]. 北京:中国农业出版社,2010.

70. 农业部农村经济研究中心. 当代中国农业史研究文稿[M]. 北京:中国农业出版社,2010.

71. 韩长赋. 改革创新促发展 兴农富民稳供给——农村经济十年发展的辉煌成就(2002—2012)[M]. 北京:人民出版社,2012.

72. 武力,郑有贵. 中国共产党"三农"思想政策史1921—2013[M]. 北京:中国时代经济出版社,2013.

73. 陈锡文,韩俊. 中国特色"三农"发展道路研究[M]. 北京:清华大学出版社,2014.

74. 李培林,魏后凯. 中国扶贫开发报告2016[M]. 北京:社会科学文献出版社,2016.

75. 魏后凯,潘晨光. 中国农村发展报告2016——聚焦农村全面建成小康社会[M]. 北京:中国社会科学出版社,2016.

76. 刘奇. 大国三农清华八讲[M]. 北京:中国发展出版社,2016.

77. 罗平汉. 农村人民公社史[M]. 北京:人民出版社,2016.

78. 陈锡文,韩俊. 经济新常态下破解"三农"难题新思路[M]. 北京:清华大学出版社,2016.

79. 环境保护部环境与经济政策研究中心. 农村环境保护与生态文明建设[M]. 北京:中国环境出版社,2017.

80. 孙中华. 生活农村改革研究与探索[M]. 北京:中国农业出版社,2017.
81. 农业部农村经济研究中心. 中国农村研究报告2016[M]. 北京:中国财政经济出版社,2017.
82. 魏后凯,闫坤. 中国农村发展报告2017——以全面深化改革激发农村发展新动能[M]. 北京:中国社会科学出版社,2017.
83. 李培林,魏后凯,吴国宝. 中国扶贫开发报告2017[M]. 北京:社会科学文献出版社,2017.

后记

农村，是我生于斯长于斯的地方，也给自己打下了最深的精神烙印。作为见证改革开放成长的一代，目睹了家乡在农村改革发展大潮中一草一木、一砖一瓦、一点一滴的变化，亲历了中国农村改革发展的激荡与沉寂、勃兴与困顿。虽然家乡的亲人越来越少，回家的次数也越来越少，但是，乡愁却如陈年的美酒越来越浓，梦绕魂牵，因为那是我们的精神家园。系统深入研究中国农村的改革与发展，是我们的夙愿。

今年是中国改革开放40周年，是一个值得中国人民大书特书、隆重纪念的年份。中国社会科学院中国特色社会主义理论体系研究中心副主任、习近平新时代中国特色社会主义思想研究中心执行副主任龚云研究员牵头主持"中国农村改革四十年研究丛书"编写与出版，并参与《中国农村改革与发展研究》总论性一书的撰写。本书在写作中，一方面系统梳理中国四十年农村改革与发展的目的方向和脉络历程、经验成就和得失兴衰，另一方面深入思考新时代中国特色社会主义农村改革发展的机遇与挑战、方向与路径。在写作中，以国家统计局、农业农村部等公布的一手权威统计资料和丰富的现有研究成果为基础，力图研究历史、观照现实，既展现中国农村改革发展的主题与主线，反映主要方面与主要成就，也不回避痛点，挖掘"农民工""三留守"群体等问题存在的社会根源与对策，并结合热点，阐发对中美贸易战与中国农业发展等问题的思考。当然，因学识所限、时间仓促、目力有所不及，书中难免有错漏之处，敬请各位专家学者批评指正。

在搜集资料、写作和编辑出版工作中，感谢丛书主编龚云研究员在酝酿、大纲制定、初稿写作和修改完善全过程中的悉心指导、亲力参与，为本书确立了思想和灵魂。感谢华中科技大学出版社姜新祺总编辑和人文社科分社周清涛社长、周晓方副社长精心策划、大力支持，耐心、细致、周到地推进编辑、出版事务，并提供了大量的研究资料。感谢章红老师细致、专业的编辑，让我们得以全心投入书稿的写作，在我们一再耽延交稿日期的情况下给予包容和鼓励。

"众人拾柴火焰高"。在书稿即将付梓之际，衷心感谢当代中国研究所郑有贵研究员给予了宝贵的指导；感谢丛书其他卷作者在历次座谈会上激荡思想，提供了富有建设性的意见建议；感谢当代中国研究所吴超副研究员、军事科学院徐慕宏老师、中共浙江省委党史研究室徐才杰副处长提供了许多珍贵的研究材料、相关学术研究成果；感谢北京市农业局徐进高级工程师提供了多次京郊调研机会，使我掌握了大量来自城市农村一线鲜活的资料和数据。感谢亲爱的妻子，在繁忙的工作之余主动承担了照顾老幼的家庭重担，感谢可爱的孩子在我写作时懂事贴心。家人的爱和默默支持让我倍加感动、备受激励。

谨以此书献给中国乡村！

谨以此书献给中国改革开放的伟大事业！

作　者

2018 年 9 月 19 日

于北京五道口

图书在版编目(CIP)数据

中国农村改革与发展研究/周进,龚云著. —武汉:华中科技大学出版社,2019.1
(中国农村改革四十年研究丛书)
ISBN 978-7-5680-4901-6

Ⅰ.①中… Ⅱ.①周… ②龚… Ⅲ.①农村经济-经济体制改革-研究-中国
Ⅳ.①F320.2

中国版本图书馆 CIP 数据核字(2019)第 002934 号

中国农村改革与发展研究 周 进 龚 云 著

Zhongguo Nongcun Gaige yu Fazhan Yanjiu

策划编辑：周晓方　杨　玲	
责任编辑：章　红	
封面设计：廖亚萍	
责任校对：李　琴	
责任监印：周治超	
出版发行：华中科技大学出版社(中国•武汉)	电话：(027)81321913
武汉市东湖新技术开发区华工科技园	邮编：430223
录　　排：华中科技大学惠友文印中心	
印　　刷：武汉市金港彩印有限公司	
开　　本：710mm×1000mm　1/16	
印　　张：23　插页:2	
字　　数：328 千字	
版　　次：2019 年 1 月第 1 版第 1 次印刷	
定　　价：188.00 元	

本书若有印装质量问题，请向出版社营销中心调换
全国免费服务热线：400-6679-118　竭诚为您服务
版权所有　侵权必究